Myria Aurora Pribert
Ingrid Retterath

Rhein, Ahr, Erft

Wanderungen für die Seele

20 Wohlfühlwege

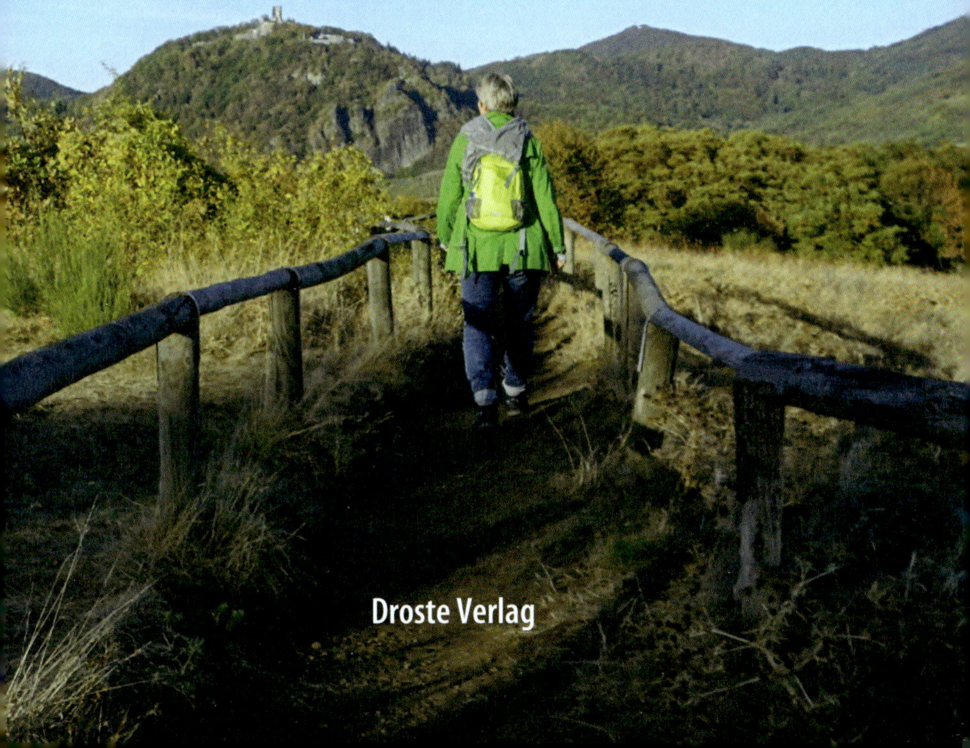

Droste Verlag

ALLE WANDERUNGEN AUF EINEN BLICK

TOUR 1: IN DEN RHEINAUEN 7
Von Zons zur Urdenbacher Kämpe
9 km | 55 Hm | 3 Std. | Rundweg

TOUR 2: ENTSPANNUNG PUR 17
Rheinbacher Wald und Tomburg
14,4 km | 220 Hm | 4 Std. | Rundweg

TOUR 3: SCHMETTERLINGSWEGE 25
Wacholderhänge um das Lampertstal
13,8 km | 245 Hm | 4 Std. | Rundweg

TOUR 4: VIERTÄLERBLICK 35
Die letzten Kilometer der Ahr
10,4 km | 230 Hm | 3,5 Std. | Rundweg

TOUR 5: BLÜTENPRACHT 43
Küchenschellen am Bürvenicher Berg
10,4 km | 227 Hm | 3 Std. | Rundweg

TOUR 6: ÜBER DER AHR 53
Weitsichten vom Krausberg
7,7 km | 300 Hm | 2,5 Std. | Rundweg

TOUR 7: FERNBLICKE 64
Aussichtsreiche Wege um Lind
10 km | 200 Hm | 3 Std. | Rundweg

TOUR 8: TANZ AUF DEM VULKAN 75
Einmal um den Rodderberg
4,5 km | 114 Hm | 1,5 Std. | Rundweg

TOUR 9: GENUSSVOLLE SPUR 83
Kulinarisches Bad Münstereifel
11,8 km | 268 Hm | 3,5 Std. | Rundweg

TOUR 10: AM TOR ZUR EIFEL 92
Waldgenuss um Hilberath
13,3 km | 260 Hm | 3,5 Std. | Rundweg

TOUR 11: SCHAURIG SCHÖN 103
Auf dem Werwolf-Wanderweg
9,9 km | 70 Hm | 3 Std. | Rundweg

TOUR 12: UNTERM BLÄTTERDACH 111
Stille Pfade am Venusberg in Bonn
10,4 km | 200 Hm | 3 Std. | Rundweg

TOUR 13: VERGÄNGLICHKEITEN 120
Vom Marienfeld zum Kerpener Bruch
18,3 km | 153 Hm | 6 Std. | Rundweg

TOUR 14: WALD & WEITE 130
Vom Eisernen Mann zum Friedensweg
16,4 km | 130 Hm | 4,5 Std. | Rundweg

TOUR 15: HIMMELSBLICKE 141
Bruder-Klaus-Kapelle & Stockert
11,9 km | 254 Hm | 3,5 Std. | Rundweg

TOUR 16: WASSER FÜR KÖLN 150
Durch die Täler bei Nettersheim
15,8 km | 260 Hm | 5 Std. | Rundweg

TOUR 17: FUSSMASSAGE INKLUSIVE 159
Durch Auenwälder zur Erftmündung
11,5 km | 88 Hm | 4 Std. | Rundweg

TOUR 18: STADT, LAND, FLUSS 167
Grevenbroich, bezaubernd grün
8 km | 32 Hm | 2,5 Std. | Rundweg

TOUR 19: KÖLSCHE AU(G)ENBLICKE 174
Weißer Rheinbogen & Groov
9,9 km | 57 Hm | 3 Std. | Rundweg

TOUR 20: ELF ERFRISCHUNGEN 185
Seen, Teiche und Maare im Villewald
14,5 km | 139 Hm | 4,5 Std. | Rundweg

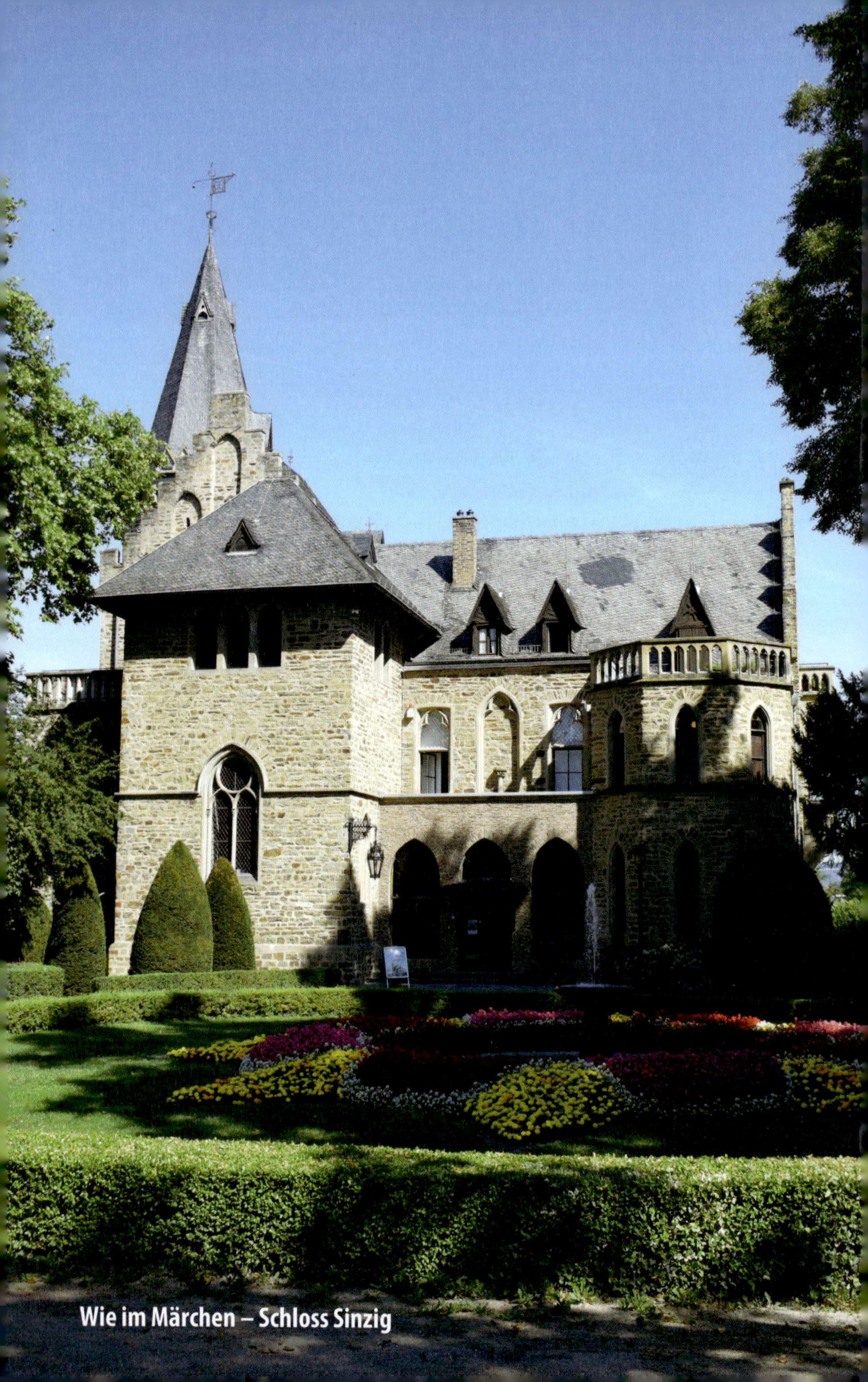

Wie im Märchen – Schloss Sinzig

Liebe Wanderfreunde!

Einen Weg gehen heißt andere Wege aufgeben. Im Flussdreieck von Rhein, Ahr und Erft lässt es sich fantastisch wandern. Die Entscheidung für diese 20 Wanderungen ist keine Entscheidung gegen andere Wanderungen. Wir hätten leicht ein doppelt so dickes Buch mit wunderschönen Rundwanderungen füllen können, bei denen die Seele frische Kraft sammeln kann.

In der Ruhe liegt die Kraft. Wir lächeln milde über Schnellwanderer, die mit 5 Kilometern pro Stunde kalkulieren. Uns genügt ein gemütlicher Schritt, bei dem wir miteinander plauschen, unseren Gedanken nachhängen und jederzeit für ein bezauberndes Naturerlebnis anhalten können. Die schönen Dinge sehen wir ja nur, wenn wir langsam gehen.

Der Weg ist das Ziel. In der Gute-Laune-Landschaft westlich des Rheins lässt es sich fantastisch träumen, ausspannen und schlemmen. Wir messen uns nicht an den gelaufenen Kilometern, sondern an den erholsamen Eindrücken. Die einen benötigen einen ganzen Wandertag, um zur Ruhe zu kommen. Die anderen erfreut die Gewissheit, mit ihren Kräften haushalten zu können: Viele der Strecken lassen sich spontan abkürzen.

Wir wünschen zahlreiche beglückende Erfahrungen mit vielen kleinen Pausen für die Seele. Und keine Sorge: Die im Juli 2021 überfluteten Wege sind wieder gut zu laufen oder wir haben sie vorübergehend ersetzt. Die Menschen in der Region freuen sich auf sympathische Wanderer, die alles wieder mit Leben füllen.

Myria Aurora Pribert
und Ingrid Retterath

NATUR-INFO

KULTUR-INFO

TOUREN-/EVENT-INFO

GENUSS-INFO

INSPIRATION

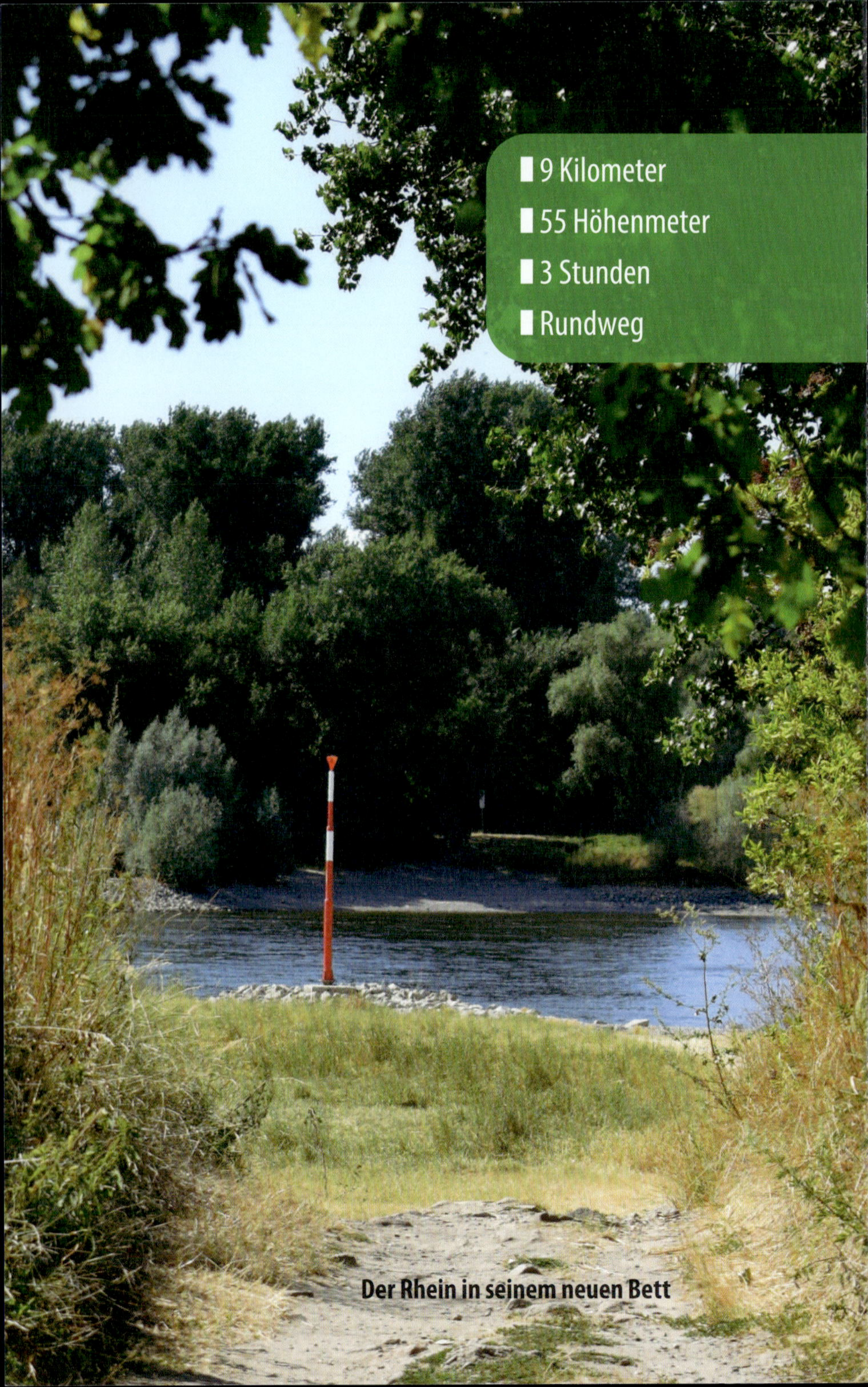

- 9 Kilometer
- 55 Höhenmeter
- 3 Stunden
- Rundweg

Der Rhein in seinem neuen Bett

Auszeittour 1

In den Rheinauen

Von Zons zur Urdenbacher Kämpe

Wir beginnen unsere Wanderung am **Gasthaus Zur Rheinfähre** ❶ am Rheinkilometer 718. Markierungen an der Hauswand blicken zurück auf Hochwasserereignisse der vergangenen Jahrhunderte. Unser erster Weg führt uns hinab zum Anleger der **Rheinfähre Zons–Urdenbach.** ❷ Während der Überfahrt lassen wir uns den Fahrtwind um die Nase wehen und genießen die weiten Blicke den Strom hinauf und hinab.

Viel zu früh legt der Fährmann am rechten Ufer des Rheins an und wir schauen dem Gewusel der Autos, Motorräder und Fahrräder gelassen hinterher, während wir gemütlich den Fährweg hinauf laufen. An dessen Ende folgen wir am **Haus Ausleger** der **Fahrradstraße Zum Ausleger** nach links. Schon nach gut 200 Metern wenden wir uns von ihr ab und gehen auf einem weichen Wiesenweg nach rechts.

Links begleitet eine Baumreihe unseren Weg, rechter Hand bietet sich über das Feld hinweg ein Blick hinüber zum **Haus Bürgel,** wenn das Getreide uns nicht schon überragt. Nach etwa 400 Metern folgen wir an einer T-Kreuzung dem linken Weg und wandern den im Wind rauschenden Pappeln entgegen. An einer Rastbank beginnt das **Naturschutzgebiet Urdenbacher Kämpe.**

Die Fruchtbarkeit der Kämpe lässt viele Pflanzen und ihre Früchte üppiger wachsen als anderswo. Das Frühjahr bezaubert uns mit blühenden Obstbäumen und Wiesenkräutern. Im Hochsommer können wir uns am prächtigen Farbenspiel der reifen Brombeeren, Äpfel, Birnen und Holunderbeeren kaum sattsehen.

Im Jahr 1374 stieg der Rhein bei einem Hochwasser aus seinem Bett – und kehrte nicht zurück. Als die Pegel sanken, floss er, anstatt wie bisher im Osten, westlich an der Urdenbacher Kämpe vorbei. Das alte Flussbett, der Altrhein, füllt sich nur noch bei Hochwasser.

Acht markierte Erlebnisrouten und ein Naturinterpretationspfad laden zu weiteren Wanderungen in der Urdenbacher Kämpe ein. Sie sind zwischen 2,5 und 10 Kilometer lang.

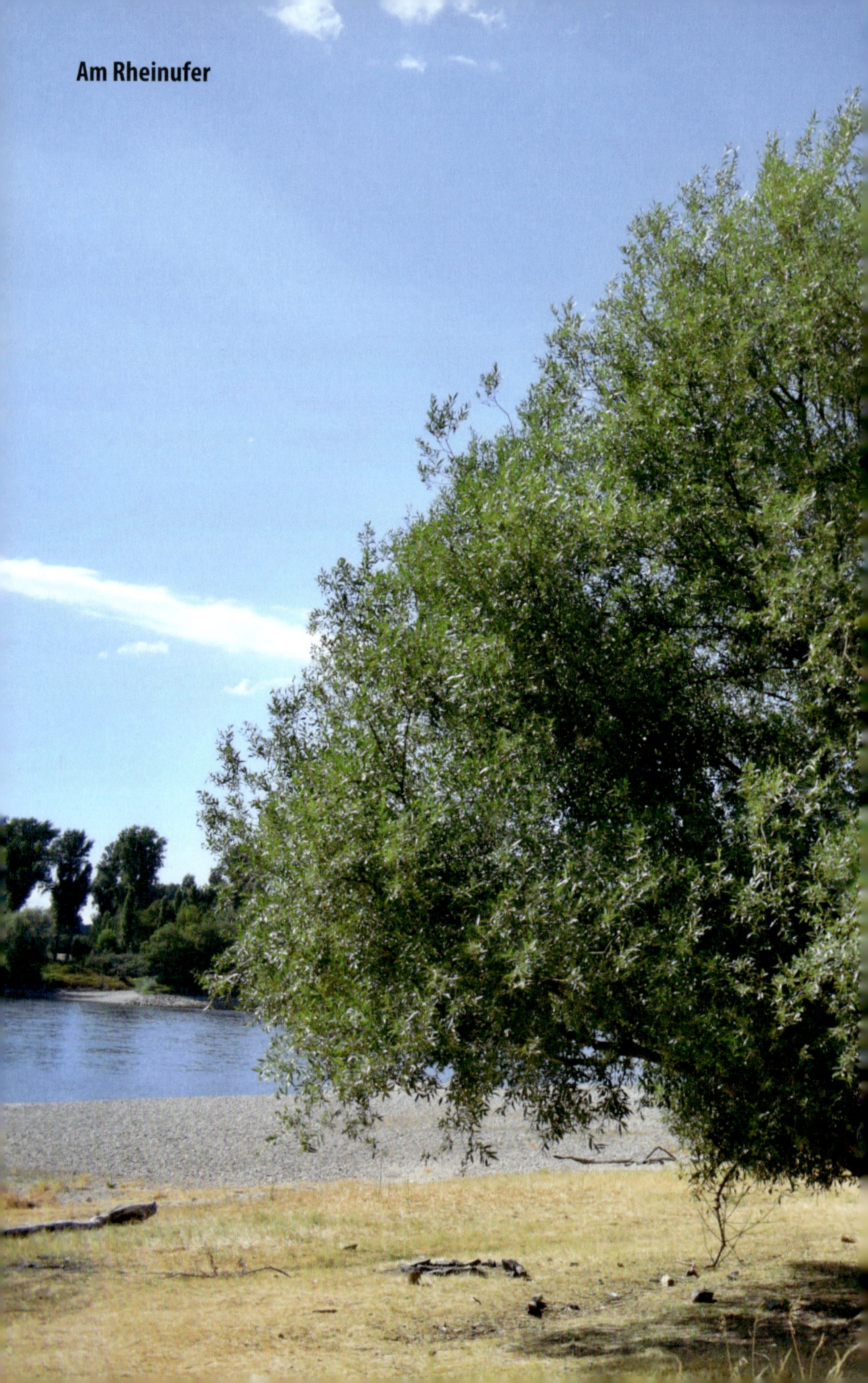

Am Rheinufer

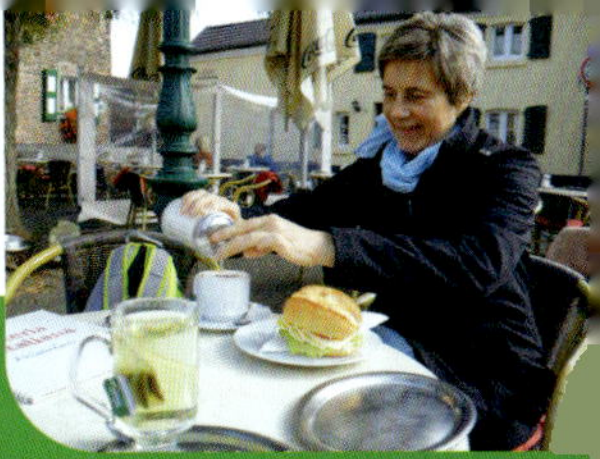

Für die Seele

In der Urdenbacher Kämpe darf der Rhein sein Bett verlassen. Er bedankt sich mit einer Auenlandschaft, in der sich viele Vogelarten wohlfühlen.

An Herbsttagen leuchten die Blüten der Herbstzeitlosen in zartem Violett. Selbst im Winter entdecken wir hoch in den Baumkronen der Pappeln mächtige kugelige Mistelzweige.

Der unbefestigte Weg verläuft hier auf der **Entdeckerroute Natur pur** und bringt uns immer geradeaus zwischen den alten Apfel- und Birnbäumen der Streuobstwiesen nach etwa 800 Metern zum **Baumberger Weg.** Ein kombinierter Fuß- und Radweg verläuft neben ihm nach links zum Ortseingangsschild von Düsseldorf. Unsere Runde führt jedoch links auf dem Ortweg weiter. Vorher machen wir aber einen winzigen Abstecher geradeaus auf die Brücke über den **Urdenbacher Altrhein.** ❸ Hier ist das frühere Bett des Rheins noch gut zu erkennen. Nur 150 Meter hinter der Brücke, gleich im Anschluss an den Wanderparkplatz Piels Loch, lockt uns das Gasthaus **Extratour Zum Alten Rhein** ❹ mit einer ansprechenden Speisekarte und kühlen Getränken zu einer kleinen Wanderpause.

Neben dem **Ortweg** folgen wir einem Wanderweg und halten uns hinter einer Holzbrücke, wenn der asphaltierte Fahrweg nach links schwenkt, weiter geradeaus.

Unser Pfad führt hinab zum **Rheinufer.** ❺ Sandig und weich wird der Untergrund und verführt uns dazu, die Schuhe auszuziehen.

Wo sich die Pfade kreuzen, wählen wir unseren Weg dem Herzen nach. Zieht es uns geradeaus zu den kleinen Buchten unmittelbar an das Wasser des

In den hohen Bäumen am Altrhein fühlen sich zahlreiche Vogelarten so wohl, dass sie uns ein fröhliches Lied singen. Wer erkennt die Heckenbraunelle, die Mönchsgrasmücke oder den Pirol? Auf www.auenblicke.de können wir typische Vogelstimmen mit dem Gehörten vergleichen.

Rheins? Orientieren wir uns anfangs noch geradeaus an der Schifffahrtsmarkierung und schwenken auf einem der nächsten Pfade nach links? Oder fühlen wir uns am Fuß der Uferbäume besonders wohl? In allen Fällen biegen wir links ab, gehen also dem Rhein entgegen. An manchen Tagen nimmt uns der hohe Wasserstand des Rheins die Entscheidung ab.

Auf schmalen Pfaden schlendern wir stromaufwärts durch den mit Muschelschalen und kleinen Wurzeln durchzogenen Sand. Möwen schreien und wir bestaunen die bizarr gewachsenen Wurzeln der ufernahen Bäume. Wer sehnt sich nach einem Nordseeurlaub, wenn es am Rheinufer so schön ist?

Unversehens erreichen wir den Fährweg und nehmen die **Fähre** ❷ zurück nach Zons. Nach nur 200 Metern könnten wir geradeaus den Startpunkt erreichen und es bei einer Wanderstrecke von 5,9 Kilometern belassen. Doch die Schönheit der alten Zollfeste Zons macht es uns leicht, unmittelbar hinter dem Fährgelände links dem Uferweg zu folgen. Er führt an den Anlegern der Linienschiffe entlang zu einem Naturpfad, der uns oberhalb eines Kiesstrandes zu einem Schotterweg bringt. Dieser vereint sich mit einem asphaltierten Uferweg, dem wir nach links folgen.

Wir halten Ausschau nach dem +, das den Stromkilometer 717,5 markiert. Denn nur wenige Schritte dahinter ist der **Myriameterstein 55** ❻ im üppigen Uferbewuchs versteckt.

Wenn wir groß denken, wächst unsere Seele. Wen kümmern Meter oder Zentimeter angesichts eines Myriameters? Das sind 10.000 Meter, also 10 Kilometer. Nach der Flussbegradigung erfolgte 1864 eine Vermessung des Rheins mit Vermarkungssteinen alle 10 Kilometer.

Keine 30 Meter hinter dem Stein folgen wir einem nach rechts führenden Pfad zum Dammweg hinauf. Denn auf der linken Stromseite darf der Rhein nicht aus seinem Bett. Oben auf dem **Hochwasserschutzdeich** genießen wir den schönen Blick auf den Zollturm, dann folgen wir dem Dammweg für einen halben Kilometer nach links. Anschließend steigen wir nach rechts hinab und folgen einem Wirtschaftsweg zum Wehrgraben der Feste Zons. Hinter der Stadtmauer entdecken wir das **Schloss Friedestrom,** eine seiner Mauern bietet im Sommer die perfekte Kulisse

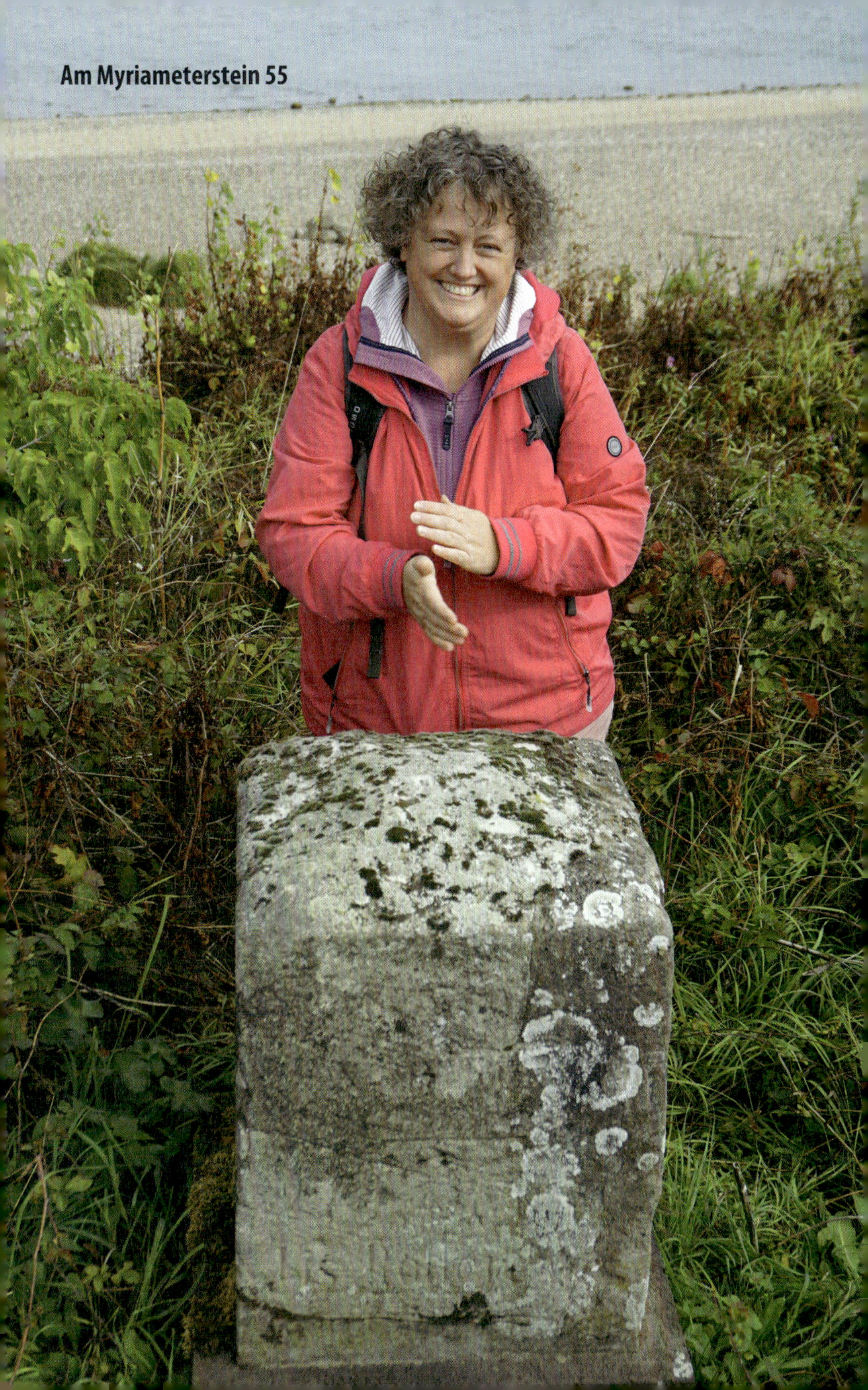

Am Myriameterstein 55

für die romantischen Märchenspiele auf der **Freilichtbühne Zons.** 7 Die einstige Wasserburg wurde im 14. Jahrhundert als Zollburg gebaut; die Grundwasserabsenkung durch den Braunkohletagebau ließ ihre Gräben austrocknen. Am Tor der Freilichtbühne folgen wir geradeaus einem Fußweg neben der Mauer.

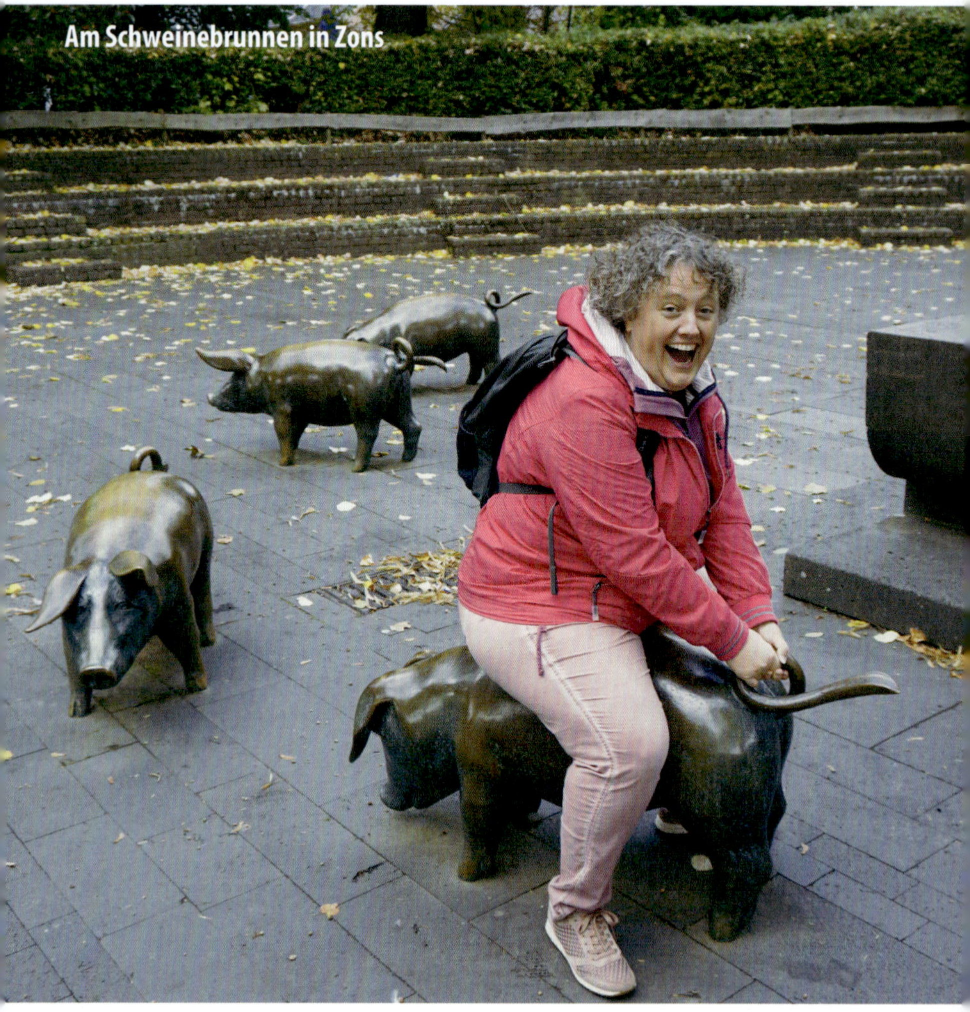

Am Schweinebrunnen in Zons

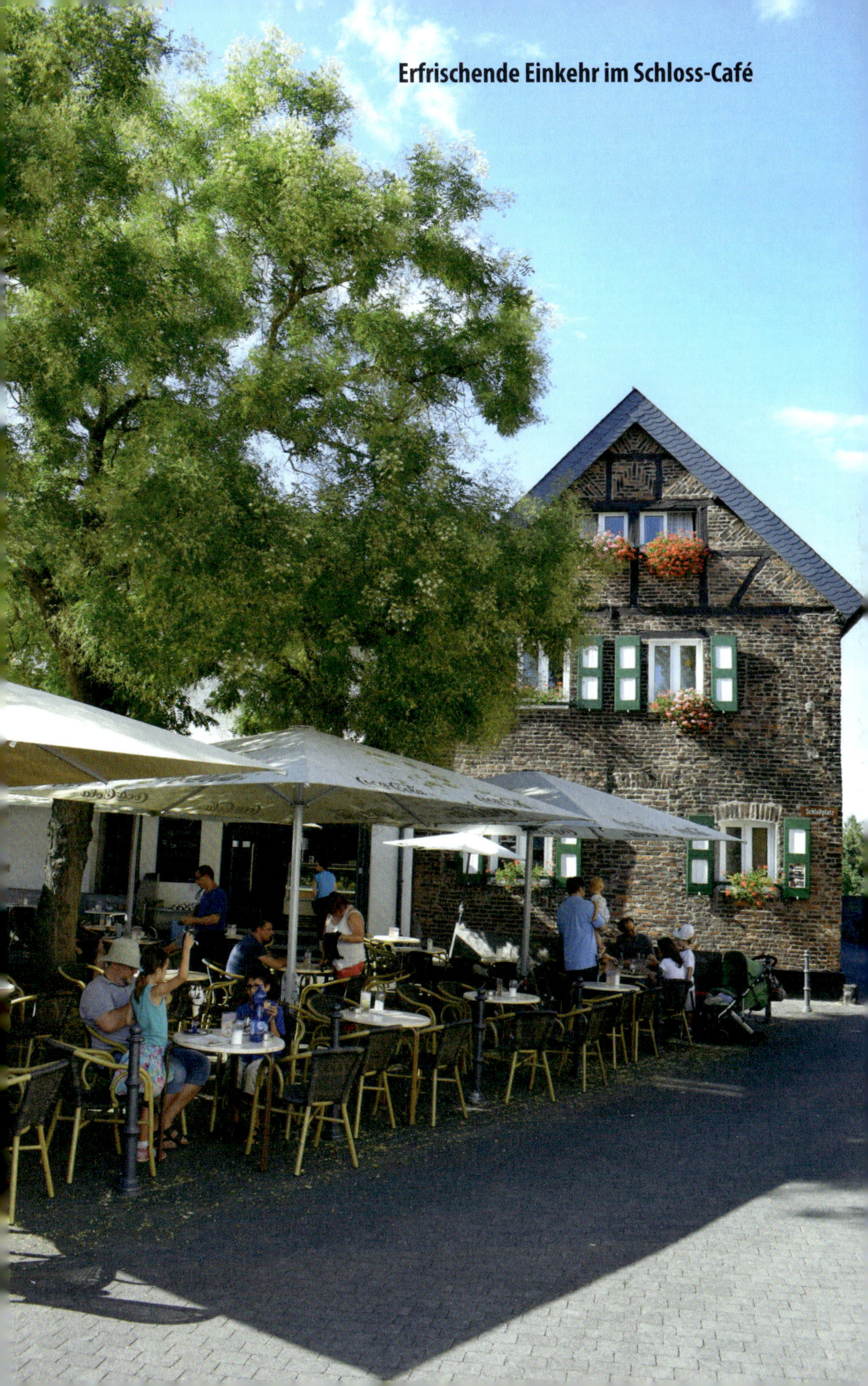

Erfrischende Einkehr im Schloss-Café

Sie macht hinter einer **Windmühle** 8 einen Rechtsbogen zum Bouleplatz oberhalb des **Schweinebrunnens.** 9 Dieser erinnert an die Zonser Schweinefehde, bei der im 16. Jahrhundert die Soldaten des Kölner Erzbischofs Salentin von Iseburg den Zonser Bauern eine Herde von 50 Schweinen raubten.

Wir spazieren rechts durch die Schlossstraße am **Juddeturm** 10, benannt nach der Kölner Patrizierfamilie Judde, vorbei zum Schlossplatz. Hier finden wir neben dem Zugang zum Schloss Friedestrom, dem **Kreismuseum** 11 und der Touristeninformation auch das **Schloss-Café.** 12 Im Sommer erfrischen wir uns hier mit italienischen Eisspezialitäten, ganzjährig können wir bei Köstlichkeiten aus der Konditorei und der Lounge Bar schlemmen.

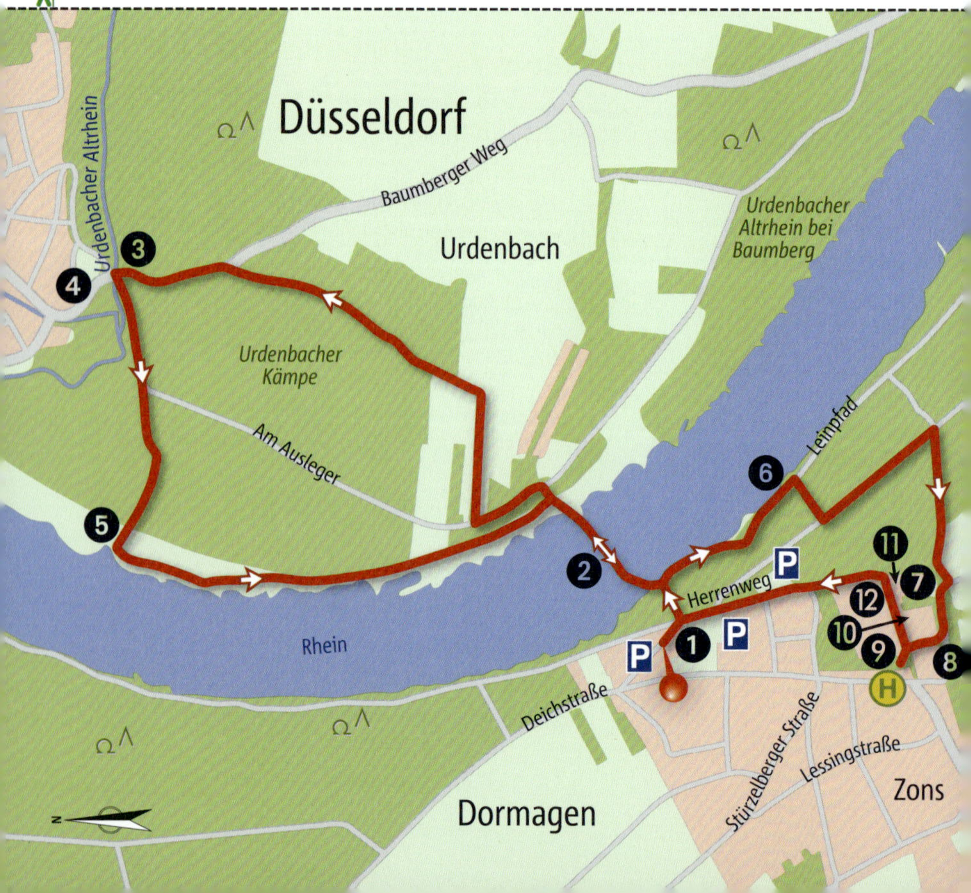

Alles auf einen Blick

Entspannung ★★★★☆
Genuss ★★★★☆
Romantik ★★★★☆

WIE & WANN:
Naturpfade, Wiesenwege und Wirtschaftswege, in Zons Bürgersteige; ganzjährig möglich bei einem Wasserstand von unter 3,50 m am Pegel Düsseldorf (automatische Pegelansage: Tel. 02 11/1 94 29); wegen der regelmäßigen Überschwemmungen können die Wege matschig und rutschig sein, daher sind feste Schuhe ratsam

HIN & WEG:
Auto: Parkplätze am Gasthaus Zur Rheinfähre und am Rheintor, Herrenweg, 41541 Dormagen-Zons (GPS 51.127228, 6.848573)
ÖPNV: Von Rheinfeld oder Dormagen Bus 875, 886, 887, Stadtbus Dormagen oder WE 2 bis Zollstraße; von dort ca. 500 m Fußweg über Zollstraße, links Herrenstraße zum Startpunkt

ESSEN & ENTSPANNEN:
Gasthaus Zur Rheinfähre ❶ Herrenweg 39, 41541 Dormagen-Zons, Tel. (0 21 33) 9 79 74 00 (täglich 11.30–22 Uhr)
Extratour Zum Alten Rhein ❹ Drängenburger Straße 4, 40593 Düsseldorf, Tel. (02 11) 72 13 45 66, extratour-urdenbach.de (Di.–So. 12–24 Uhr)
Schloss-Café ⓬ Schlossplatz 4, 41541 Dormagen-Zons, Tel. (0 21 33) 54 37 (Mi.–Mo. 10–18, im Sommer täglich 10–21 Uhr)

ENTDECKEN & ERLEBEN:
Rheinfähre Zons–Urdenbach ❷ Tel. (01 51) 18 42 10 62, www.faehre-zons.de (Verkehrt nicht bei extremem Hoch- oder Niedrigwasser)
Urdenbacher Altrhein ❸ **Rheinufer** ❺
Myriameterstein 55 ❻
Schloss Friedestrom mit **Freilichtbühne Zons** ❼
Windmühle ❽ **Schweinebrunnen** ❾ **Juddeturm** ❿
Kreismuseum ⓫ Schloßstraße 1, 41541 Dormagen-Zons, Tel. (0 21 33) 5 30 20 (Di.–Fr. 14–18, Sa./So. 11–18 Uhr)

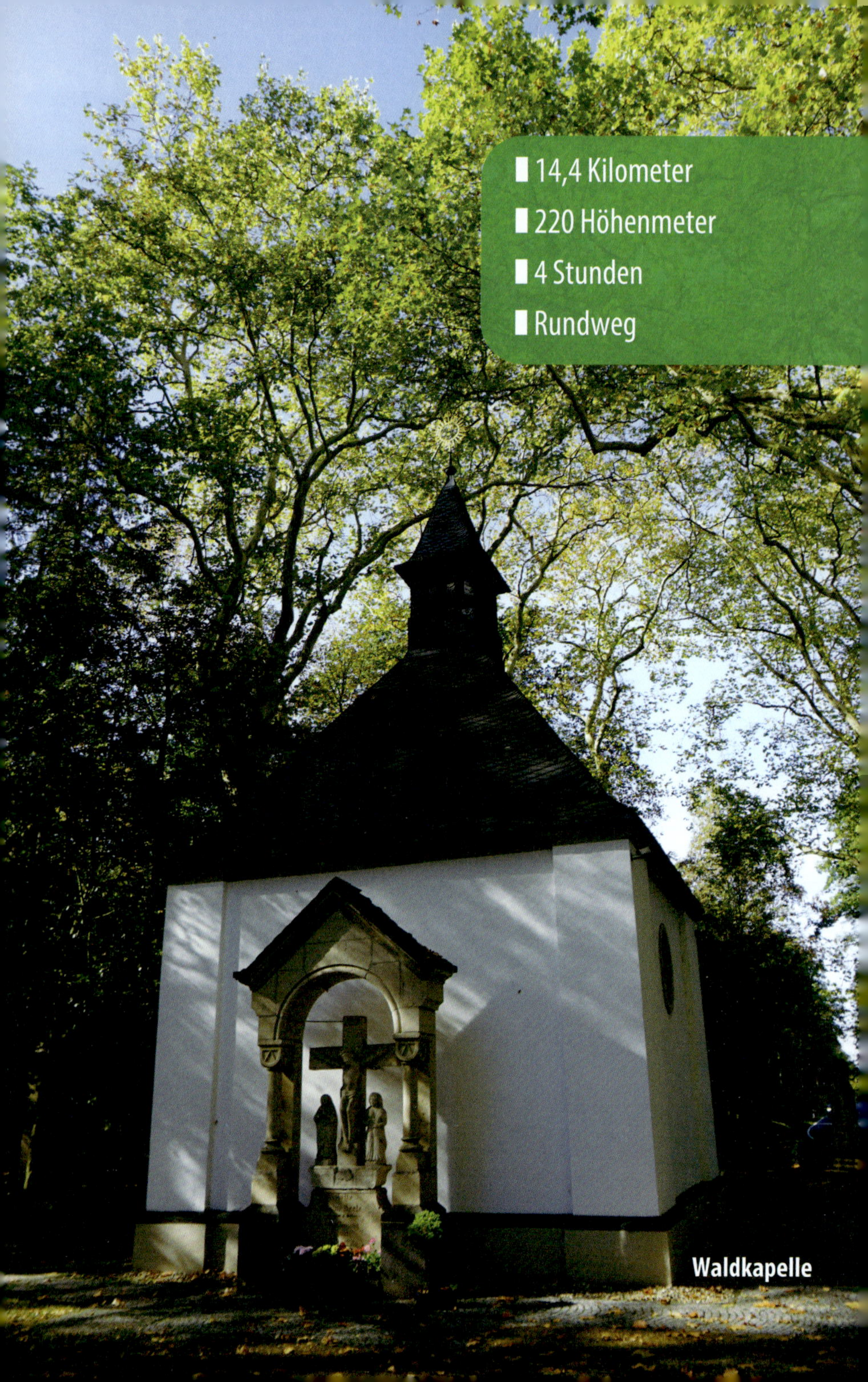

Waldkapelle

Entspannung pur

Rheinbacher Wald und Tomburg

Von der Schulstraße aus biegen wir in den **Waldweg** ein und gehen durch die beschauliche Wohnstraße. Am Straßenknick laufen wir geradeaus weiter auf **Im Finkenschlag** und sind schon nach wenigen Schritten aus dem Ort heraus. Wir wandern an mehreren der für diese Gegend so typischen Obstplantagen vorbei, deren Blütenmeer im Frühjahr wahrlich entzücken kann. Nicht ohne Grund trägt die Stadt Meckenheim den Zusatznamen Apfelstadt.

Bald endet der Asphalt unter unseren Füßen und wir bewegen uns an Ginsterhecken vorbei auf einen Wald zu. Ein Blick zurück lohnt sich allemal, denn die Landschaft mit der markanten Silhouette des Siebengebirges am Horizont breitet sich weiträumig vor uns aus.

Wir tauchen in den Wald ein. In einer Senke zweigt an einem Stromverteilerkasten ein markierter **Reit- und Wanderweg** nach rechts ab, dem wir folgen. Wir erreichen das **Naturschutzgebiet Ersdorfer Bach,** an das sich das **Naturschutzgebiet Eifelfuß** anschließt. Wir treffen auf ein schmales Sträßchen, wenden uns nach links, gehen aber sofort wieder rechts mit dem Reitweg weitere 600 Meter entlang dichter Hecken bis zu einem Querweg. Diesem Weg, der von einem Graben begleitet wird, folgen wir nach rechts und dann sofort in eine Linkskurve durch hohen, lichten Wald. Bei starker Sonneneinstrahlung wird uns nun schön warm.

Wir erreichen einen Waldweg. An dieser Stelle steht wieder ein Verteilerkasten. Beschwingt gehen wir ein Stück nach links, wenden uns aber am nächsten Abzweig wieder nach rechts (Reitweg-Zeichen). Dieser sanfte Zickzackkurs führt uns tiefer in den Rheinbacher Wald. Wir stoßen auf einen breiteren Wanderweg mit diversen Markierungen. Nach links wendend vertrauen wir uns nun bis zur Waldkapelle der Kennzeichnung des Wanderwegs **1 (Rheinbach)** an. Wir passieren eine Schutzhütte, an der ein Wegweiser uns die Richtung geradeaus zu den **Alten Weihern** weist. In einer lang gezogenen Rechtskurve wandern wir bergab, um dorthin zu gelangen.

Insgesamt durch vier **Alte Weiher ①**, die sich wie auf einer Schnur hintereinander aufreihen, fließt träge der Eulenbach. Hinter dem vierten Weiher folgen wir dem Weg 1 nach links und wandern neben dem gewundenen Bachlauf einher. An einer Bank halten wir uns abermals links, um auf die andere Seite des Eulenbachs zu gelangen (Weg 1). Nach 190 Metern

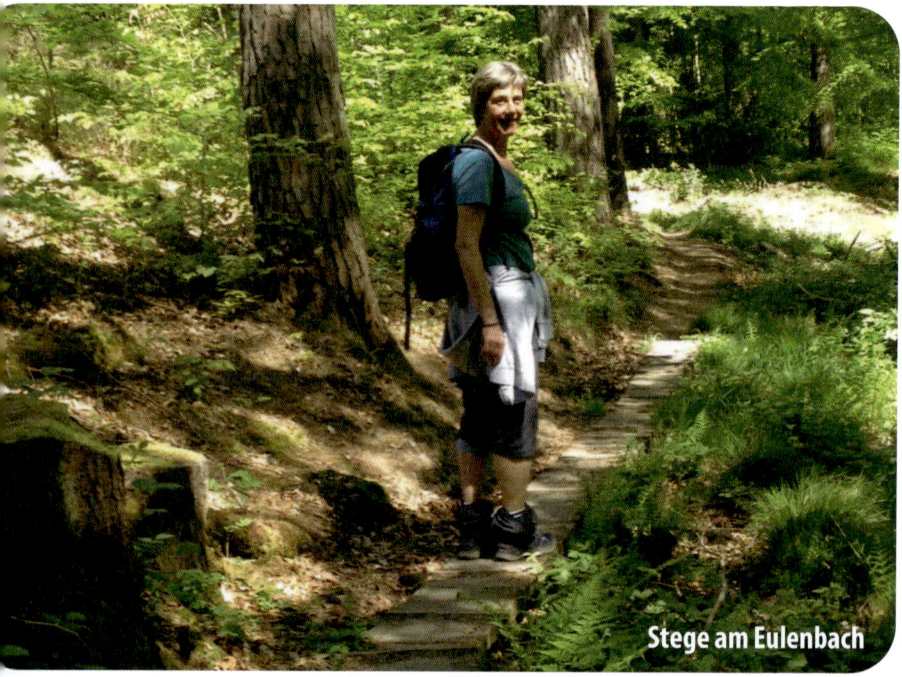
Stege am Eulenbach

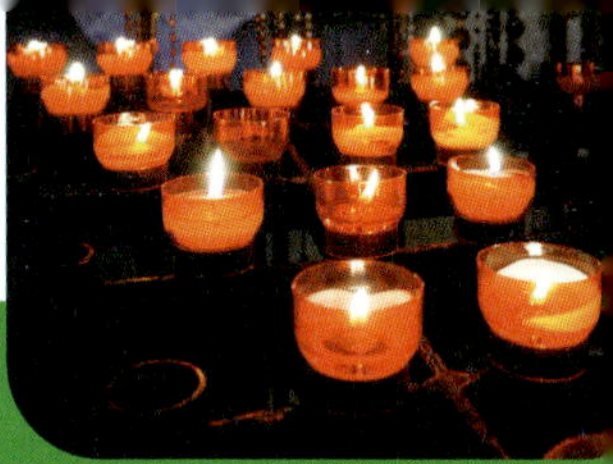

Für die Seele

Die Heilkraft des Waldes ist erwiesen. Im Rheinbacher Wald können wir sie ausgiebig nutzen. Daneben locken liebliche Flecken am Wasser und herrliche Ausblicke.

dürfen wir rechter Hand den Pfad zwischen zwei großen Eichen nicht verpassen, der uns wieder näher an den Bach heranführt (Weg 1, A6).

Weiter bleiben wir dem Eulenbach treu, der in unzähligen Windungen dahinfließt. Wir folgen ihm auf schmalem, verwunschenem Pfad, der zeitweise über Bohlenstege führt und uns so vor nassen Füßen bewahrt. Dieser Abschnitt ist wunderschön und sehr idyllisch. Sobald die Waldkapelle in Sicht kommt und der Weg rechtwinklig zu einem Parkplatz abbiegt, halten wir uns geradeaus auf einem noch schmaleren Pfad und laufen direkt auf das Gotteshaus zu. Wie ein helles Licht leuchtet die Kapelle im Wald, wenn ihre weißen Wände von der Sonne beschienen werden.

Vorsichtig queren wir die Straße L 492, um die von hohen Bäumen und Kreuzwegstationen eingerahmte **Waldkapelle** ❷ zu besichtigen oder um einfach eine Pause zu machen. Die Kapelle ist ein beliebter Ausflugsort und der Parkplatz ein Ausgangspunkt vieler Wanderungen.

Ein Rheinbacher schlug hier einst eine Eiche. Er erkannte in einem Holzscheit das Christusmonogramm (eine Nachbildung hängt in der Kapelle), womit er zur Heilung einer Kranken beitrug. Im 17. Jahrhundert errichtete man an dieser Stelle die Kapelle und ein Kloster.

Nach einer Pause ziehen wir weiter. Zwischen den **Kreuzwegstationen IV und V** hindurch treten wir an die Straße, überqueren sie und wählen von den drei sich verzweigenden Waldwegen den mittleren (Markierung **R**). Am Eulenbach halten wir uns links (R) und laufen nun auf dem alten **Pilgerpfad am Eulenbach** ❸ entlang. Auch dieser Abschnitt des Wanderwegs stellt sich als etwas Besonderes dar: Wieder reihen sich mehrere kleine Teiche aneinander.

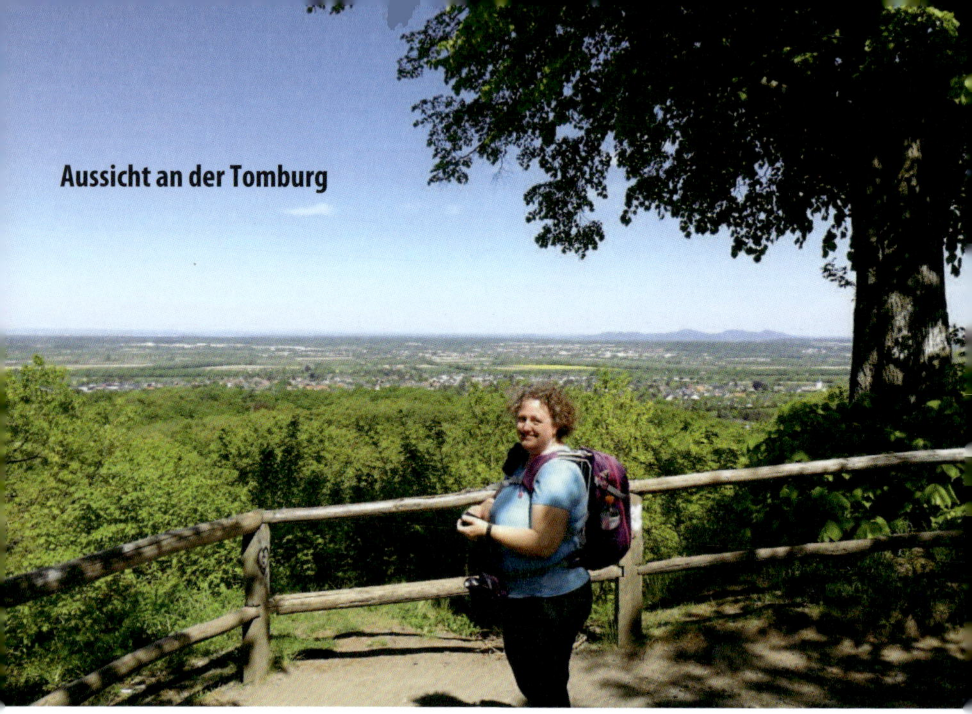
Aussicht an der Tomburg

Zwischen zwei Teichen steht am rechten Wegesrand eine **Bank.** Dahinter biegen wir rechts in den Weg **A5** ein und wenden uns mit dieser Markierung auch beim nächsten Querweg wieder nach rechts **(Hilberather Pfad).** Wir passieren die historische Römerstraße. Nun können wir uns vollends entspannen und mit allen Sinnen den Wald ringsherum genießen. Das kommende schöne Stück durch den Rheinbacher Wald lädt dazu ein.

An den folgenden drei Abzweigen bzw. Kreuzungen gehen wir, leicht bergan, stets geradeaus. Zur Orientierung: An der dritten Kreuzung steht eine Bank. Kurz hinter der Bank biegen wir nach links ab (Markierung **Tbg**). An der darauffolgenden Kreuzung erreichen wir die Markierung **T** (Tomburg Runde), der wir geradeaus folgen. Wo uns ein Schild auf das **Naturschutzgebiet** hinweist, lässt uns ein Wegweiser die Wahl zwischen zwei unterschiedlich langen Wegen zur Tomburg. Beide führen zunächst um den Bergkegel herum. Linksherum kann man der Markierung T folgen, beim rechten, 400 Meter kürzeren Weg müssen wir am Waldrand links abbiegen, um den Aufstieg zur Ruine zu beginnen. In steilen Serpentinen geht es aufwärts.

Von dem ehemals trutzigen Raubrittersitz der **Tomburg** ❹ ist nach einer Sprengung nicht mehr viel übrig geblieben. Dennoch lohnt sich ein Rundgang um die alten Mauern herum. Die Reste des hohlen Burgfrieds sind weithin ins Land sichtbar. Auch wir haben von hier oben einen fantastischen Blick in die Rheinebene.

Vom Berg herabgestiegen, halten wir uns am Waldrand links zum Parkplatz. Dort befindet sich eine der **Stelen zur Feuerroute** (siehe Tour 8, Seite 76) mit Sammelsteinen aus Eisenerz und Informationen zur Region. Wir folgen nun der **roten Flamme** der Feuerroute nach rechts und an der **Tomberger Straße** nach links. Das restliche Stück unserer Wanderung führt durch die offenen Felder zwischen Wormersdorf und Ersdorf. Beim nächsten Abzweig geht es nach rechts und auf dem dritten Feldweg nach links auf Ersdorf zu (rote Flamme). Wir stoßen auf einen asphaltierten Radweg, verlassen die Feuerroute nach rechts und gelangen so in den Ort hinein. Geradeaus laufen wir durch die **Oberdorfstraße** bis zur **Rheinbacher Straße,** an der wir nach rechts gehen, vorbei an der Kirche. Um

Um das Jahr 900 baute Pfalzgraf Herrmann seinen Herrensitz auf dem Tomberg. Das Basaltgestein des erloschenen Vulkans lieferte das Baumaterial. Im 14. Jahrhundert trieben hier Raubritter ihr Unwesen, 1473 belagerte der Herzog von Jülich die Burg und zerstörte sie.

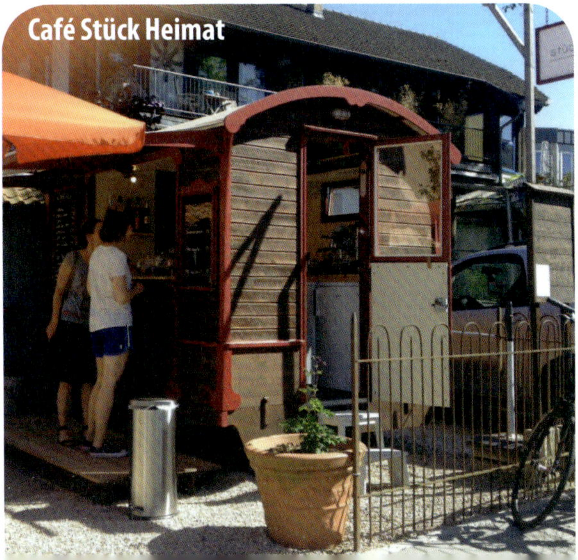

Café Stück Heimat

Im Draußen-Café Stück Heimat werden die Gäste an einem liebevoll restaurierten Zirkuswagen bedient. Verschiedene Getränke, leckere hausgemachte Kuchen (auch glutenfrei), Quiche und Eis gehören zum Angebot der engagierten jungen

Auszeittour 2

Das Obst für die große Auswahl an Fruchtsäften, Branntweinen und Obstlikören der Altendorfer Brennerei Brauweiler stammt aus heimischem Anbau. Ein Besuch im Laden lohnt sich.

zum Ausgangspunkt zurückzukommen, müssen wir nur noch nach rechts in die **Schulstraße** einbiegen. Doch ein Geheimtipp bei schönem Wetter ist das **Draußen-Café Stück Heimat ⑤,** das sich nur 150 Meter geradeaus in der **Unterdorfstraße** zwischen denkmalgeschützten Fachwerkhäusern befindet und leider viel zu selten geöffnet ist.

Eine zweite Einkehrmöglichkeit bietet das rustikal gemütliche **Restaurant Ohm Hein ⑥,** das man 700 Meter weiter über die Rheinbacher Straße, die in die Ahrstraße übergeht, in Altendorf erreicht. Nur zwei Gehminuten weiter in der Straße **Krötenpfuhl** finden wir die **Brennerei Brauweiler. ⑦** Zurück zum Ausgangspunkt gelangt man von der Rheinbacher Straße durch die Raiffeisenstraße.

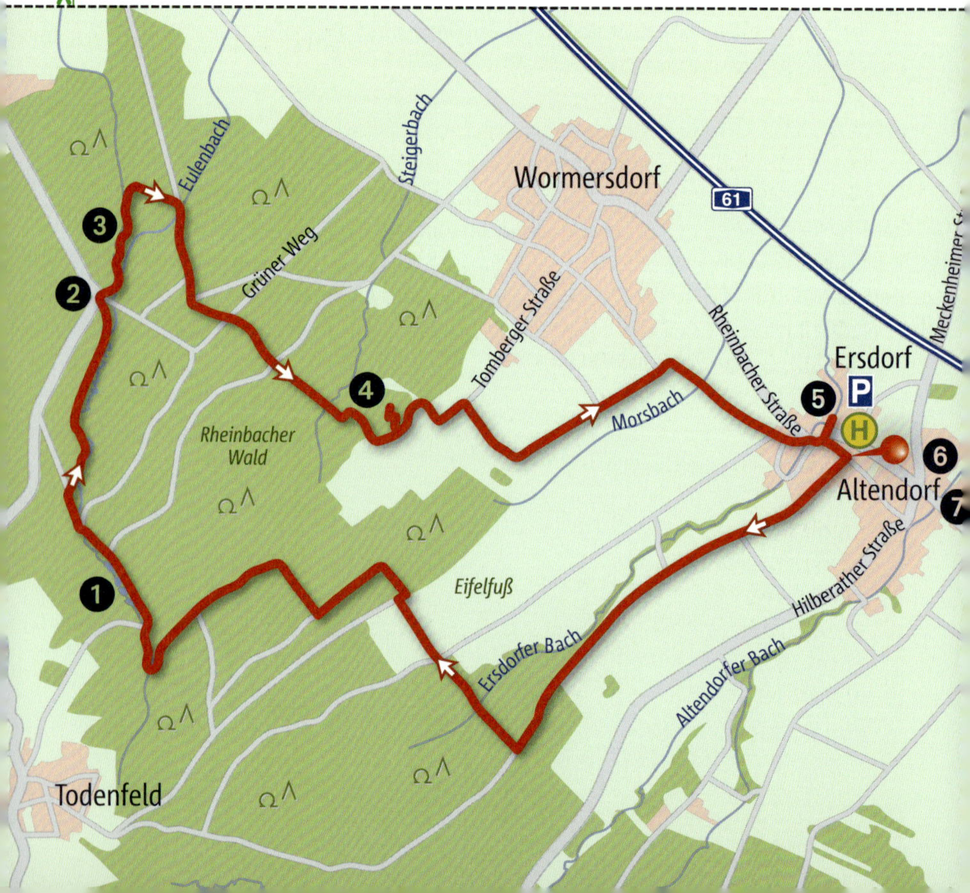

Alles auf einen Blick

Entspannung ✸✸✸✸✸
Genuss ✸✸✸✸
Romantik ✸✸✸

WIE & WANN:
Pfade, Waldwege und asphaltierte Wege; beste Zeit März bis November

HIN & WEG:
Auto: Schulstraße/Ecke Waldweg, 53340 Meckenheim-Ersdorf; am Straßenrand parken (GPS: 50.593568, 7.008290)
ÖPNV: Ab Bad Neuenahr oder Rheinbach Bf. Bus 849 oder ab Meckenheim oder Rheinbach Bf. Bus 749, jeweils bis Meckenheim-Ersdorf Mitte; abends und sonntags nur TaxiBus, Tel. (0 24 41) 99 45 45 45, www.vrs.de

ESSEN & ENTSPANNEN:
Draußen-Café Stück Heimat ❺ Unterdorfstraße 4, 53340 Meckenheim-Ersdorf, Tel. (01 76) 80 87 95 92 (ca. Apr. bis Ende Sept. bei trockener Witterung Sa. 14–19, So. 12–18 Uhr, aktuelle Öffnungszeiten unter www.facebook.com/stueckheimat)
Restaurant-Hotel Ohm Hein ❻ Ahrstraße 16, 53340 Meckenheim-Altendorf, Tel. (0 22 25) 77 95, www.ohm-hein.de (Do.–Mo. 17–21, Sa./So. auch 11–14 Uhr)
Brauweiler Brennerei & Fruchtsäfte ❼ Krötenpfuhl 8, 53340 Meckenheim-Altendorf, Tel. (0 22 25) 73 85 (Verkostung und Verkauf Mo.–Fr. 14–18, Sa. 9–14 Uhr oder nach tel. Vereinbarung)

ENTDECKEN & ERLEBEN:
Alte Weiher ❶
Waldkapelle ❷
Pilgerpfad am Eulenbach ❸
Ruine Tomburg ❹

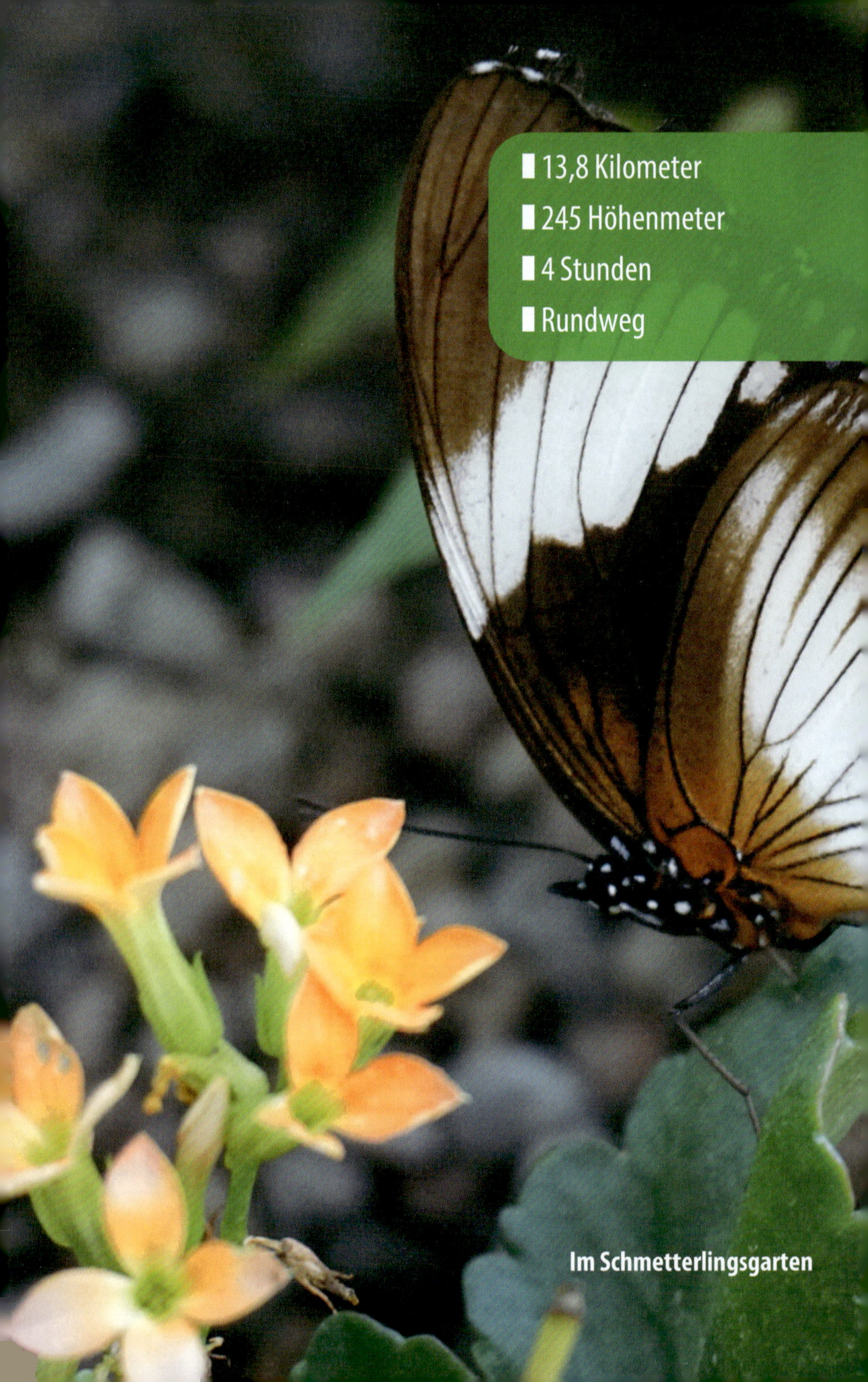

- 13,8 Kilometer
- 245 Höhenmeter
- 4 Stunden
- Rundweg

Im Schmetterlingsgarten

Auszeittour 3

Schmetterlingswege

Wacholderhänge um das Lampertstal

Vom Wanderparkplatz laufen wir die Tränkgasse hinauf Richtung Lampertstal, überqueren die K 43 und laufen in die **Kirchstraße** hinein. An der nächsten Gabelung geht es schräglinks ins Tal und auf einem Feldweg zwischen Gärten hindurch. Wir überqueren den Wierstaler Bach und folgen nach einem kleinen Lagerhaus mit schrägem Dach einem Wiesenweg nach links an einem Weidezaun entlang. Schon sind wir dem Trubel des Alltags entkommen, genießen die frische Landluft und wandern mit Blick auf sanfte Hügel durch die offene Flur.

Wo der Zaun abknickt, folgen wir ihm nach rechts. An einem asphaltierten Querweg wenden wir uns nach links und am nächsten Weg wieder nach rechts. Hier treffen wir auf Schilder der EifelSchleife „Wo Bäche schwinden". Durch die Felder laufen wir auf den mit Wacholder und Kiefern bewachsenen Büchelsberg zu und vor dem Gipfel nach links entlang seiner Flanke weiter. Am Büchelsberg blüht im Mai und Juni zartlila das Helmknabenkraut.

Bevor unser Wanderzeichen uns auf einen Pfad nach links den Berg hinab leitet, gönnen wir uns einen kurzen Abstecher geradeaus zum **Eifelblick am Büchelsberg.** **1** Wir haben eine herrliche Aussicht auf die geschwungenen Berge der Kalkeifel, bei gutem Wetter sogar bis zur Vulkaneifel.

Zurück beim Abzweig steigen wir einen Pfad zu einem Asphaltweg hinab, den wir rechts gehen, aber bald wieder verlassen, um schräg links in einen Wiesenweg einzubiegen. Der Markierung folgend geht

Küchenschellen als Vorboten des Frühlings stehen im März und April in voller Blüte. Im Mai und Juni blüht das Helmknabenkraut, eine wilde Orchideenart. Bis August kann man weitere Orchideenarten in Blüte sehen, wie die Waldhyazinthe oder die Fliegenragwurz.

es rechts weiter an einem Feldrand entlang. Der Weg führt uns mit Blick auf das nächste Wacholdergebiet auf die K 69 zu, die wir geradeaus überqueren und um den Hügel herumgehen.

Ein kurzes Stück umfängt uns ein schattiger Hag, bevor wir quer über eine Wiese in einen sehr lichten Kiefernwald wechseln. Es knackt unter unseren Füßen, aber nicht nur dort, denn bei trockener Witterung und sommerlicher Wärme springen viele Kiefernzapfen knisternd auf und geben ihre Samen frei. Brombeerbüsche laden im Herbst zum Naschen ein. Dieses Waldstück ist etwas Besonderes! Beschwingt wandern wir über den weichen Waldboden auf die **Schutzhütte am Höneberg** ② zu, in der sich nicht nur bei Regen eine kurze Rast anbietet.

Bald hernach treten wir aus dem Wald heraus und erreichen einen asphaltierten Weg, dem wir mit der Wegweisung Richtung Lampertstal nach rechts

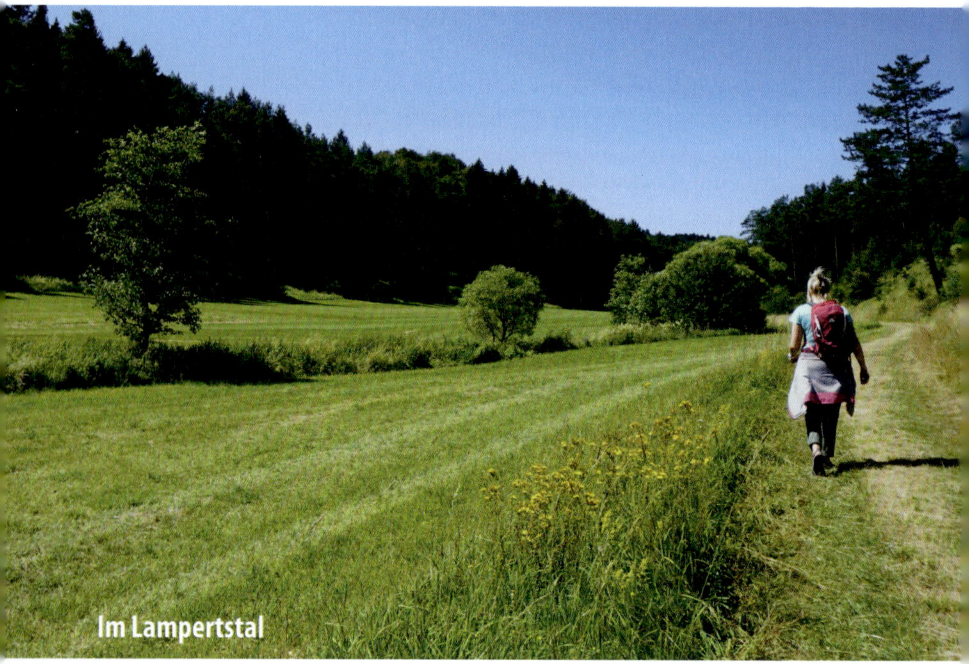

Im Lampertstal

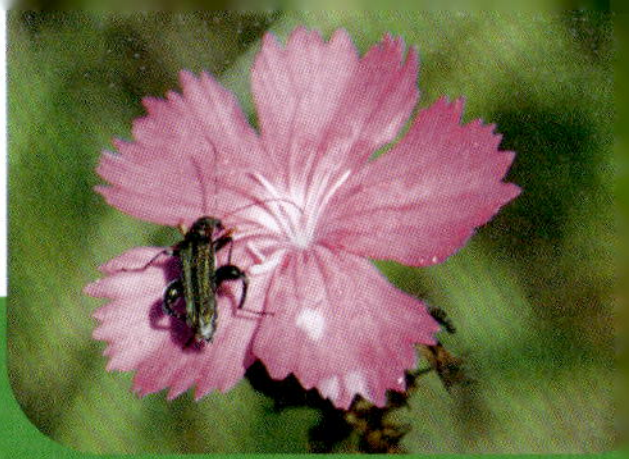

Für die Seele

Im idyllischen Lampertstal verschwindet urplötzlich der Bach. Die Wacholderhänge des Kalvarienbergs mit ihren Orchideen lassen an die Toskana denken.

folgen. Erneut müssen wir die K 69 überqueren. Das Schild zum **Lampertstal** – genau genommen befinden wir uns an dieser Stelle schon mittendrin – weist uns nach rechts. Zunächst geht es auf einem geschotterten Weg am Bachbett entlang. Hier ist es überwiegend schattig und angenehm zu gehen.

Beim **Wegweiserpfahl** können wir für die nächsten 3 Kilometer durchs **Lampertstal** ❸ zwischen **zwei Wegvarianten** wählen.

Variante 1 (empfohlen, aber bei Hochwasser des Lampertsbaches nicht möglich): Am Wegweiser biegen wir mit der EifelSchleife „Wo Bäche schwinden" nach rechts ab, queren das meist wasserlose Bachbett und laufen auf der anderen Talseite nach links auf weichem Wiesenweg. Die Blüten- und Schmetterlingspracht ist auf dieser sonnenverwöhnten Seite des Tals sehr viel größer.

Variante 2: Wir folgen der hinzugekommenen EifelSchleife „Wacholderweg" geradeaus, bis wir die Markierung **Eifelsteig** erreichen. Dabei gehen wir – vor allem in der Mittagszeit – im Schatten. Nach einem Rastplatz mit einem Grenzstein, der die Landesgrenze zwischen Nordrhein-Westfalen und Rheinland-Pfalz markiert, folgen wir der Eifelsteig-Markierung nach rechts über einen Steg auf die andere Talseite. Das ist eher der Winterweg.

Mit Erreichen der Eifelsteig-Markierung sind beide Wegvarianten wieder vereint. Das Lampertstal ist ein wunderschönes, liebliches Tal und, botanisch gesehen, ein wahres Schatzkästlein. Auch wo wir den

Im Lampertstal sind das Grüne Heupferd, ein fingergroßer Grashüpfer, und der handtellergroße orangefarbene Kaisermantel, ein Schmetterling, zu Hause. Auf Wilder Möhre, Skabiose, Lichtnelke und Oregano tummeln sich Bläulinge, Schachbrettfalter, Bienen und Käfer.

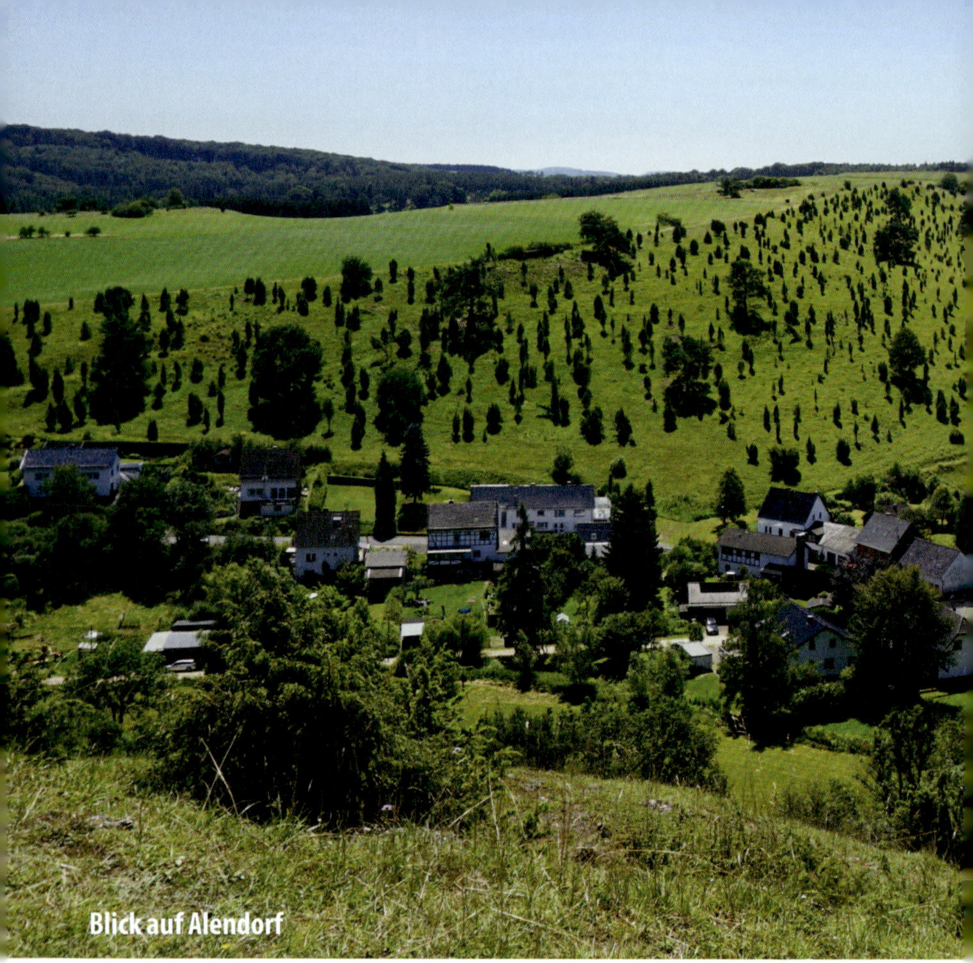

Blick auf Alendorf

Bach nicht sehen können, markieren große Weidenbäume seinen geschwungenen Lauf in den Wiesen. Am Wegesrand und an den üppigen Hängen wachsen die verschiedensten Pflanzen, deren Blüten im Sommer von zahlreichen Schmetterlingen und Insekten besucht werden.

Mit Erreichen des **Eifelsteigs** folgen wir diesem Logo nun bis nach Ripsdorf, zunächst in Richtung Alendorf und Kalvarienberg. Eine Tafel erläutert die geologische Besonderheit des Lampertstals: die **Bachschwinde.** 4 Nur wenige Schritte von der Tafel aus nach links kann man auf einem Steg stehend rechter Hand das Glucksen und Plätschern des Baches hören

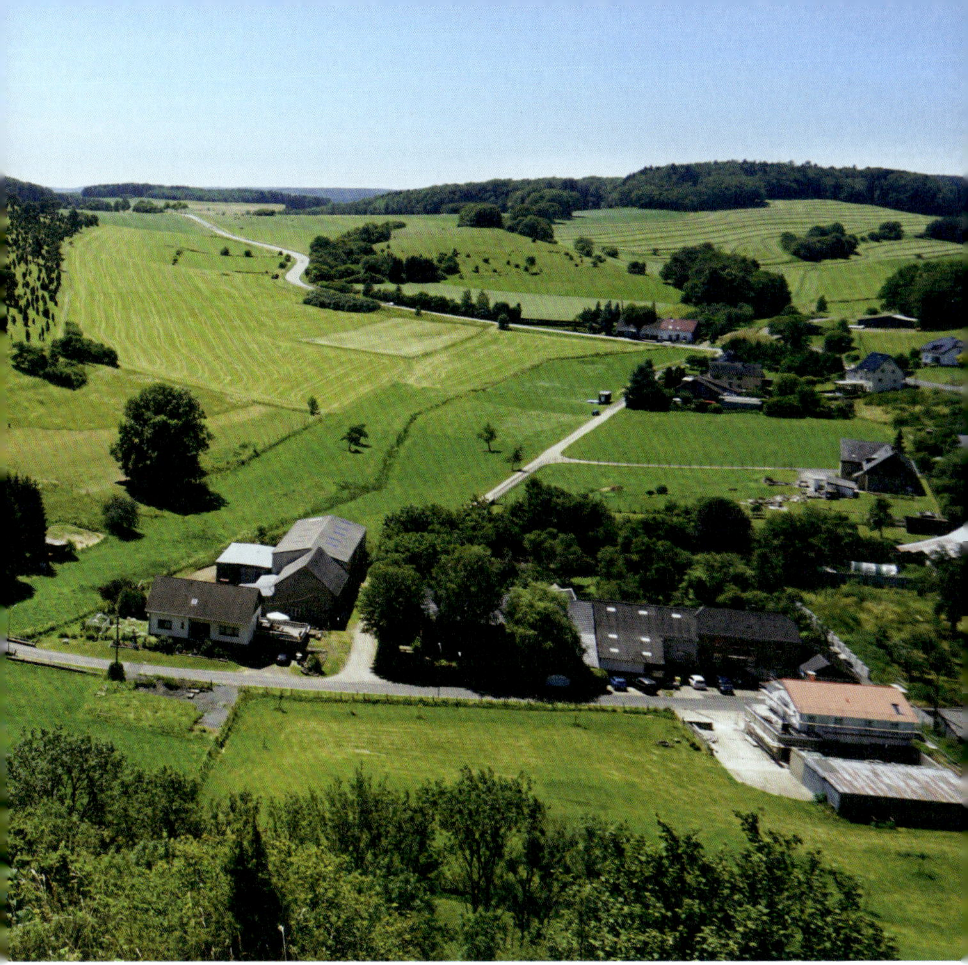

und Wasser sehen, linker Hand jedoch ist das Bachbett ausgetrocknet. Der Bach verschwindet bei niedrigem Wasserstand erstaunlicherweise meist an dieser Stelle vollständig im zerklüfteten Karstgestein, fließt unterirdisch weiter und tritt erst weiter unten im Tal wieder hervor.

Der Eifelsteig führt nun sanft aufwärts und die ersten Häuser von **Alendorf** tauchen vor uns auf. Malerisch erheben sich beiderseits des Ortes liebliche Hänge, die über und über mit Wacholdersträuchern bewachsen sind. Deren Form erinnert an Zypressen und lässt uns unweigerlich an eine toskanische Hügellandschaft denken.

Auszeittour 3

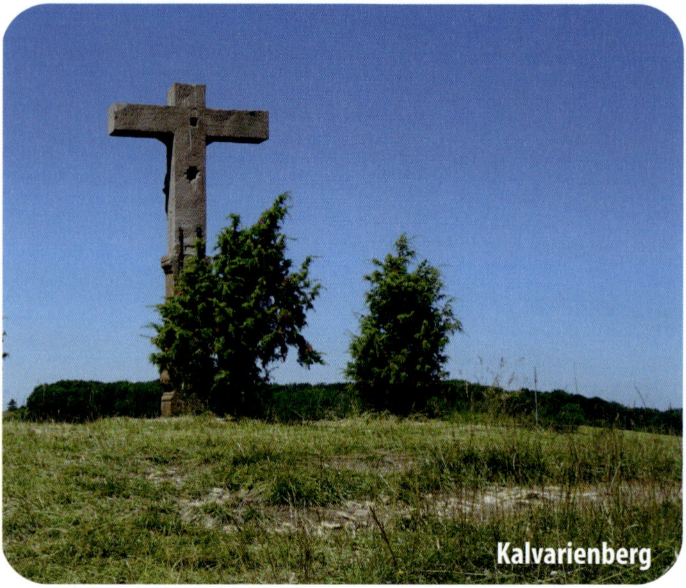

Das Schutzgebiet am **Kalvarienberg** *ist mit 1100 Hektar das größte zusammenhängende Wacholdergebiet in Nordrhein-Westfalen. Zur Landschaftspflege werden Schafe eingesetzt. Auf Kalkmagerrasen gedeihen Küchenschellen, über 30 Orchideenarten, Enziane und Herbstzeitlosen.*

Der steile Aufstieg auf den **Kalvarienberg** 5 holt uns schnell wieder aus unseren Träumen, denn an einem **Wegweiserpfahl** geht es scharf rechts ab und ein immer felsiger werdender Pfad führt uns bis auf die Spitze des Berges hinauf. Auf 551 Meter Höhe erreichen wir das Gipfelkreuz und lassen uns zu einer wohlverdienten Verschnauf- und Genusspause auf einer der vielen Bänke nieder. Die Sicht über die Hügel und Kuppen der Dollendorfer Kalkmulde bis hin zu den Vulkanbergen der Eifel ist einfach grandios.

Nach ausgiebiger Rast wenden wir uns dem sanften Abstieg auf weichem Grasweg zu, vorbei an Kreuzwegstationen aus dem 17. Jahrhundert. Die **Eifelsteig-Markierungen** leiten uns weiterhin, von hier bis zu den ersten Häusern von Ripsdorf. Auf dem Weg dorthin überqueren wir die K 43 und steigen zur sehenswerten **Friedhofskapelle St. Agatha** 6 hinauf. Vor dem Tor zur Kapelle wenden wir uns noch einmal um, denn es lohnt sich, einen Blick zurück zum Kalvarienberg zu werfen.

Der Eifelsteig führt an der Kapelle vorbei, aber unser Weg geht über den Friedhof und zum Tor hinaus. Dahinter geht es nach links auf einen Hügel hinauf, wo wir die höchste Stelle unserer Wanderung erreichen. Besondere Aufmerksamkeit ist bei Kilometer 10,7 geboten: Wenn wir auf eine Asphaltstraße stoßen, biegt hier der Eifelsteig scharf rechts über eine Wiese ab.

Ripsdorf liegt schon vor uns, wenn wir die K 43 erneut erreichen und an einer etwas unübersichtlichen Stelle überqueren. Der weitere Weg durch die Wiesen und Felder lädt uns ein, die Eindrücke des Tages in unserer Seele nachklingen zu lassen.

An den ersten Häusern von Ripsdorf verlassen wir den Eifelsteig und laufen geradeaus weiter auf der **Weierstraße** in den Ort hinein. An der **Halfenstraße** wenden wir

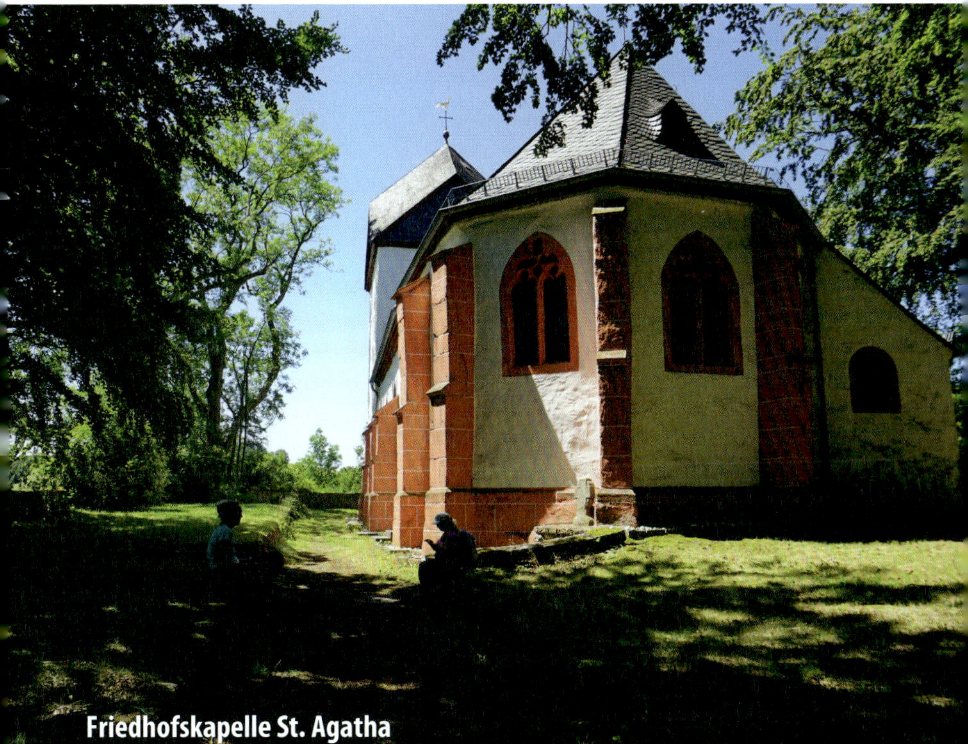

Friedhofskapelle St. Agatha

Auszeittour 3

Im Tropenhaus des Eifalia Schmetterlingsgartens tummeln sich neben Echsen und exotischen Vögeln die schönsten und schillerndsten Falter aller Größen. Ein weiterer Pavillon ist den heimischen Schmetterlingsarten gewidmet, ebenso wie der botanische Garten direkt an der Ahr.

uns nach links und auf der **Hauptstraße** setzen wir unseren Weg nach rechts bis zum Restaurant Breuer oder zur Bushaltestelle fort. Um den Ausgangspunkt zu erreichen, halten wir uns hinterm Restaurant links.

Im **Restaurant Breuer** 7 in Ripsdorf lassen wir den Tag ausklingen. Hier werden in zwangloser, gemütlicher Atmosphäre regionale Gerichte und hausgemachte Fruchtschorlen gereicht. Leckermäuler bestellen die Blaubeerpfannkuchen mit Eis.

Wer Schmetterlinge aus der Nähe betrachten möchte, für den ist der **Eifalia Schmetterlingsgarten** 8 in Ahrhütte ein Geheimtipp. Mit dem Auto erreichen wir den etwa 7 Kilometer entfernten Ort über die B 258.

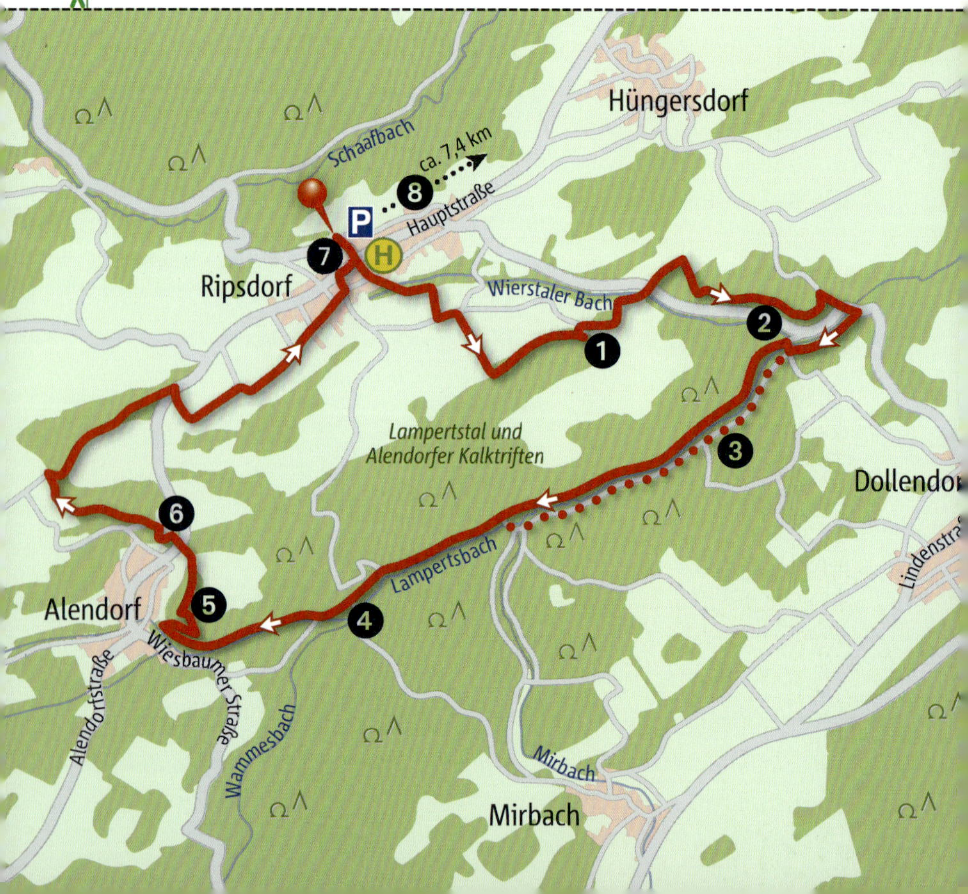

Entspannung ✱✱✱✱✱

Genuss ✱✱✱✱✱

Romantik ✱✱✱✱✱

WIE & WANN:
Weiche Wald- und Wiesenwege sowie landwirtschaftliche Wege, in den Ortschaften Straßen; ganzjährig möglich; die Küchenschellen und Orchideen blühen von März bis Juni

HIN & WEG:
Auto: Parkplatz Lampertstal, Tränkgasse
53945 Blankenheim-Ripsdorf (GPS: 50.386775 N, 6.654099 E)
ÖPNV: RE 22 oder RB 24 bis Kall Bf, weiter mit Schienenersatzverkehr (SEV) nach Blankenheim (Wald). Von hier verschiedene TaxiBus-Linien. Sa./So. im Sommerhalbjahr Linie 770 bis nach Blankenheim-Ripsdorf, Eldorfer Straße
TaxiBus-Linien bis Ripsdorf Kirche, Tel. (0 24 41) 99 45 45 45,
Fahrplaninformation unter www.vrs.de

ESSEN & ENTSPANNEN:
Restaurant und Hotel Breuer ❼ Hauptstraße 74, 53945 Blankenheim-Ripsdorf,
Tel. (0 24 49) 10 09, www.breuer-ripsdorf.de (Di.–So. ab 11 Uhr)

ENTDECKEN & ERLEBEN:
Eifelblick am Büchelsberg ❶
Schutzhütte am Höneberg ❷
Lampertstal ❸
Bachschwinde ❹
Kalvarienberg ❺
Friedhofskapelle St. Agatha ❻
Eifalia Schmetterlingsgarten ❽ Am Hammerwerk 2, 53945 Ahrhütte,
Tel. (01 51) 18 73 03 55, www.eifalia-schmetterlingsgarten.de
(März–Sept. täglich 10–17 Uhr)

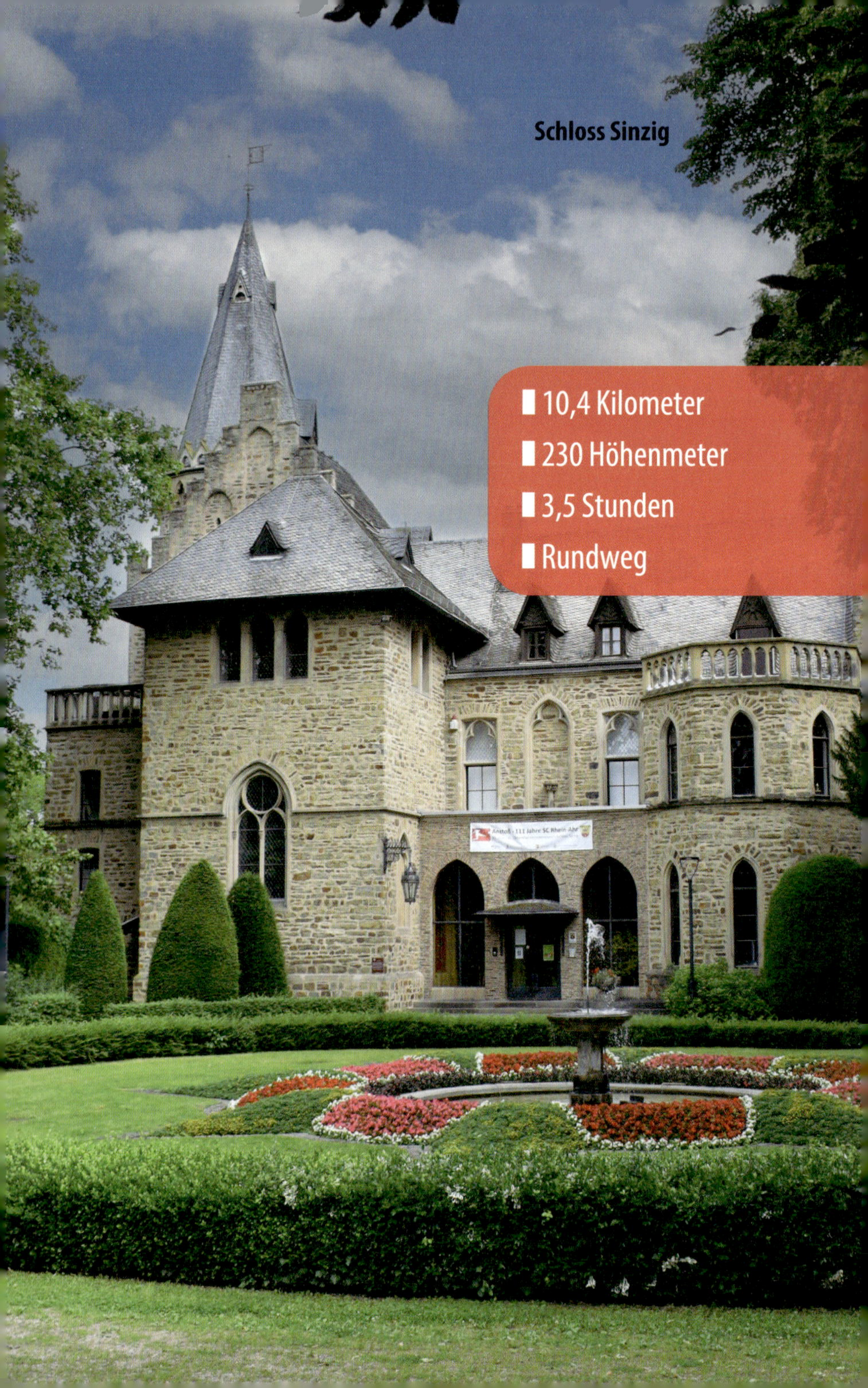

Schloss Sinzig

- 10,4 Kilometer
- 230 Höhenmeter
- 3,5 Stunden
- Rundweg

Wir starten am Bahnhof und gehen unter der Straßenbrücke hindurch zu einem Kreisverkehr. Die Linde in seiner Mitte duftet im Juni ganz verführerisch, später im Jahr wird dieser Duft vom blühenden Lavendel abgelöst. Wir laufen geradeaus auf eine Bäckerei zu, in der wir unseren Proviant ergänzen können. Links daneben folgen wie der Barbarossastraße am **Lunapark** entlang. Im Schatten seiner uralten Bäume lädt eine Wanderliege mit Blick auf die Kirche St. Peter zu einer ersten Rast ein.

Viertälerblick

Die letzten Kilometer der Ahr

Wir folgen der Barbarossastraße zum neugotischen **Schloss Sinzig 1.** Es wurde im 19. Jahrhundert erbaut und beherbergt heute ein Heimatmuseum mit Ausstellungsstücken aus allen Epochen der Stadtgeschichte seit der Römerzeit. Wir überqueren die Jahnstraße und entdecken am Wegesrand den Startpunkt des Ahrsteigs. Er endet nach rund 100 Kilometern an der Ahrquelle in Blankenheim. So weit wollen wir heute aber nicht gehen und freuen uns über die Anregung für spätere Wandertage.

Wir verlassen den Kreisverkehr an der zweiten Ausfahrt, gehen die Wallstraße hinauf und biegen rechts in die Friedrich-Ebert-Straße. An der Kreuzung mit der Königsberger Straße ändert sie ihren Namen zu Hellenbergstraße. Im Sommer verwandelt sich der Vorgarten der Hausnummer 33 in ein **lila Insektenparadies.** Nachdem wir uns daran satt gesehen haben, folgen wir der Straße weiter geradeaus. Zwischen den Hausnummern 41 und 43 (noch vor der Breslauer Straße) schauen wir genau hin und entdecken einen kaum auszumachenden Pfad, der nach rechts in den Wald führt.

Steil bergauf steigen wir zum Gipfelplateau des Mühlenbergs. Die Kraft reicht noch für die 58 Stufen hinauf zur Aussichtsplattform des **Feltenturms** ❷, denn dort haben wir einen **Viertälerblick** ins Rheintal, Ahrtal, Harbachtal und Hellenbachtal. Der 11,3 Meter hohe Turm wurde 1972 eingeweiht. Als Belohnung kehren wir in der **Cäciliahütte** ❸ ein. Samstags und sonntags können wir uns sogar schon zum Frühstück anmelden.

Nachdem wir uns gestärkt haben, folgen wir der geschotterten Zufahrt zu einer Sitzbank, etwa 10 Meter dahinter nehmen wir den nach links führenden Pfad. Die Wegmarkierungen [P] des Bodendorfer Panoramawegs begleiten uns für die nächsten 5 Kilometer. An der nächsten Gabelung folgen wir dem linken (also unteren) Pfad. Er bietet einige schöne Panoramablicke auf **Westum** und endet an einer Spitzkehre der Straße Waldweg.

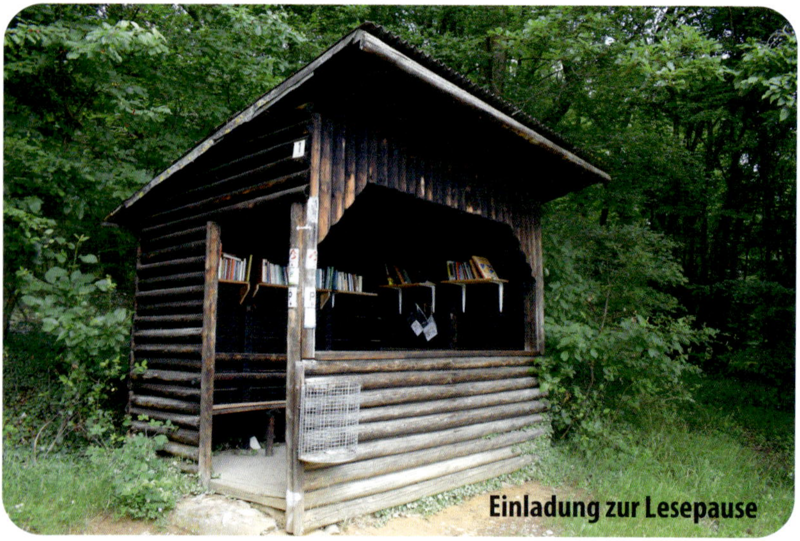

Einladung zur Lesepause

Wir folgen der Straße bergauf zur Waldschenke **Zum Ännchen** ④. Das Traditionsgasthaus wurde um 1880 als Weinschenke und Aussichtplateau für einen Jagdsitz gebaut. Am Parkplatz der Schenke nehmen wir den linken Weg. Er führt am Waldrand entlang zu einer Forstwegkurve, wir wandern nach rechts, bleiben also auf der Höhe. Hier entdecken wir wieder

Für die Seele

Vom romantischen Schloss Sinzig steigen wir zum Feltenturm mit seinem Viertälerblick. Kühle Waldpassagen und großartige Fernblicke wechseln sich ab.

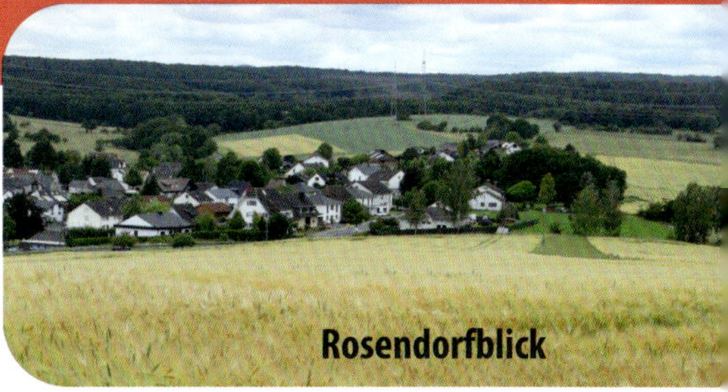

Rosendorfblick

eine Markierung des Ahrsteigs.

Der Panoramaweg wartet immer wieder mit neuen Weitblicken auf. Kurz nachdem Löhndorf in Sicht gekommen ist, lädt eine ganz besondere **Schutzhütte** ⑤ zu einer Lesepause ein. Ihre Regale sind gut gefüllt mit Krimis, Reisebüchern und anderen Schmökern, die wir gegen unsere ausgelesene Rucksacklektüre tauschen oder einfach mitnehmen dürfen.

Der Weg führt zu einer Pferdekoppel und macht einen Rechtsbogen. Wir biegen zwischen den Weiden und dem Wald nach links ab und entdecken eine Ahrsteig-Liege und einen Stempelkasten für die Ahrsteigler. Dahinter wandern wir nach rechts zum **Rosendorf-Blick,** wo wir uns auf den Sitzbänken am Ausblick auf das Rosendorf Löhndorf ausruhen können.

Wir biegen rechts ab und kommen zum **Wanderparkplatz Schmicklerhütte,** wo sich die Baltasar-Schmickler-Hütte für die nächste Rast anbietet. Am anderen Ende des Parkplatzes folgen wir dem nach links führenden Waldweg leicht bergab bis zum **Winzerhäus-**

Das milde Klima des Ahrtals bietet nicht nur für Wein die idealen Wachstumsbedingungen. Auch Rosen gedeihen im Regenschatten der Eifel prächtig.

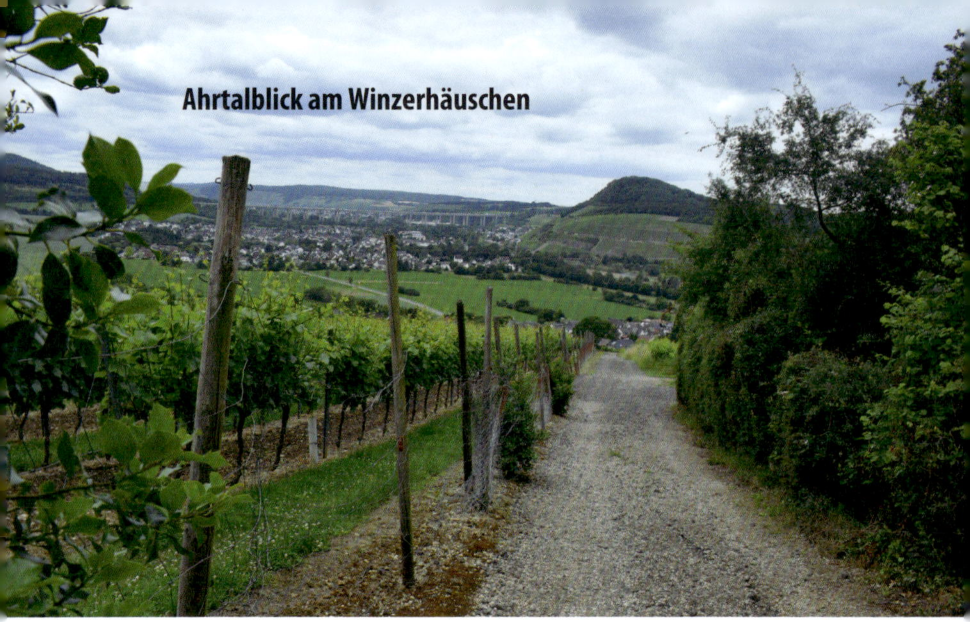

Ahrtalblick am Winzerhäuschen

chen ⑥. Hier erhaschen wir einen Blick auf die 54 Meter hohe Ahrtalbrücke.

Dort geht es auf dem nach rechts führenden Weg weiter, wir halten uns auch an den beiden folgenden Gabelungen jeweils rechts. Hier wären wir vor einigen Jahren noch durch dunklen Nadelwald gelaufen. Die Dürresommer und der Borkenkäfer haben dazu beigetragen, dass nach der Notfällung der Fichtenmonokulturen nun ein **kunterbunter Mischwald** mit Linden, Birken, Hainbuchen, Haselnüssen und mannshohem Fingerhut nachwächst. Wir sind nicht die einzigen, denen das gefällt. Von allen Seiten dringt der vielstimmige Gesang der Vögel an unser Ohr. Wer sich mit Vogelstimmen auskennt, kommt schnell auf ein Dutzend verschiedene Sänger. Welch wundervoller Platz zum Innehalten und Waldbaden!

An der Wegkreuzung nehmen wir den Weg halblinks. Es geht zurück in einen robusten Mischwald. An der zweiten Einmündung zeigen die Wegweiser bergauf zum Feltenturm und zum Ännchen. Hier verlassen wir den Panoramaweg, indem wir dem bisherigen Weg weiter geradeaus folgen. Hinter dem **Hochbehälter** der Stadtwerke Sinzig nehmen wir an der Gabelung den rechten Weg. Er führt am Hang des

Schleibergs entlang. An einigen Stellen kommt zwischen den Bäumen schon Sinzig in Sicht.

Der Weg führt aus dem Wald heraus und wird zur Anliegerstraße Mühlenbergweg. An einem **Findling** mit Sitzbank lockt uns ein gelber Wegweiser zurück zum Feltenturm und zur Cäciliahütte. Unser Rundweg führt aber geradeaus auf dem Ahrsteig weiter und aus dem Wald hinaus den Mühlenbergsweg hinab. Er endet an einer fröhlich bunten Barbarossafigur an einer T-Kreuzung. Liebevolles Detail: Die Stifterin Dr. Doris Becker hat die Figur und ihren Briefkasten gleich gestaltet.

Barbarossafiguren in Sinzig erinnern uns daran, dass Friedrich I. (Barbarossa) vor seiner Königskrönung 1152 in Sinzig nächtigte und als Zeichen seiner Dankbarkeit der Stadt mehrere weitere Besuche abstattete und Privilegien gewährte.

Wir wandern nach links weiter (Im Hellenberg) und halten uns an der dreieckigen Kreuzung rechts. Hier ist eine weitere Einkehr möglich, wir haben sogar die Wahl zwischen dem Gourmetrestaurant **Vieux Sinzig** ⑦ auf der linken Straßenseite und der **Osteria La Rotunda** ⑧ hier am rechten Gehweg. Am **Kreisverkehr,** kurz vor dem Ziel unserer Wanderung, folgen wir der Mühlenbachstraße hinauf zum Markt.

Dort gehen wir geradeaus auf der Bachovenstraße weiter zum Kirchplatz. Die **Pfarrkirche St. Peter** wurde

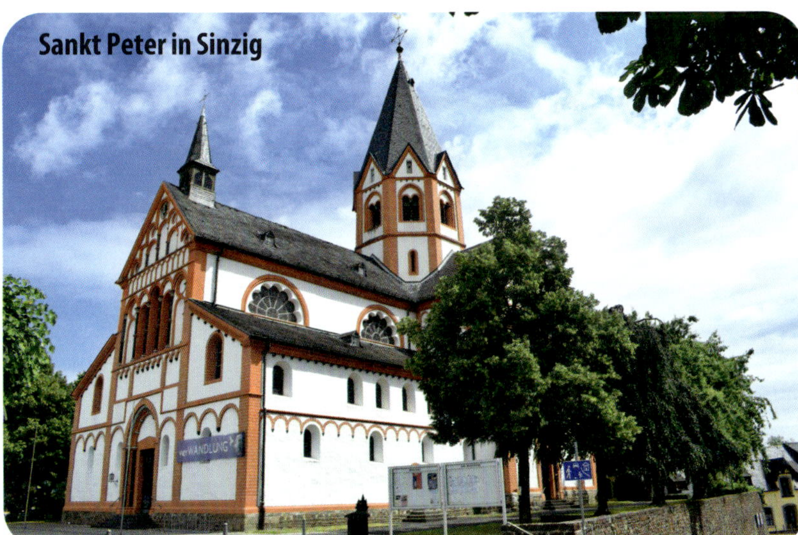

Sankt Peter in Sinzig

ab 1225 gebaut und 1241 geweiht. Die dreischiffige Kreuzbasilika mit dem zentralen achteckigen Kirchturm zählt zu den bedeutendsten spätromanischen Bauten.

Wir halten uns rechts von der Kirche an die Zehnthofstraße, biegen an dem kleinen Park nach links ab und gehen an der T-Kreuzung nach rechts zur Rheinstraße. Hier ist die **historische Stadtmauer 9** noch sehr gut erhalten. In ihr entdecken wir ein Wiekhaus. Solche kleinen Mauerhäuser dienten der Beobachtung feindlicher Bewegungen und der Abwehr von Angriffen. Wir wandern die Rheinstraße hinab zur Lindenstraße. Sie bringt uns nach links zum Kreisverkehr am **Bahnhof** und damit zurück zu unserem Startpunkt.

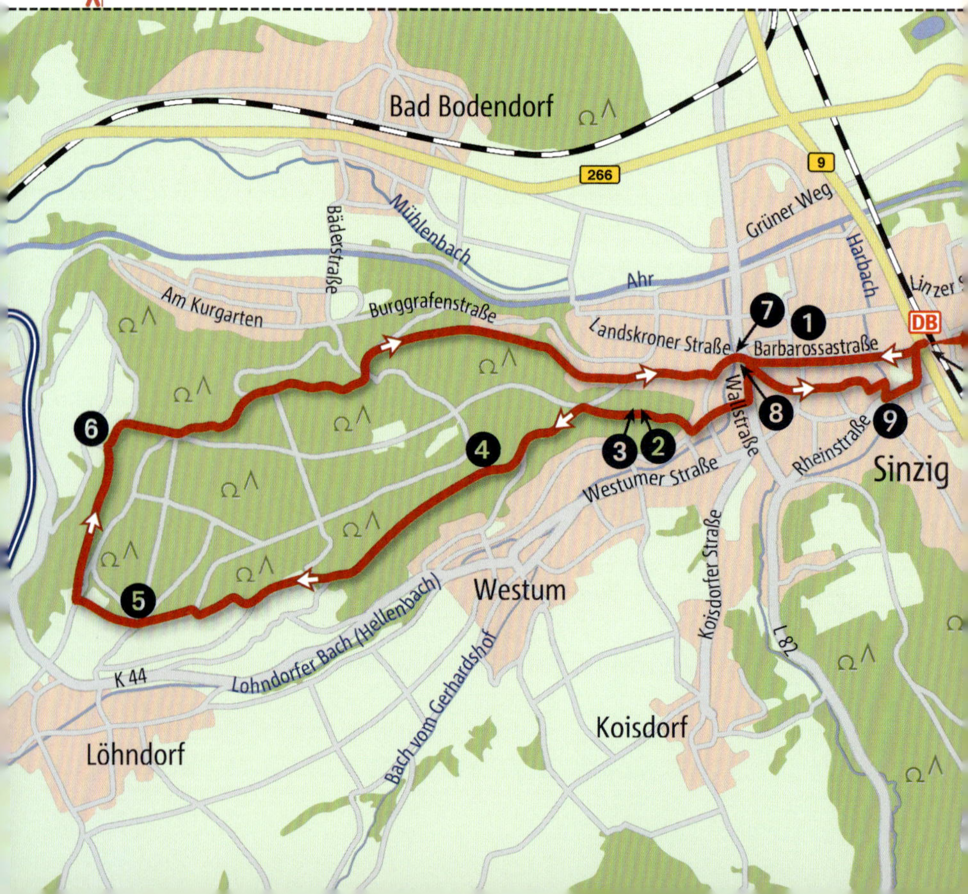

Alles auf einen Blick

WIE & WANN:
Wald- und Wirtschaftswege, Naturpfade, Straßen und Bürgersteige in Sinzig; beste Wanderzeit von April bis Oktober; für den Feltenturm ein Fernglas einpacken

HIN & WEG:
Auto: Parken am Bahnhof oder auf dem Jahnparkplatz am Sinziger Schloss, Jahnstraße/Barbarossastraße, 53489 Sinzig (GPS: 50.546483, 7.24849)
ÖPNV: RE und RB bis Sinzig

Entspannung ★★★☆☆
Genuss ★★★★★
Romantik ★★★☆☆

ESSEN & ENTSPANNEN:
Cäcilia-Hütte ❸ Mühlenbergweg 12 a, 53489 Sinzig, Tel. (01 79) 9 31 78 47, www.caecilia-huette.de (Sa./So.11-19 Uhr)
Waldschenke zum Ännchen ❹ Hellenbachshöhe, Waldstraße, 53489 Sinzig-Westum, Tel. (01 71) 4 89 15 92, www.zum-aennchen.de (Mo., Do., Sa. ab 14, So. ab 15 Uhr)
Winzerhäuschen ❻ Weingut Linden, Ehlinger Berg, 53474 Heimersheim-Ehlingen, Tel. (0 26 41) 2 69 40, www.weingut-linden-heimersheim.de (im Sommer Mi.-Sa. ab 14, So. ab 10, im Winter Fr., Sa. ab 14, So. ab 11 Uhr)
Restaurant Klebers Küche im Vieux Sinzig ❼ Kölner Straße 6, 53489 Sinzig, Tel. (0 26 42) 4 27 57, www.klebers.net (Mi.–Sa. 12–14 und 18–23, So. 12–20 Uhr)
Osteria La Rotonda ❽ Kölner Straße 4, 53489 Sinzig, Tel. (0 26 42) 9 93 16 35, https://.la-rotonda-restaurant.eatbu.com (Fr.–Mi. 17–24 Uhr)

ENTDECKEN & ERLEBEN:
Schloss Sinzig ❶ Barbarossastraße 35, 53489 Sinzig, www.museum-sinzig.de (Do. 10–12, Sa./So. 14–17 Uhr)
Feltenturm ❷
Lesepausen-Schutzhütte ❺
Stadtmauer mit Wiekhaus ❾ Elsa-Brändström-Ring 1, 53489 Sinzig

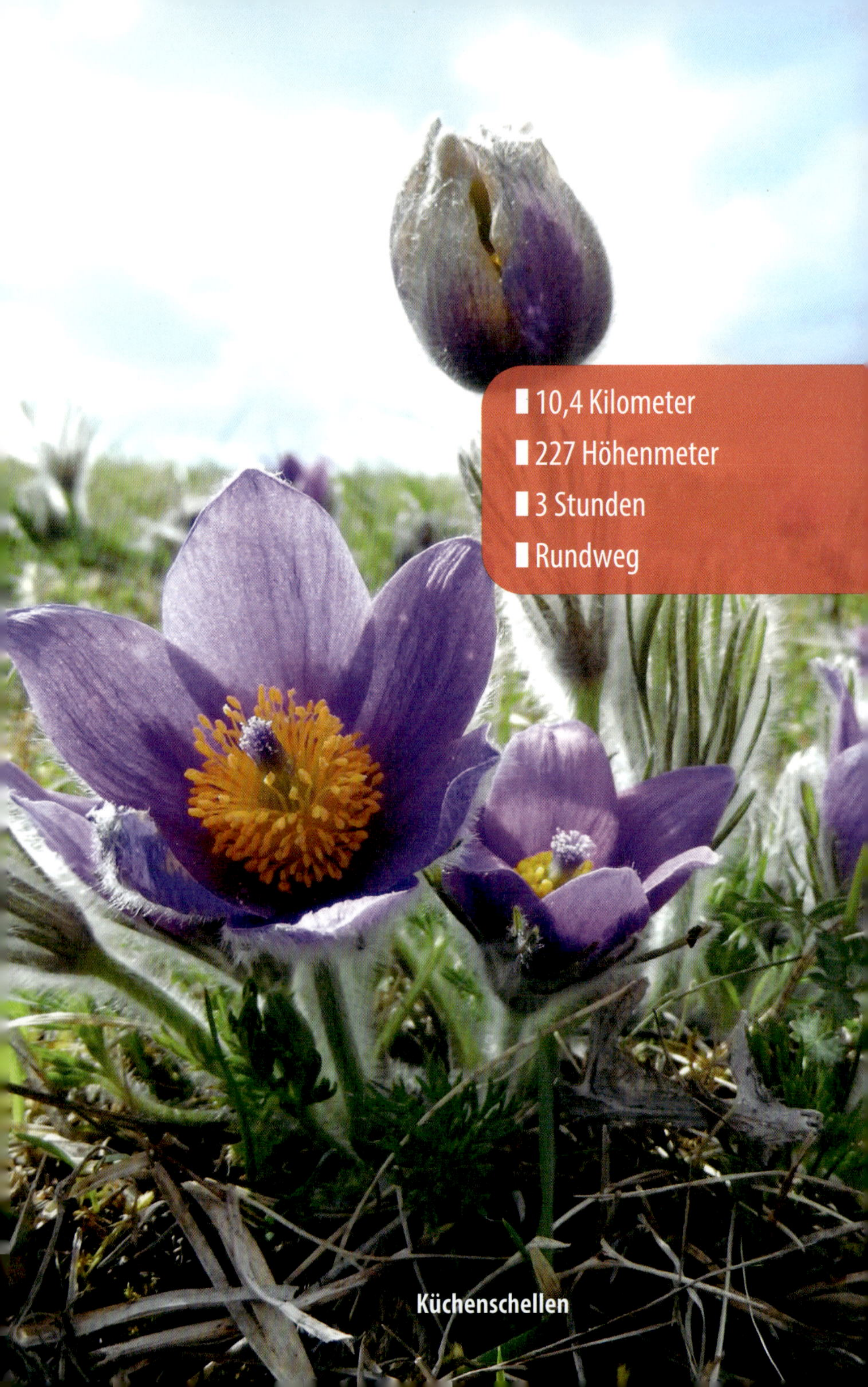

- 10,4 Kilometer
- 227 Höhenmeter
- 3 Stunden
- Rundweg

Küchenschellen

Vor unserer Wanderung können wir zunächst über die hübsche Brücke mit der weißen Nepomukstatue in die **Burgstraße** gehen, um uns das gut erhaltene **Schloss Eicks** (1) aus dem 18. Jahrhundert anzuschauen. Allerdings nur von außen – das Barockschloss ist in Privatbesitz und nur zu besonderen Gelegenheiten

Blütenpracht

Küchenschellen am Bürvenicher Berg

zugänglich. Zurück über die Brücke folgen wir der **Burgstraße** in den Ort hinauf. In einer Rechtskurve geht die Straße in **Maternusberg** über und führt uns bergan vorbei an der Kirche. An der nächsten Kreuzung nach der Kirche, wo sich die **TaxiBus-Haltestelle** befindet, gehen wir geradeaus auf **Im Frohngarten** weiter und kreuzen am Ende der Bebauung eine Querstraße, um geradeaus einem Feldweg zu folgen. Nach Überquerung der kleinen K 20 wandern wir durch eine Senke über ein glucksendes Bächlein und folgen danach dem Wiesenweg, der auf eine eingezäunte Weide zuläuft, durch eine Linkskurve weiter. Schon sind wir umgeben von herrlicher Natur.

Bei nächster Gelegenheit, wenn der Untergrund für ein kurzes Stück in Asphalt übergeht, biegen wir rechts ab und wandern eine Anhöhe hinauf. Der deutliche Weg verliert sich etwas, wir laufen auf weichem Grasgrund geradeaus bergauf auf eine Gehölzhecke zu, an deren rechtem Rand vorbei wir weiter aufwärts gehen.

Oben angekommen, eröffnet sich uns ein fantastischer Fernblick bis zum Siebengebirge. Wir wenden uns nach links und wandern auf asphaltiertem Weg weiter, biegen aber sofort wieder rechts ab, das schöne Panorama vor Augen. So erreichen wir einen **Ruheplatz** **2** mit zwei Bänken und einem Wegkreuz, umrahmt von zwei Bäumen. Hier lässt es sich kurz verweilen, um die **Aussicht** zu genießen. Vor uns im Tal liegt die Ortschaft Berg und dahinter erstreckt sich gut sichtbar der grasbewachsene Hügel des Naturschutzgebiets Bürvenicher Berg mit seinem Gipfelkreuz.

Vom Rastplatz aus marschieren wir geradeaus weiter und schwenken bei der nächsten Möglichkeit nach links. Hier vereint sich unser Weg bis kurz vor dem Bürvenicher Berg mit den EifelSchleifen „Berg und Tal" und „Himmel un Ääd", deren Hinweisschil-

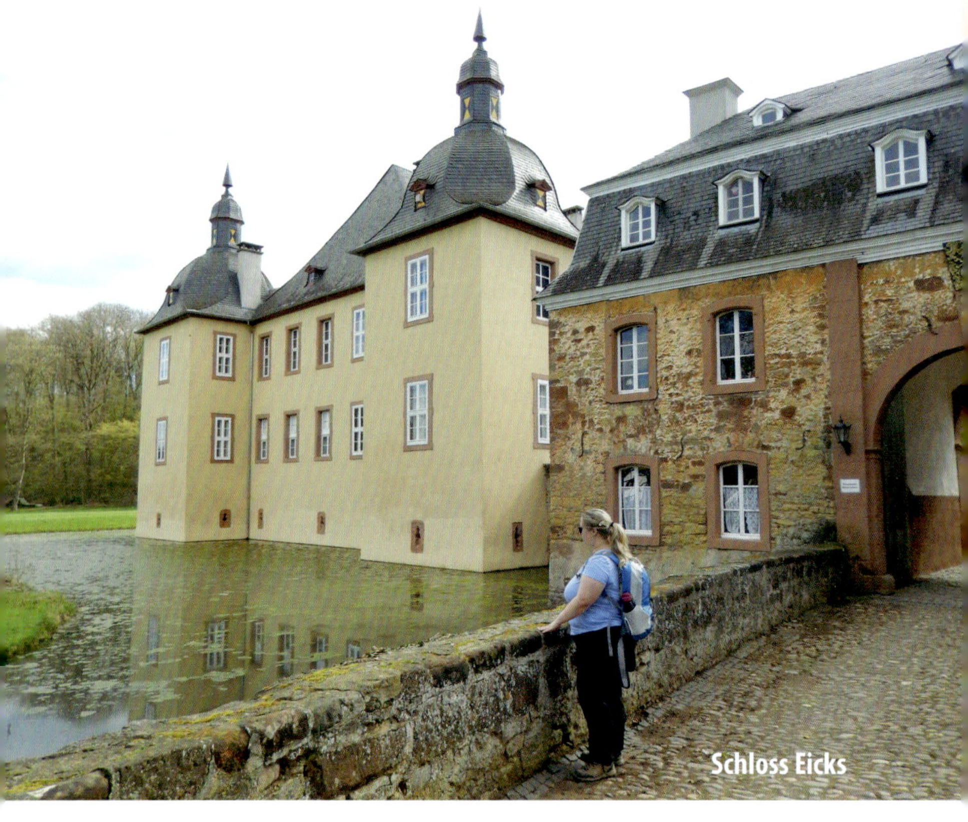

Schloss Eicks

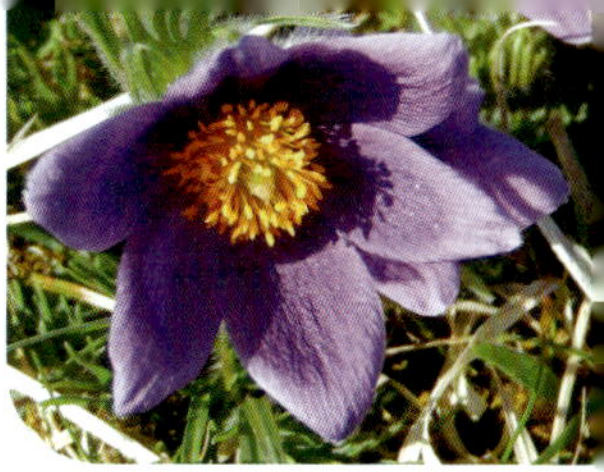

dern wir durch den Ort Berg folgen. Nach etwas mehr als 200 Metern geht es rechts den Hügel hinab in Richtung der Ortschaft.

Mit den beiden EifelSchleifen überqueren wir eine kleine Straße, wandern über einen Bach und erreichen an einem Kinderspielplatz die **Gemünder Straße** in Berg. Dieser folgen wir nach rechts durch den ruhigen Ort. Vor dem Haus Nr. 53 bewundern wir ein Gestell, das früher einem Schmied zum Beschlagen der Pferde gedient hat. Hie und da erhaschen wir einen Blick in liebevoll gestaltete Innenhöfe und auf hübsch restaurierte Fachwerkhäuser. An der **Burg Berg** am Ortsende wenden wir uns nach links auf einen Landwirtschaftsweg und wandern zwischen Streuobstwiesen und Pferdekoppeln hindurch aufs freie Feld hinaus.

Für die Seele

Wenn im Frühjahr die ersten warmen Sonnenstrahlen ins Freie locken, bietet sich diese angenehme Wanderung mit ihren herrlichen Ausblicken ins weite Land an.

Herrlich ist der Blick auf den Bürvenicher Berg, der nun vor uns liegt. Bei der nächsten Möglichkeit verlassen wir die EifelSchleifen, wenden uns nach rechts und folgen einem Wiesenweg, der sich am Fuß des Bergs als Pfad zwischen hohen Hecken hindurchschlängelt und steil nach oben führt. Wir haben das **Naturschutzgebiet Bürvenicher Berg** ③ erreicht. Nach ausgiebigen Regenfällen kann der Weg hier etwas rutschig sein.

Sobald wir aus den Hecken wieder heraustreten, liegt ein Wiesenhang vor uns, auf dem sich im Frühjahr beeindruckende florale Pracht zeigt: Die Magerrasenwiesen sind mit Veilchen, Schlüsselblumen und

Im Naturschutzgebiet Bürvenicher Berg kommen rund 350 Pflanzenarten und zahlreiche seltene und gefährdete Tierarten vor. Auf dem warmen Boden der Kalkeifel wächst die unscheinbare wilde Orchideenart „Hängender Mensch" (Ohnsporn), die von Mai bis Juni blüht.

den seltenen Küchenschellen bedeckt, im Sommer finden wir hier auch wilde Orchideen und Silberdisteln.

Der Hang sollte nicht betreten werden, denn laut Naturschutzgesetz ist das Verlassen der Wege nicht gestattet. Wir halten uns daran und wenden uns nach links auf einen kaum sichtbaren Pfad, der zwischen Wiesenhang und Heckenbewuchs entlangführt. Dabei können wir uns gut an den **gelben Pfählen** des Naturschutzgebiets orientieren. Der Pfad bringt uns auf die Kuppe des Berges. Hier finden wir eine Informationstafel sowie eine Bank, die zu einer ausgedehnten Rast einlädt. Uns bietet sich ein grandioser Blick über die flache Zülpicher Börde in Richtung Nordosten.

Die Küchenschelle (Pulsatilla vulgaris) ist kein Küchenkraut, der Name leitet sich gar nicht vom heimischen Herd ab. Die dunkelviolett blühende Pflanze heißt auch „Kuhschelle“: Ihre glockenartigen Blüten erinnern an Schellen, wie man sie jungen Kühen umhängt.

Sobald wir die Ruhepause beendet haben, wandern wir auf dem Grat Richtung **Gipfelkreuz.** Dort halten wir uns leicht links und folgen weiter dem Pfad laut Markierung, sind wir doch nun wieder vereint mit den EifelSchleifen durch das Naturschutzgebiet. Wieder können wir uns an den gelben Pfählen orientieren. Der wunderschöne Weg schlängelt sich in leichtem Auf und Ab an verwunschenen knorrigen Kiefern vorbei den Berg hinab. Bald kommt ein neues Symbol hinzu, ein Wegweiserstein mit einem **gelben Kapellensymbol,** das schon auf unser nächstes Ziel hinweist.

Weit ausgebreitet liegt das Land mit seinen zahlreichen Äckern vor uns. Die Börde ist für ihre fruchtbaren Böden bekannt. Wir wandern mit den Markierungen weiter bis zu einer wenig befahrenen Straße. Diese überqueren wir rechts versetzt und tauchen ins nächste **Naturschutzgebiet** ein: das **des Tötschbergs.** Zwischen Zäunen führt der schmale Wanderweg dahin, über den Bergbach und durch die Wiesen hindurch. Es summt und brummt um uns herum. Im Sommer ist hier eine lange Hose zum Schutz vor Brennnesseln sinnvoll.

Dann ist unsere Kondition gefragt, wenn es auf schmalem Pfad den Tötschberg hinaufgeht. An einer

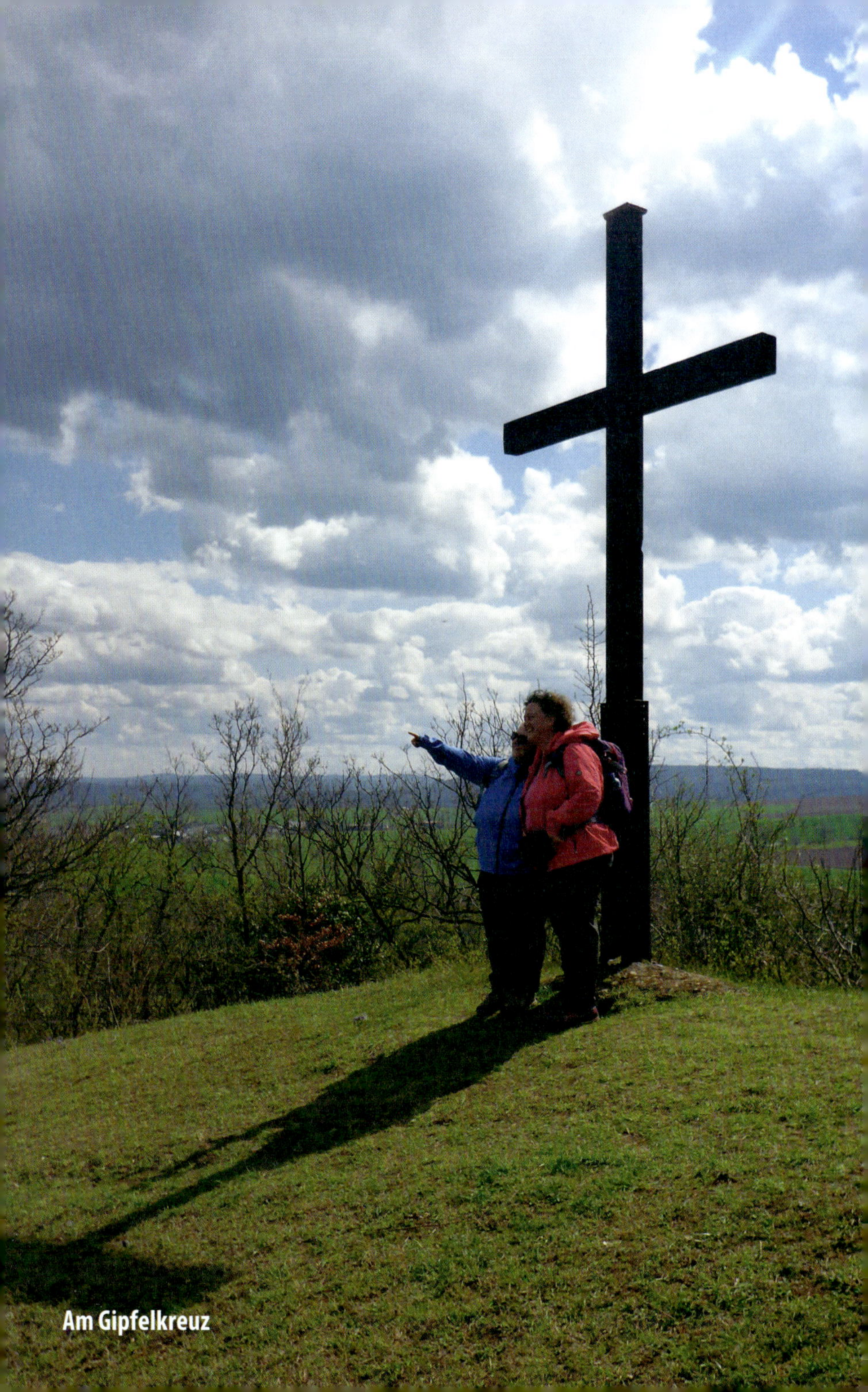

Am Gipfelkreuz

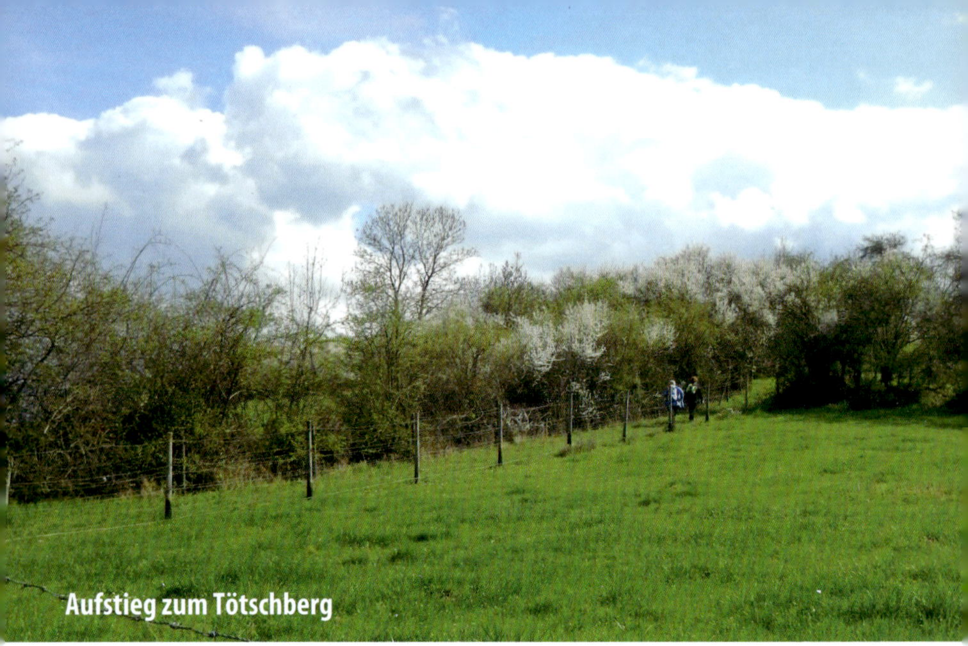

Aufstieg zum Tötschberg

besonders steilen und unter Umständen rutschigen Stelle hängt ein Seil am nahen Zaun, um sich daran festzuhalten.

Hinter einem hölzernen Durchgang steigen wir nach rechts weiterhin den Berg hinauf, bis sich eine Kapelle in unser Sichtfeld schiebt. Die gelben Pfähle und Schilder leiten uns aber zunächst nach rechts und wir umrunden einen großen Acker, bis die hübsche Kapelle deutlich vor uns liegt. Vorbei an einer Bank mit Informationstafel gehen wir direkt auf die 2003 errichtete **Hubertuskapelle am Tötschberg** **4** zu, die zu stiller Andacht oder einer weiteren Pause mit Fernblick einlädt.

Ein letztes Mal blicken wir über die wundervoll weite, durch flache Agrarlandschaft geprägte Zülpicher Börde, bevor wir den gemütlichen Abstieg nach **Floisdorf** in Angriff nehmen. Wir laufen die kleine Straße bergab und folgen den Wegweisern beim Abzweig rechts hinunter in den Ort. Um in die Ortsmitte zu gelangen, wenden wir uns an der T-Kreuzung mit der Kreisstraße rechts auf Am Tötschberg. (Achtung: Die Straße, die wir bergab kommen, sowie ein kleiner Abzweig vor der Kreisstraße haben denselben

Straßennamen.) Einige Schritte weiter erreichen wir die **Vogteistraße,** auf der wir unseren Weg nach links durch das Dorf fortsetzen.

In der Dorfmitte kommen wir am Dorfgemeinschaftshaus mit Wanderparkplatz sowie dem **Café Habrich** ⑤ vorbei.

An einer Lourdes-Grotte biegen wir mit den Markierungen rechts ab. An einem Straßendreieck begegnen wir dem Pankratiusbrunnen, vor dem wir uns mit der Brunnenstraße nach links wenden und aus dem Ort hinauswandern. Wir nehmen den nächsten Wirtschaftsweg rechts und gleich wieder links. Am nächsten Querweg verlassen wir die Eifel-Schleifen-Markierungen und gehen entlang einer Stromleitung bis zur Kreisstraße **K 20.** Eicks liegt nun schon vor uns und wir könnten geradeaus in den Ort hineinlaufen, doch lohnt sich der folgende kleine Schlenker: Wir gehen ein kurzes Stück nach links an der K 20 entlang, bis wir bei einem **Transformatorhäuschen** wieder rechts einbiegen können.

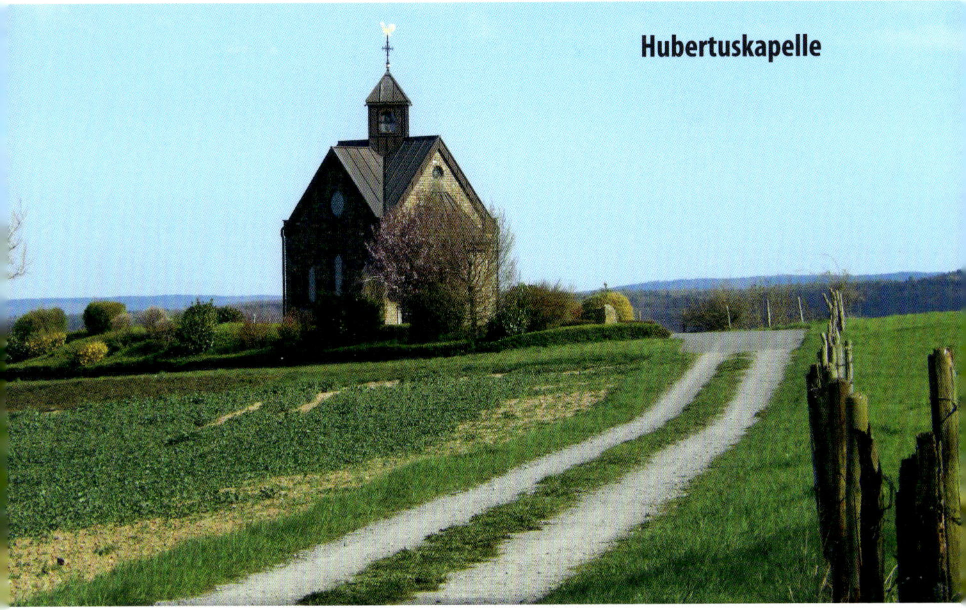

Hubertuskapelle

Panoramatour 5

Nun laufen wir auf einen kleinen Wasserlauf zu und wenden uns davor auf einen Trampelpfad nach links, der uns im Schatten an den Windungen des Baches entlangführt. Dieser mündet in den Rotbach, wo wir eine weitere EifelSchleife und das Sträßchen **In den Färbersgärten** erreichen und uns nach rechts wenden. Unser Weg führt links am **Heiligenhäuschen** vorbei. Die ersten Häuser von Eicks tauchen auf und nun müssen wir nur noch nach links in die Straße **Am Auel** einbiegen, um entlang des Rotbachs zu unserem Ausgangspunkt am Schloss Eicks zurückzukommen.

Im gemütlichen **Bauerncafé zur Zehntscheune** ❻ können wir es uns zum Abschluss dieser aussichtsreichen Wanderung bei leckerem Kaffee und Kuchen gut gehen lassen.

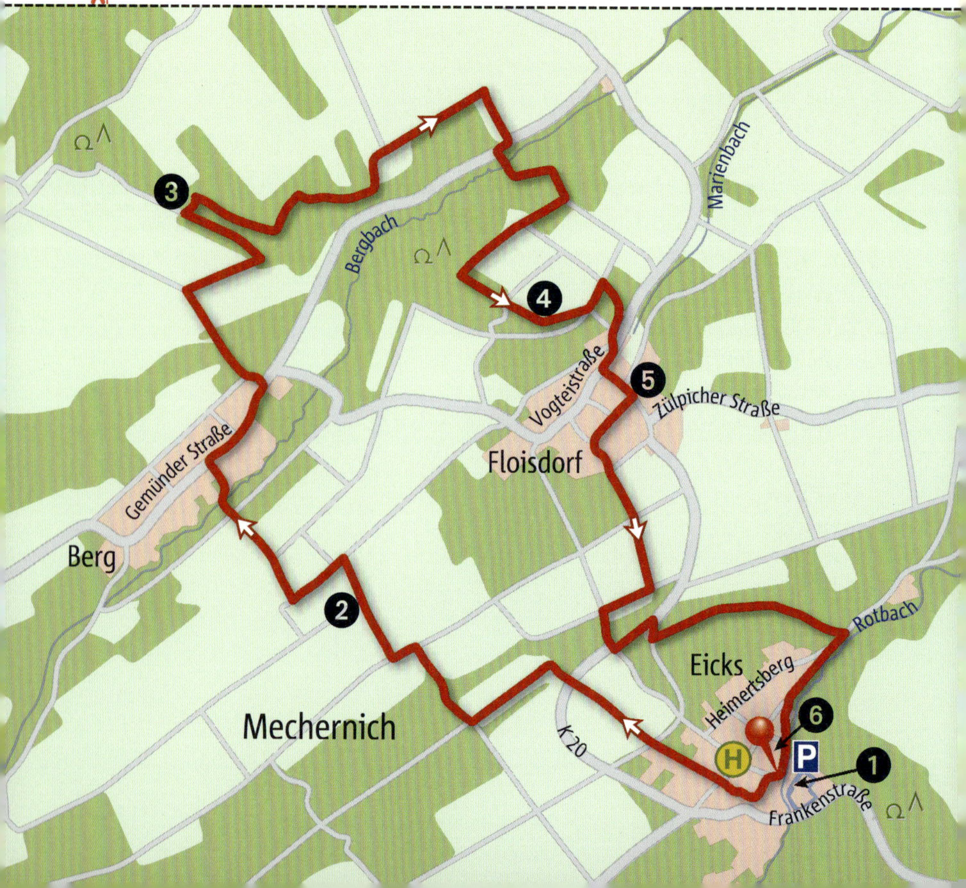

Alles auf einen Blick

WIE & WANN:
Pfade, viele Feldwege, in den Ortschaften Asphalt; aussichtsreich, kaum Schatten; beste Zeit zur Blüte der Küchenschellen März bis Mai oder während der Orchideenblüte im Juni und Juli

Entspannung ★★★★☆
Genuss ★★★★☆
Romantik ★★★☆☆

HIN & WEG:
Auto: Parken am Schloss Eicks, Am Auel 1, 53894 Mechernich-Eicks (GPS: 50.624370, 6.619697)
ÖPNV: RB 24 bis Mechernich, von dort zuschlagpflichtiger TaxiBus 888 bis Mechernich-Eicks, Tel. (0 24 41) 99 45 45 45, www.vrs.de

ESSEN & ENTSPANNEN:
Cafe Habrich ❺ Vogteistraße 45, 53894 Mechernich-Floisodrf, Tel. (0 22 43) 54 91, www.cafe-habrich.de (Di.–Sa. 6.30–17, Sa. bis 13, So. 8–17 Uhr)
Bauerncafé zur Zehntscheune ❻ Am Auel 1, 53894 Mechernich-Eicks, Tel. (0 24 43) 31 59 83, www.cafezurzehntscheune.de (jedes 1. Wochenende im Monat: Fr. 14–18, Sa./So. 12–18 Uhr)

ENTDECKEN & ERLEBEN:
Schloss Eicks ❶
Ruheplatz mit schöner Aussicht ❷
Naturschutzgebiet Bürvenicher Berg ❸
Hubertuskapelle am Tötschberg ❹

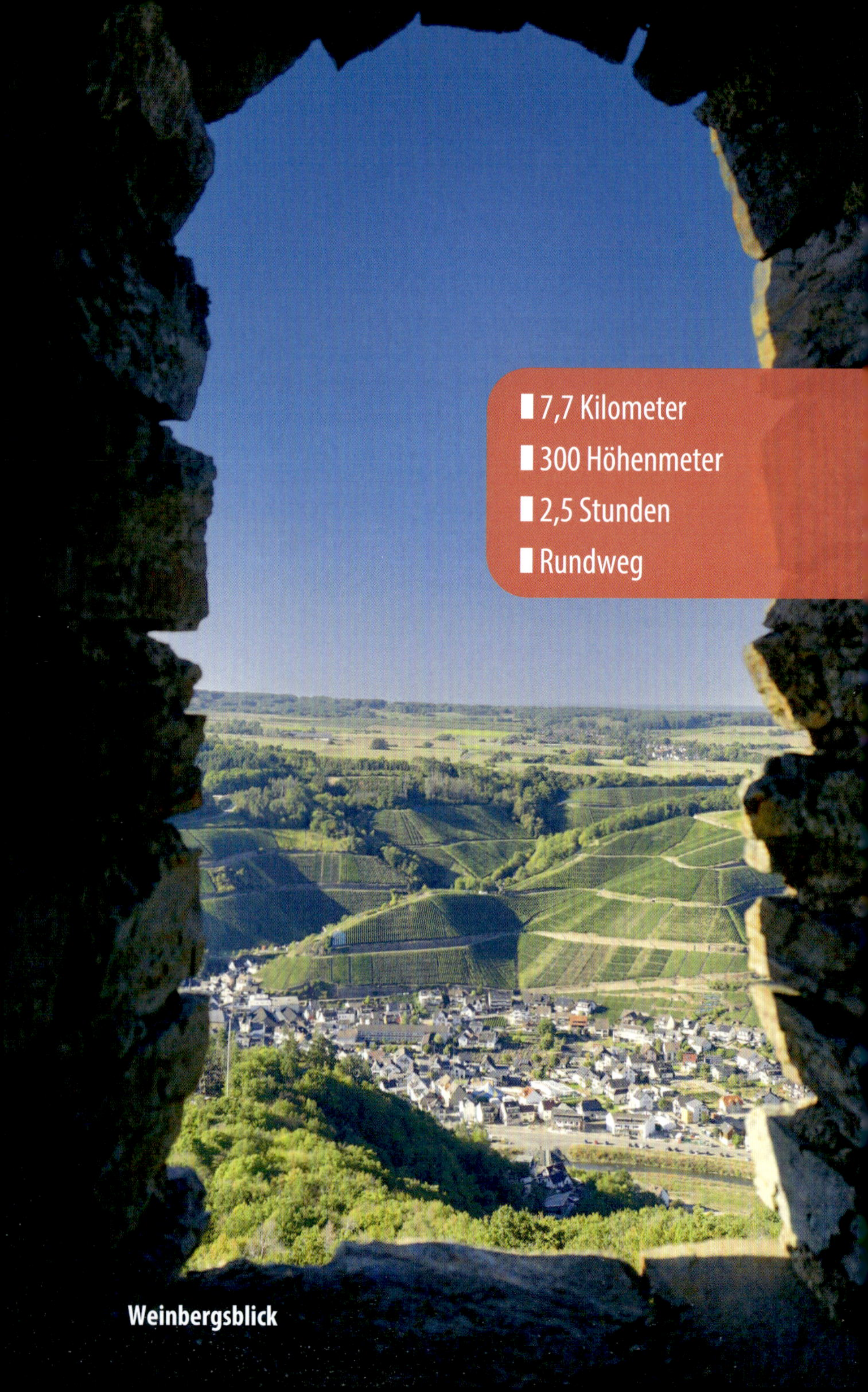

- 7,7 Kilometer
- 300 Höhenmeter
- 2,5 Stunden
- Rundweg

Weinbergsblick

Die Spuren des verheerenden Hochwassers sind noch vielerorts sichtbar, aber nur direkt im Talgrund. Die für das Ahrtal so typischen Weinberge stehen seit jeher in voller Traube und die Menschen feiern wieder ihre fröhlichen Weinfeste im Herbst. Wir wollen dem wunderschönen Ahrtal auf dieser Wan-

Über der Ahr

Weitsichten vom Krausberg

derung mit neuen Blicken und offenen Herzen begegnen und der herzlichen Einladung der Bewohner folgen, ihre Heimat zu erwandern.

Unsere Wanderung startet am ehemaligen Brückenkopf, an dem möglicherweise zukünftig wieder eine neue Brücke entstehen wird. Wir wenden uns in das Sträßchen **Auf der Wacht** und werden hier schon mit einem geschnitzten Holzschild begrüßt, das uns den Weg zum Krausberg weist. Wir bleiben auf dem Sträßchen und folgen nun für 1,7 km der Wandermarkierung **Ahrtalweg** des Eifelvereins (dreifarbig stilisiertes E). Es geht gemütlich bergan, vorbei an steilen Felsen und der **Pension Ahrklause** auf der rechten Wegseite. Links erhaschen wir einen Blick auf Dernau von oben und die dahinter liegenden Weinberge, die sich je nach Jahreszeit mal in einem satten Grün, mal in herbstlich gelb-orangenen Farbtönen vor uns ausbreiten.

Nach einer Rechtskurve taucht der Ahrtalweg nach links in den Wald ein (die Markierung sieht man erst spät an einem Schild) und wir wandern nun über einen idyllischen Singletrail im Hang oberhalb

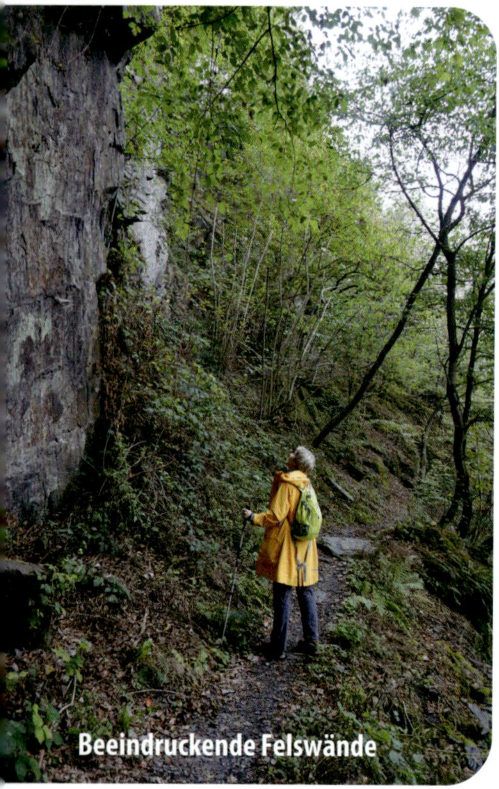

Beeindruckende Felswände

des Flusses. Das helle Band zeigt sich uns nur, wo das Laub der Bäume lichter ist. Doch sollten wir hier auch auf unsere Schritte achten, da das Gelände neben dem schmalen Pfad steil abfällt. Im rechten Hang erkennen wir Mauerreste von ehemaligen Weinanbauterrassen. Wir tauchen immer tiefer in die Natur ein, auch wenn die Geräusche der Talstraße hie und da noch an unser Ohr dringen. Auch das Tuckern der Traktoren im Herbst, die die reiche Traubenernte heimbringen, gehört dazu.

Unvermittelt schmiegt sich eine Bank an eine senkrecht aufragende Felswand. Eine Aussicht bleibt uns hier noch verwehrt, doch nur wenige Schritte weiter können wir links vom Weg einen Aussichtsfelsen erklimmen, der den Blick aufs gegenüberliegende Marienthal freigibt.

Der Ahrtalweg knickt hier nach rechts ab. Im weiteren Verlauf begleiten uns immer häufiger hoch aufragende Felswände und von weichem Moos und hellgrünen Flechten bedeckte Felsbrocken. Wir bestaunen die erhabenen Steine und meinen fast, wir befänden uns im Hochgebirge. Dort, wo der Pfad eng an den Felsen entlangführt, geben Stahlseilgeländer auf der anderen Wegseite zumindest optisch einen Halt.

Wir erreichen eine Absperrung und die Schilder des **Ahrsteigs (rotes AS),** denen wir von nun an ein langes Stück bis auf die andere Seite des Krausbergs folgen werden. Unsere nächsten Ziele sind der Habichtsblick und der Alfred-Dahm-Turm, der sich an höchster Stelle unserer Wanderung auf 383 Metern befindet. Wir blicken bergan, sammeln unsere Kräfte und beginnen den Serpentinenanstieg. In 18 Kehren

Markanter Blickfang Marienthals ist die Kirchenruine. Heute beheimaten die ehemaligen Klostermauern ein Weingut. Der Rotweinwanderweg führt durch den Ort. Unter den Weinbergen verborgen, befindet sich der ehemalige Regierungsbunker. www.regbu.de

schraubt sich der AS den Berg hinauf. Schnell gewinnen wir an Höhe und schon in der fünften Kehre ist der Pfad, von dem wir gekommen sind, nicht mehr zu sehen. Dennoch lässt sich der Aufstieg gut meistern, denn die Steigung ist moderat und gerade so, dass die Waden noch nicht zwicken. An einem Abzweig bleiben wir auf dem AS, bis uns wenig später

Für die Seele

Auf felsigen Pfaden erklimmen wir den Krausberg und genießen die grandiose Aussicht. Der Abstieg durch Wald und Weinberge erfreut die Gemüter. Für Schönwettertage!

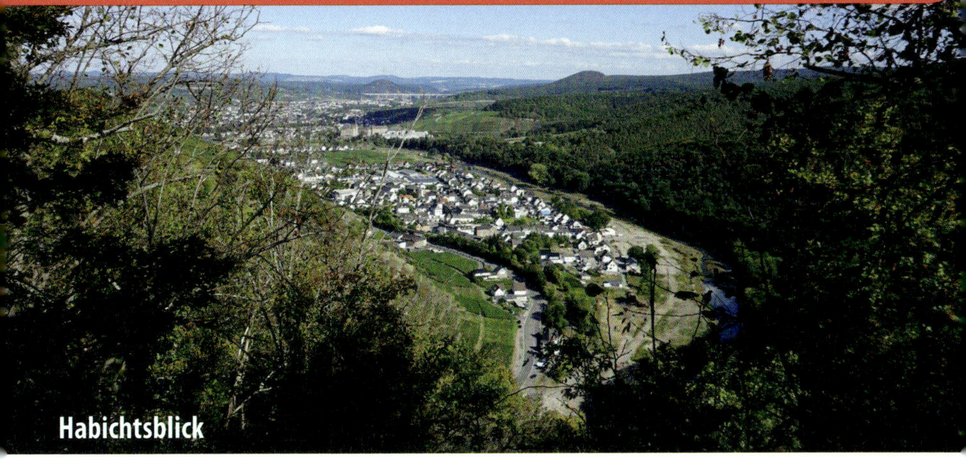

Habichtsblick

ein Hinweisschild geradeaus zum Habichtsblick weist.

Waren wir bis hier die meiste Zeit von dichtem Blätterwerk umgeben, so eröffnet sich an der Felsnase **Habichtsblick** ① nun eine herrliche Sicht ins östliche Ahrtal. Wir nehmen auf der erhöht stehenden Bank Platz und schauen hinunter auf Walporzheim zu unseren Füßen und weiter hinten auf Bad Neuenahr-Ahrweiler mit dem imposanten Gebäude des ehema-

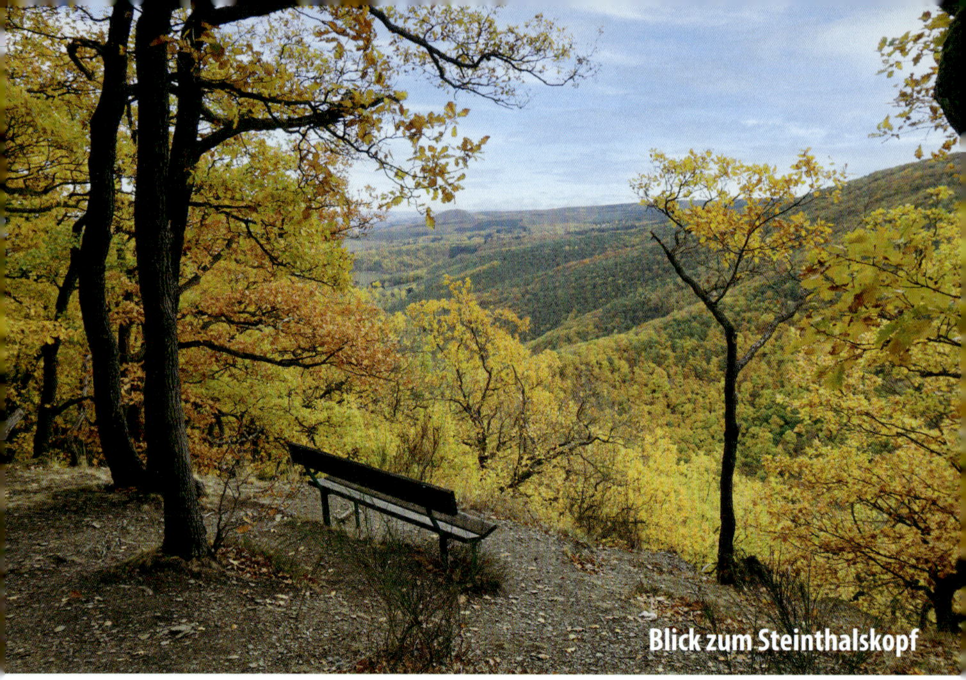

Blick zum Steinthalskopf

ligen Klosters Kalvarienberg. Im Hintergrund erkennen wir die langgezogene Ahrtalbrücke der A 66 und dahinter die Landskrone mit der kleinen weißen Kapelle im Hang. Bei gutem Wetter können wir am Horizont auch die südlichen Ausläufer des Siebengebirges ausmachen.

Wir reißen uns von der schönen Aussicht los, bevor wir uns abgekühlt haben, denn uns steht noch ein steileres Stück bis zum Gipfel bevor. Hinter der Bank führt ein kleiner Felsenpfad bergauf wieder zum AS zurück, dem wir geradeaus folgen. Der felsige Weg über natürliche Steinstufen wird ein wenig herausfordernder, doch gibt uns die Natur so viel: Knorrige Traubeneichen, kleine Buchen und immergrüner Ilex säumen den Pfad. Zu unseren Füßen erkennen wir senkrecht geschichtetes Schiefergestein. Dieser Kontrast von lieblichen Weinberglandschaften und schroffen, felsigen Pfaden macht den besonderen Reiz des Ahrtals aus, der einem das Herz aufgehen lässt.

Nun folgt ein besonders schönes Wegstück. Der Anstieg scheint schon fast geschafft, da laufen wir weiter sanft bergauf durch den Bergwald, nun auf dem Berggrat, über felsigen Boden, über Wurzeln und Moospolster. Wir ignorieren den Wegweiser zum Krausbergturm, bleiben dem AS treu und erreichen eine **Bank** an der Hangkante mit Blick auf den gegenüberliegenden Steinthalskopf. Hier können wir verschnaufen und die Seele baumeln lassen.

Etwa 80 Meter nach der Ruhebank wenden wir uns mit dem AS nach links. Und wieder lockt ein Hinweis, den direkten Weg zum Krausbergturm mit seiner Gastronomie zu nehmen, doch biegen wir erst bei der nächsten Möglichkeit rechts ab. Erneut laufen wir über einer Art Grat, auch wenn dieser nicht besonders erhaben ist. Eine Schutzhütte und dahinter der **Alfred-Dahm-Turm** **2** liegen nun in Sichtweite vor uns. Von oben ragt der Blick kaum über den Wald hinaus, macht aber neugierig auf mehr.

Wir gehen weiter, beim nächsten Abzweig nach rechts. Und für einen kurzen Wegabschnitt wandelt sich das Antlitz auf dem Bergplateau: Der Untergrund wird weich und federnd, der Wald licht und hell und hohes Gras wächst zu beiden Seiten des Weges, in dem die Sonne ihre Lichtspiele treibt. In dieser Stimmung würde es uns nicht wundern, wenn uns unvermittelt ein zutrauliches Reh gegenüberstünde.

Der Weg schlängelt sich sanft bergab, biegt an einer massiven schweren Holzbank nach links ab und durchläuft hier mit einigen Kurven einen schönen Eichenwald. Am nächsten Querweg wenden wir uns noch einmal nach links, aber schon 100 Meter weiter wieder nach rechts. Erstaunt nehmen

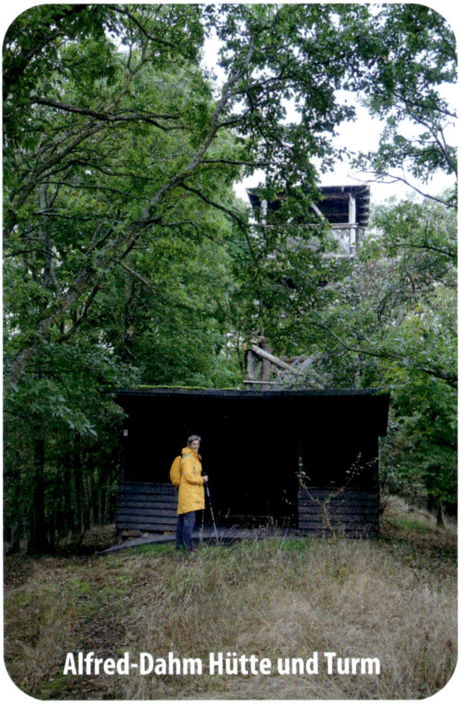
Alfred-Dahm Hütte und Turm

Der 108 Kilometer lange Ahrsteig, der 2022 sein 10-jähriges Jubiläum feierte, beginnt an der Ahrquelle in Blankenheim und endet in Sinzig, nahe der Ahrmündung in den Rhein. Er verbindet den Rheinburgenweg mit dem Eifelsteig.

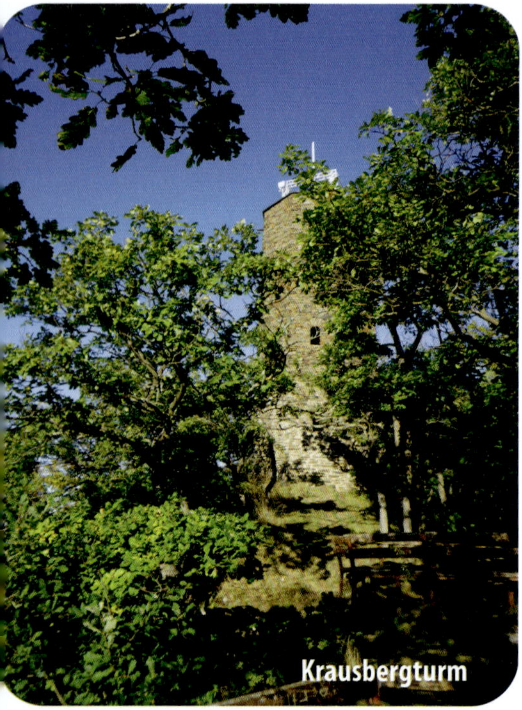
Krausbergturm

wir mehrere Wälle im Gelände wahr, die wir nacheinander überschreiten. Ob sich auch hier Spuren alter Weinbergterrassen andeuten oder sich Reste eines keltischen Ringwalls zeigen? Es bleibt rätselhaft und jeder kann sich seine eigenen Gedanken dazu machen.

Schließlich erreichen wir den Parkplatz der Krausberghütte, biegen aber direkt wieder an seinem linken Rand in einen Pfad ein, um durch den Wald an einem Wegweiserpfahl die Zufahrt zum Turm zu erreichen. Wir wenden uns nach links und haben nun das schöne Gelände am **Krausbergturm** ❸ auf 360 Metern erreicht. Die Besteigung des rund um die Uhr geöffneten Turms von 1927 ist einfach

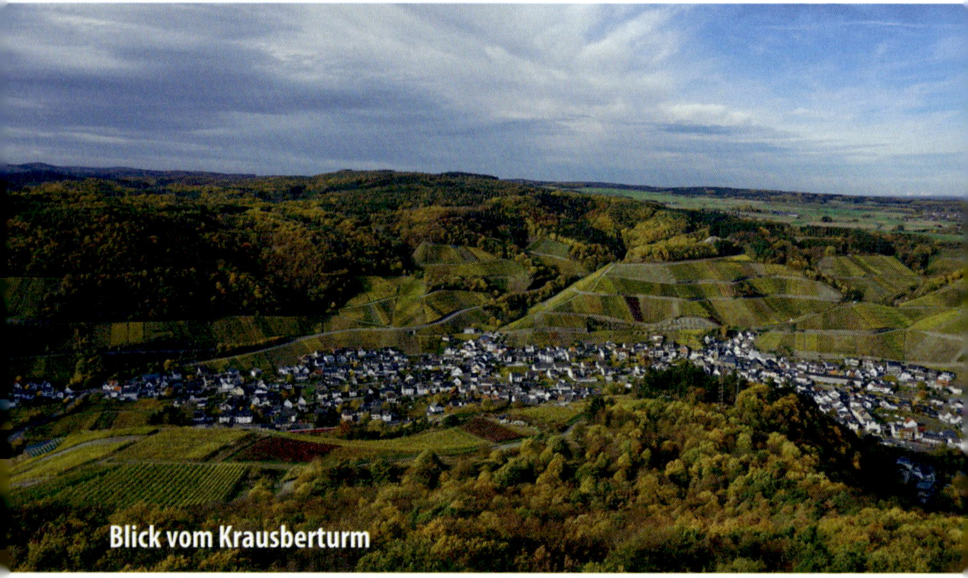
Blick vom Krausberturm

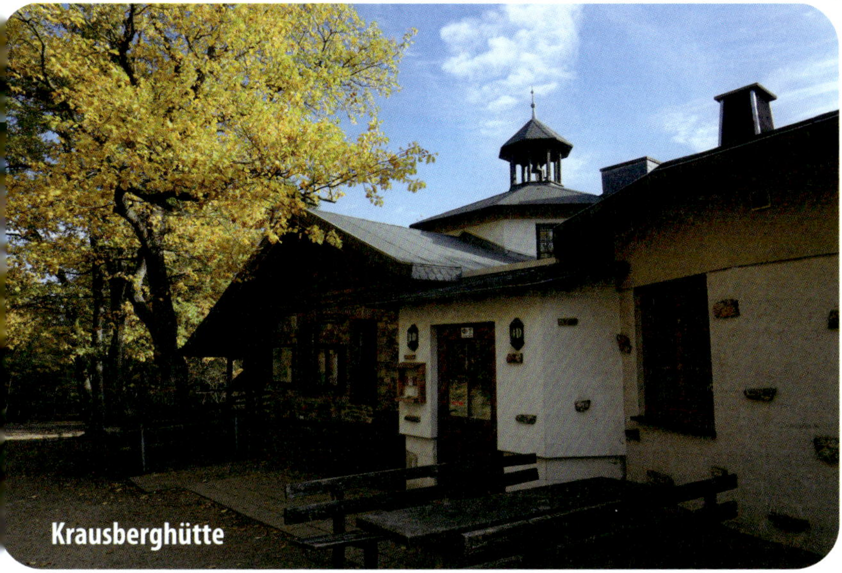

Pflicht. Für die fantastische Aussicht von der Kanzel hat sich jede Mühe des Aufstiegs gelohnt. Wir lassen uns bezaubern von der atemberaubenden 360-Grad-Fernsicht übers Ahrtal, das umliegende Ahrgebirge, das Siebengebirge und die Kölner Bucht. Bei klarer Sicht kann man sogar den Kölner Dom mit bloßem Auge erkennen.

An der **Krausberghütte** lassen wir uns für eine Rast nieder. In der Woche ist es hier einsam, aber am Wochenende kann es etwas trubeliger sein. Wem das nicht behagt, der findet ein Stückchen weiter eine sehr schön gelegene, aber auch beliebte Bank an der felsigen Hangkante neben knorrigen Eichbäumen und Kiefern.

Wir gelangen dorthin, wenn wir weiterhin den roten Ahrsteigschildern in Richtung Dernau folgen und an der Hütte mit dem lustigen Namen Eselskrippe vorbei in den steinigen Bergpfad abwärts einsteigen. Jetzt sind unsere Aufmerksamkeit und Trittsicherheit gefordert, denn wir laufen auf dem nackten Gestein, das bei Regen etwas rutschig sein

Die Gastronomie der Krausberghütte ist an Sonntagen geöffnet, was mit einer gehissten Fahne auf dem Turm angezeigt wird. Das große Gelände mit vielen Sitzmöglichkeiten und einem Kinderspielplatz lädt auch an den übrigen Tagen zur Rast ein.

kann. Wir finden die schön gelegene Bank, den **Claus Marner Ruheplatz,** etwas unterhalb des Weges. Hier können wir die Blicke in Richtung Rech schweifen lassen und alle Alltagssorgen hinter uns lassen.

Beim Weitergehen empfiehlt es sich, von der Bank aus bewusst wieder nach oben auf den Weg zurückzugehen, gibt es hier doch mehrere felsige und nicht ungefährliche Pfade, die alle im Steilhang enden. Der Ahrsteig überwindet ein kurzes sehr felsiges und steiles Stück, auf dem wir manch eine Steinstufe überwinden müssen, doch ist dies gut zu meistern.

Bald tritt der wurzelige Pfad wieder in den Wald ein und wir erreichen eine Art Hohlweg, dem wir durch raschelndes Laub bergab folgen. Der steilere Abschnitt ist damit geschafft. An der Kreuzung folgen wir schräg links dem AS. Wir genießen es, auf dem breiten Forstweg zur Abwechslung einmal ne-

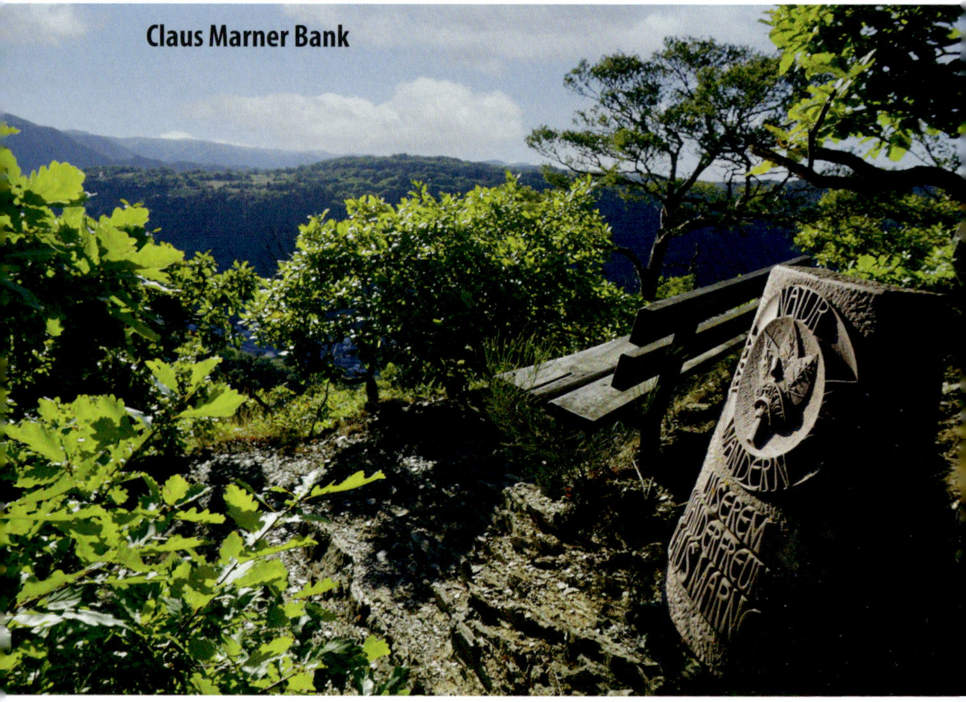

Claus Marner Bank

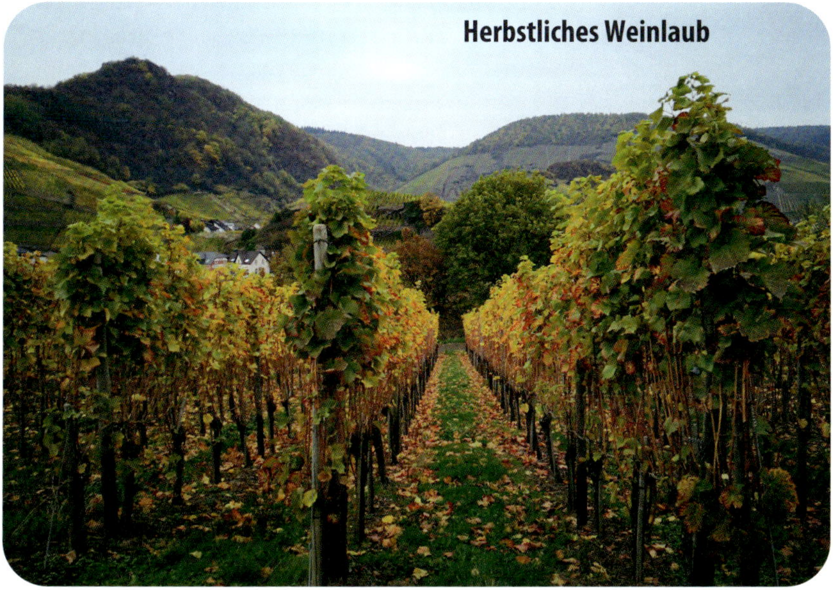
Herbstliches Weinlaub

beneinander bergab zu schlendern und kommen auf diese Weise dem Talgrund immer näher.

In einer Rechtskurve zweigt an einem Wegweiser der AS nach rechts ab (aufgrund einer längerfristigen Umleitung ist der Abzweig zurzeit ein gelb markierter Zuweg). Wir wandern in Richtung Dernau und tauchen in das grüne Tal des Steinbergsbaches ab. In heißen Sommern ist der Bach fast ausgetrocknet, aber an den Spuren in der Natur nehmen wir wahr, welche Kraft das Wasser nach ausgiebigen Regenfällen entwickeln kann.

Wir erreichen einen Forstweg, verlassen nun den AS und wenden uns nach rechts. Es dauert nicht lange, da treten wir aus dem Wald heraus und in die Weinberge von Dernau hinein. Hier beginnt der aussichtsreiche **Panoramaweg** **4** durch die Rebenlandschaft. Besonders im Herbst, wenn der Weg von der Nachmittagssonne beschienen wird und sich das Weinlaub in roten-orange-gelben Farbtönen zeigt, entfaltet er seine ganz besondere Pracht.

Panoramatour 6

SolidAHRität: Das Ahrtal baut auf. Jeder kann helfen, sei es durch den Kauf von Ahrwein, der Teilnahme an „Wandern für den Wiederaufbau" oder dem Besuch der Gastronomie und Weinfeste. Das Winzerfest Dernau ist stets am letzten September-Wochenende.

Die Dernauer haben sich hier lauschige Ruheplätze geschaffen, die sie teilweise ihren Weinköniginnen widmeten. Ob der **Sabine Platz** nach einer Weinkönigin benannt wurde, ist uns nicht bekannt, jedoch sollten wir auf den gleichnamigen Hinweisstein achten, weil wir direkt danach links in einen unscheinbaren Pfad abbiegen, der uns in einigen Kehren und zuletzt über ein paar Stufen zurück zur Straße **Auf der Wacht** und zu unserem Ausgangspunkt zurückbringt.

Wir lassen den schönen Wandertag im Restaurant Culinarium in der **Dagernova** 5 ausklingen. Neben mediterranen Speisen und einer ausgezeichneten Weinauswahl bietet das Restaurant auch Eis aus eigener Manufaktur an.

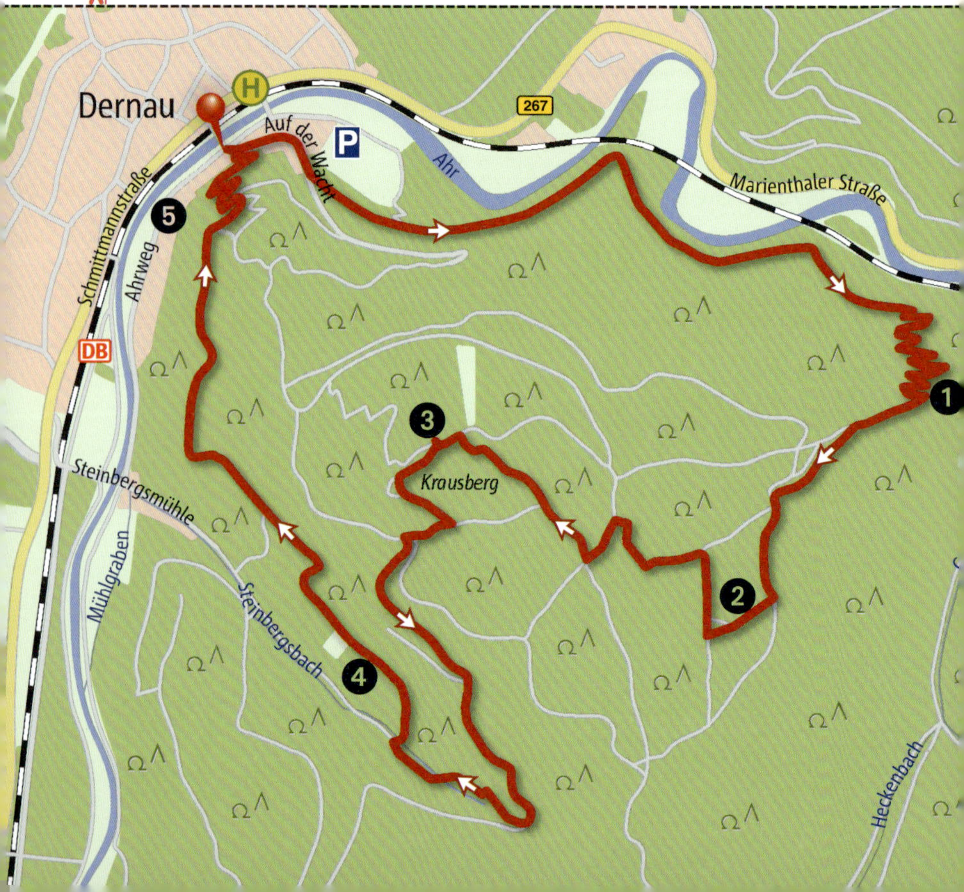

Alles auf einen Blick

WIE & WANN:

WIE & WANN:

Naturpfade, Forst- und Wirtschaftswege; teils felsiger Untergrund. Trittsicherheit und Wanderstöcke, vor allem aber festes Schuhwerk ratsam; beste Zeit Mai bis November, besonders reizvoll an Schönwettertagen

Entspannung ★★★☆☆

Genuss ★★★★☆

Romantik ★★★☆☆

HIN & WEG:

Auto: Parkplatz am ehem. Sportplatz und Campingplatz, Ahrweg 2, 53507 Dernau (GPS 50.53402, 7.0485)

ÖPNV: RB 30 bis Dernau Bf. (Bis zur Wiederherstellung der Bahnverbindung Ahrweiler-Dernau Schienen-Ersatzverkehr (SEV) bis Dernau-Festplatz (Haltestelle an der provisorischen Ahrbrücke, Nähe Start/Ziel) www.vrminfo.de

ESSEN & ENTSPANNEN:

DAGERNOVA ❺ Restaurant & Weinstube Culinarium und Eiswerk, Ahrweg 7, 53507 Dernau, Tel. (0 26 43) 83 21, www.dagernova.de/restaurant (Mi., Do. 17–23, Sa./So. 11.30–23 Uhr)

Krausberghütte ❸ Krausberg, 53507 Dernau, Tel. (0 26 43) 26 49 (So. 9–18 Uhr)

ENTDECKEN & ERLEBEN:

Habichtsblick ❶

Alfred-Dahm-Turm und Schutzhütte ❷

Krausbergturm ❸

Panoramaweg durch die Weinberge ❹

- 10 Kilometer
- 200 Höhenmeter
- 3 Stunden
- Rundweg

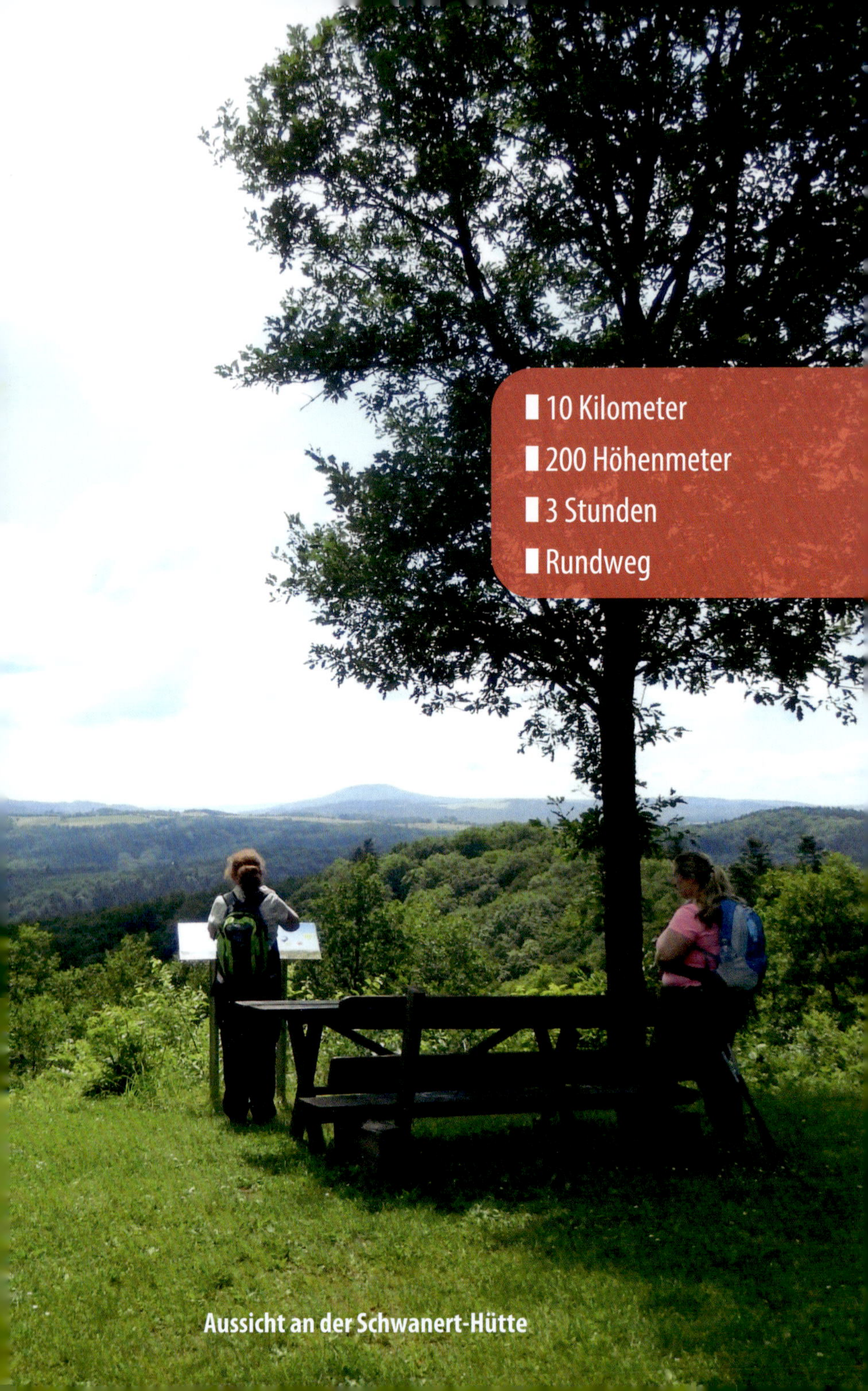

Aussicht an der Schwanert-Hütte

Wir schlagen vom Wanderparkplatz aus den Weg Richtung **Kapelle 1** ein, die auf einem gepflegten Rasenstück sichtbar ist, umgeben von Schatten spendenden Bäumen. Rechter Hand wandern wir an ihr vorbei. Dabei folgen wir ein kurzes Stück dem Wanderzeichen des Panoramawegs Lind **(Lindenbaum),**

Fernblicke

Aussichtsreiche Wege um Lind

welches uns heute immer wieder begegnen wird. An einem Tor mit einem dahinterliegenden landwirtschaftlichen Gebäude kommen wir an eine Gabelung. Von drei Möglichkeiten nehmen wir den mittleren, leicht bergab führenden Weg und verlassen hier den Panoramaweg mit der Lindenbaum-Markierung. Uns umfängt nun ein schattiges Laubdach und wir schreiten beschwingt einher. Auf weichem Waldboden wandern wir an einer weiteren **kleinen Wegekapelle 2** vorbei, bis wir in einer Kurve auf die **Fünf-Wege-Kreuzung** „Ave Maria" mit einem **Wegweiserpfahl** stoßen. Hier kommt der AhrSteig **(AS)** aus dem Tal herauf. Wir nehmen seine Fährte auf und folgen ihm nach links Richtung **Schuld,** aber nur für ein kurzes Stück, denn bei der nächsten Möglichkeit verlassen wir ihn schon wieder nach links (Markierung **9**).

Unser Weg führt uns durch einen hohen Buchenwald und wir durchwandern in mehreren Kurven eine kleine Senke. In gespannter Erwartung der Weitblicke, die diese Wanderung verspricht, nehmen wir auf einer hellen Lichtung, an einer Gabelung, den rechten Weg. Wir bleiben der Markierung 9 treu und ignorieren im

Weiteren von rechts und links kommende Wege. Eichen und Kiefern geben dem Wald an dieser Stelle ein ganz anderes Gesicht.

Nun treten wir recht bald aus dem Wald heraus und laufen ein Stück an dessen Rand entlang. Schauen wir nach links den Hang hinauf, so sehen wir den Höhenort Lind oben auf der Bergkuppe thronen. Bei der nächsten Kreuzung weist ein gelbes Schild **„Rundweg Ahrbrück“** nach links. Ein schöner, von duftenden Heckenrosen gesäumter Weg schlängelt sich am Wiesenrand erst bergab und dann einen kleinen Hügel hinauf. Im Sommer steht die Wiese in reicher Blütenpracht, an der sich Schmetterlinge, andere Insekten und auch unsere Herzen erfreuen können.

Wenn sich unser Weg nach 3,8 Kilometern wieder mit dem von links kommenden Panoramaweg

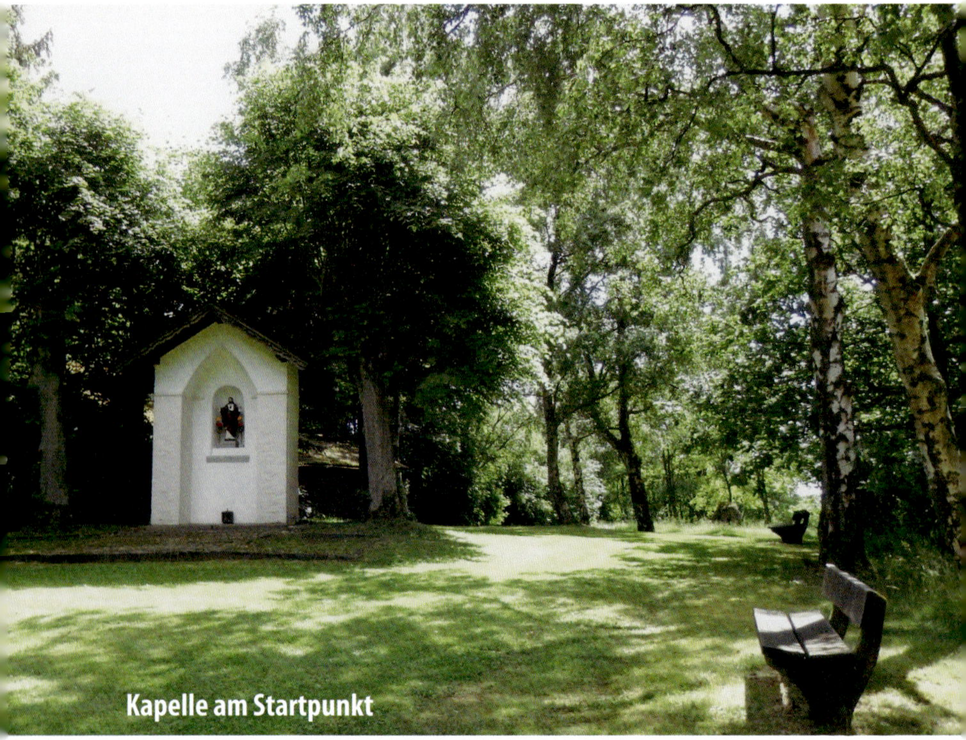

Kapelle am Startpunkt

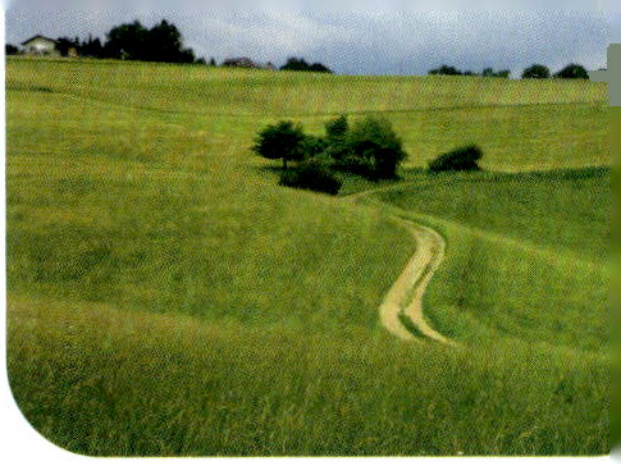

Lind vereint, ist es endlich so weit: An einer **Bank** mit Informationstafel zum Wetter breitet sich das erste umfassende Panorama vor uns aus. Wir bleiben stehen und genießen die wunderschöne **Aussicht über das Ahrgebirge.** ③

Von nun an wandern wir ein langes Stück ohne Schatten, dafür wartet dieser Streckenabschnitt mit

Für die Seele

Hier dürfen auch die Augen wandern. Die schönen Aussichten lassen das Herz weit werden.

immer noch sehenswerteren Aussichten auf. Der **Lindenbaum**-Markierung folgend laufen wir weiter geradeaus. Es geht noch ein Stück bergab und am Ende einer Heckenreihe im spitzen Winkel nach links. Dieser Weg windet sich durch Wiesen den Berg hinauf. Gegenüber einer Bank erreichen wir einen kleinen Asphaltweg. Wir sind Lind nun wieder recht nah gekommen, jedoch wenden wir uns erst noch einmal nach rechts und verlassen somit die Lindenbaum-Markierung des Panoramawegs schon wieder.

Nach nur 100 Metern biegen wir nach links ab und dürfen uns beim Bergabgehen etwas treiben lassen. Wiesen und Felder liegen vor uns ausgebreitet. Bei der nächsten Möglichkeit wenden wir uns noch einmal nach links und folgen einem geschwungenen Weg durch die Felder und Wiesen bis zur **K 29.** Der Kreisstraße müssen wir jetzt ein kurzes Stück bergab nach rechts folgen. Dafür entschädigt uns die schöne Aussicht über Lind und die umliegenden Hügel, die wir aber nur mit einem Auge genießen, denn das andere achtet besser auf den Straßenverkehr. Unser Abzweig ist schon in Sicht: der **Wegweiserpfahl** des AhrSteigs.

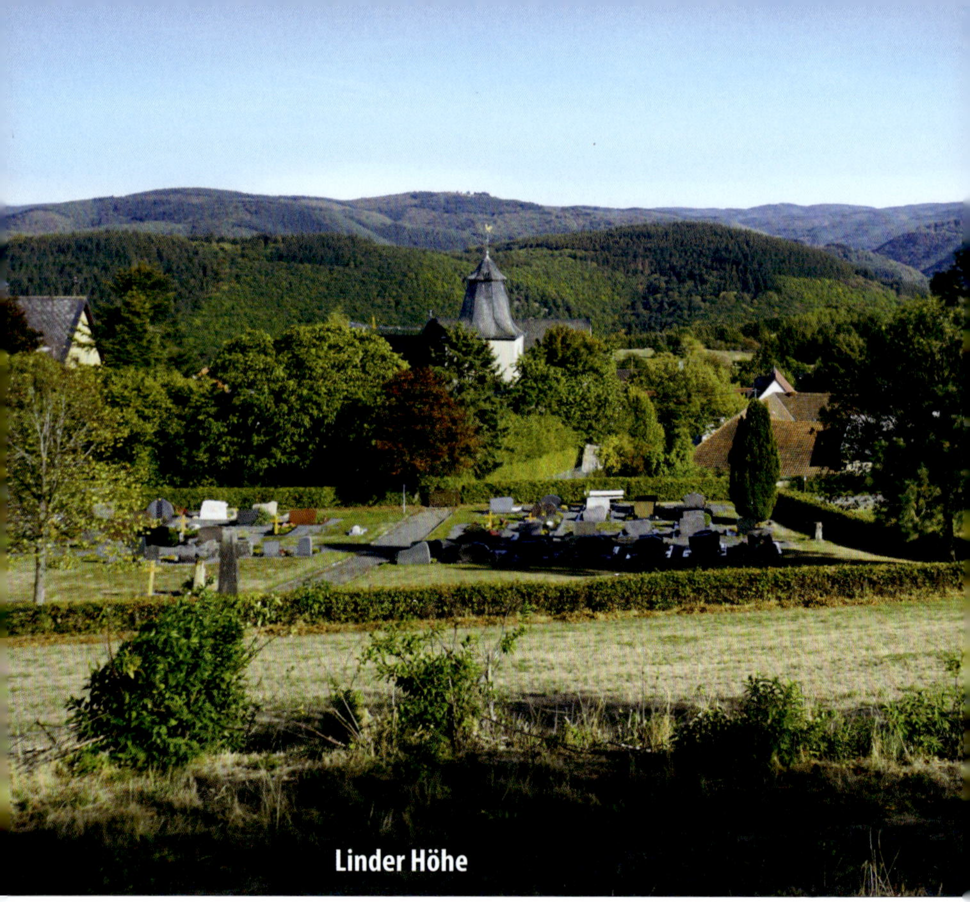

Linder Höhe

Hier verlassen wir die K 29 nach links und wandern nun wieder mit dem **AS**-Zeichen des AhrSteigs in Richtung **Schuld** weiter. Der Markierung des Fernwanderwegs werden wir nun ein längeres Stück treu bleiben, nämlich bis wir erneut die Kreisstraße kreuzen müssen.

Vorerst führt der Weg zielstrebig auf Lind zu. An einigen Stellen tut sich zwischen den Wipfeln ein neues Panorama nach Norden auf, das sich bis zum Siebengebirge erstreckt.

Lassen wir den Blick nicht nur in die Ferne schweifen, sondern auch einmal zu unseren Füßen, erkennen wir, wie felsig der Untergrund ist, auf dem wir gehen, und wie stark die Urgewalten ihn geformt haben: Hochkant aufgefaltet lugt das geschichtete

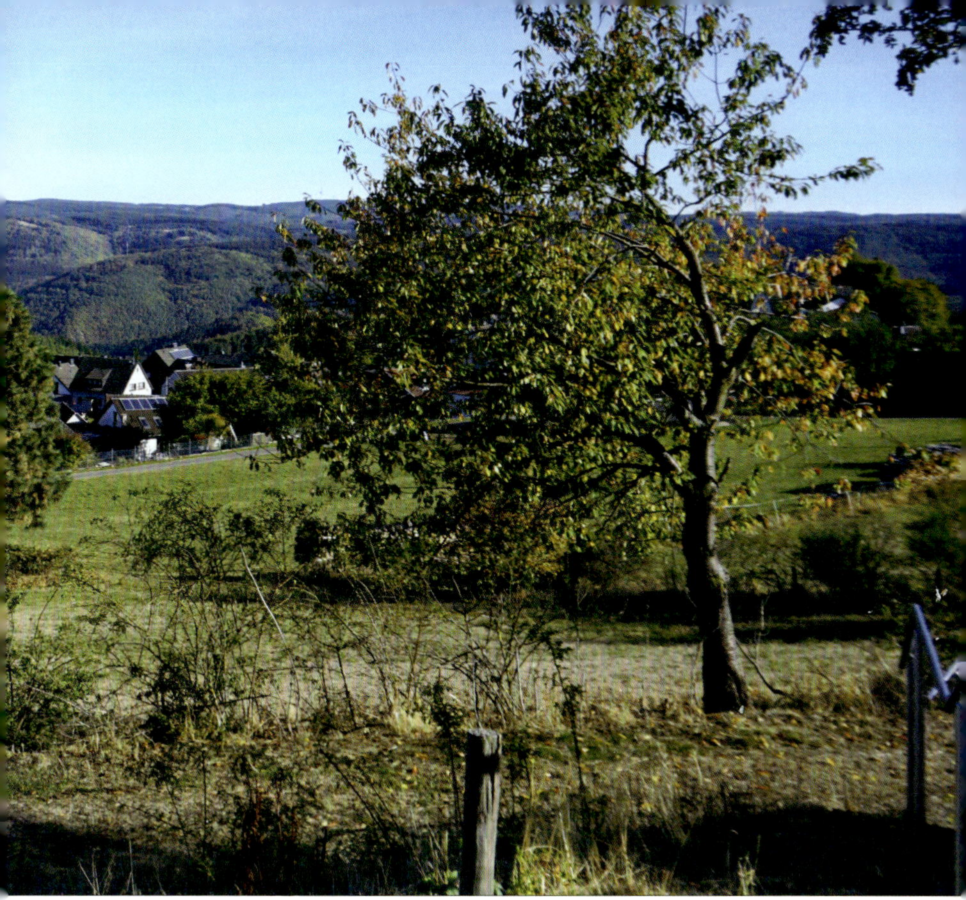

Schiefergestein an manchen Stellen aus dem Untergrund hervor.

Mit Erreichen eines kleinen Sträßchens weisen uns die Wanderzeichen nach links. Hier treffen wir nach wenigen Schritten auf eine **Wandertafel** und sehen linker Hand die kleine **Antoniuskapelle.** Eine Bank lädt zur Rast ein, jedoch wäre das für Aussichtshungrige etwas verfrüht. Der schönste Ausblick von der Linder Höhe steht nämlich kurz bevor! Deshalb schlagen wir noch vor der Wandertafel den Weg nach rechts ein und steigen – immer der **AS-**Markierung folgend – das letzte Stück bis zur **Krippenkapelle** **4** den Hügel hinauf.

Hier oben präsentieren sich dem Wanderer traumhafte **Aussichten**. Wir lassen den Blick über die bewaldeten Hügel der Umgebung wandern und die Füße ru-

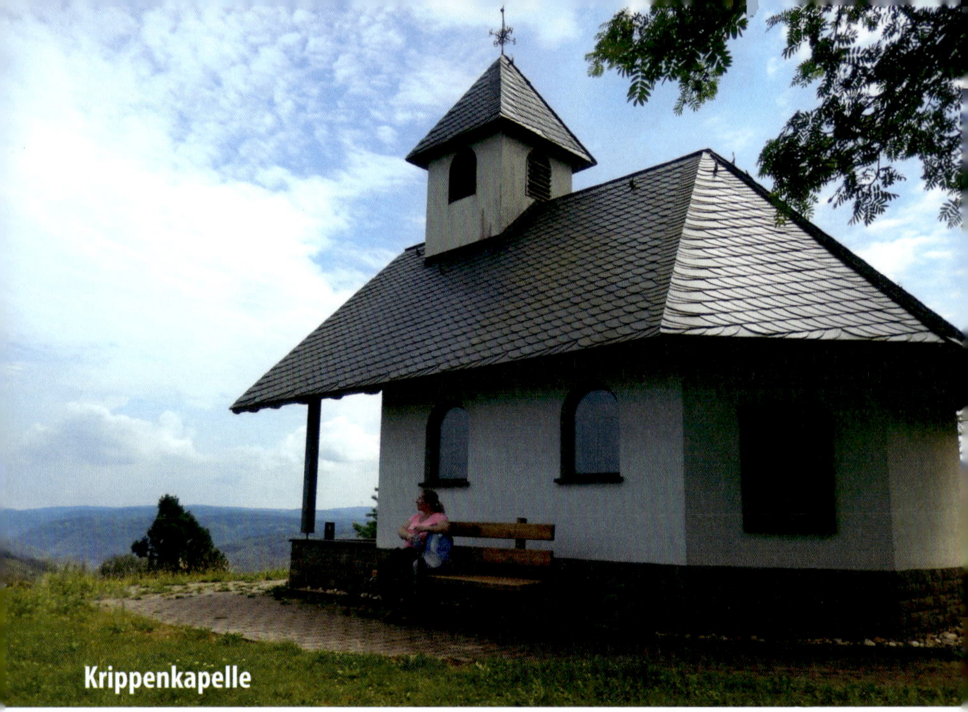

Krippenkapelle

Willy Daufenbach ließ die Krippenkapelle aufgrund eines Versprechens seiner Mutter in Anlehnung an eine österreichische Hirtenkirche bauen. Die Baustoffe und am Bau beteiligten Gewerke sollten alle aus der Umgebung kommen. In Inneren steht ein geschnitztes Krippenbild.

hen. An diesem herrlichen Ort der Stille gönnen wir uns gern eine ausgiebige Rast. Ein Blick in die 2006 fertiggestellte Krippenkapelle lohnt in jedem Fall.

Folgen wir dem **AS** weiter, erreichen wir nach zwei Abzweigungen ein modernes kleines Windrad mit vertikal gebogenen Rotoren, das uns schon von Weitem aufgefallen war. Es dreht sich nahezu geräuschlos. Zum Glück, denn zu seinen Füßen, etwas abseits vom Weg, können wir auf einer komfortablen Sinnesbank mit Blick auf das Dorf und seine umliegenden Hügel erneut verweilen. Wir reißen uns von den Panoramen los, wandern weiter in einem Bogen um das eingezäunte Windrad herum und erreichen erneut die K 29, die wir an dieser Stelle überqueren. Es geht zwischen den Hecken, die die Straße säumen, hindurch und dahinter nach rechts weiter, parallel zur Straße. Auch hier können wir uns gar nicht satt sehen an den weiten Hügeln und lassen erneut die Blicke schweifen.

Am Waldrand angekommen, verlassen wir den AhrSteig und folgen rechts einem Weg, der die **Lindenbaum**-Markierung des Panoramawegs trägt. Zur Abwechslung bietet sich uns auf diesem Pfad am Waldrand entlang ein neuer Blick ins Sahrbachtal und über die Eifelhänge Richtung Kirchsahr. Das Radioteleskop von Effelsberg ist zwischen den Wipfeln gut sichtbar. Eine Tafel erläutert, welche Ortschaften und Berge wir im gegenüberliegenden Gelände sehen können.

Wo uns an einer Gabelung die **Lindenbaum**-Markierung nach links in den Wald weist, müssen wir uns entscheiden, ob wir ihr zurück zum Parkplatz folgen oder – in Ermangelung einer Einkehrmöglichkeit an der Strecke – einen Abstecher zur Schwanerthütte machen, um dort ein mitgebrachtes Picknick zu verspeisen. Dazu folgen wir unserem Grasweg weiter geradeaus und biegen am gegenüberliegenden Waldrand nach links zur **Schwanerthütte** 5 ab, die an einer Art Aussichtsterrasse liegt.

!

Die Schwanerthütte ist nicht frei zugänglich, aber ein Tisch und eine Bank laden zur Rast ein. Die Aussicht zeigt Rupperath und den Aremberg, in der Ferne die Nürburg und die Hohe Acht. Recht nahe sieht man die Wensburg bei Obliers.

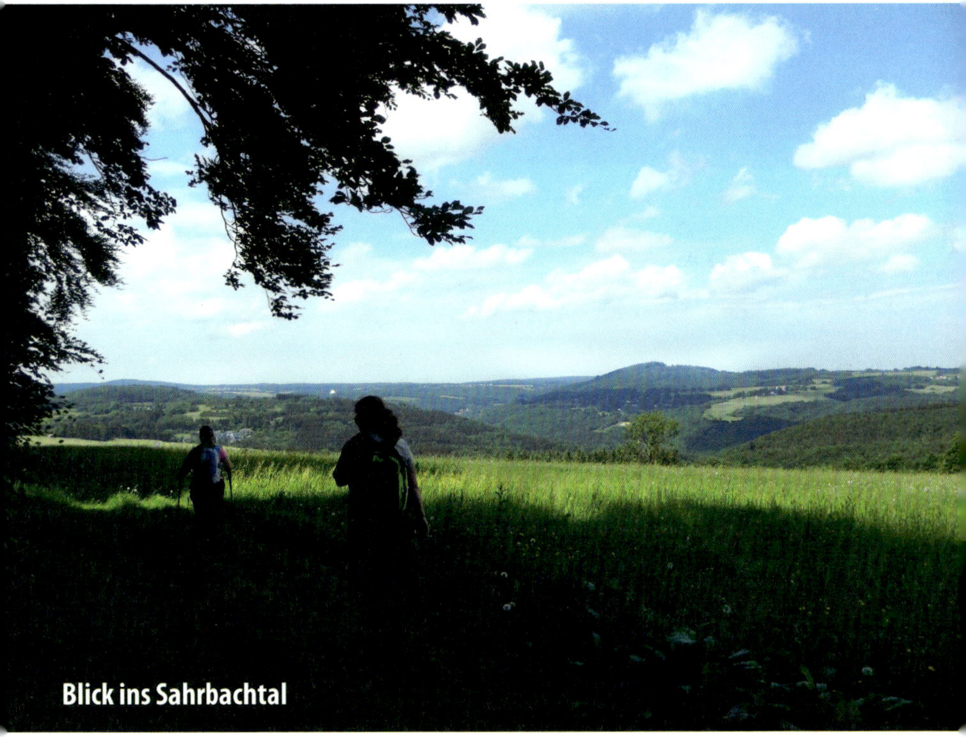

Blick ins Sahrbachtal

Panoramatour 7

Zurück an der Gabelung, folgen wir dem **Lindenbaum-**Wanderzeichen in den Wald hinein und halten uns leicht links. Hier ist es schön schattig und wir können den würzigen Geruch von Kiefern atmen. Es knackt, wenn wir auf die zahlreichen am Boden liegenden Zapfen treten. Der Weg steigt leicht an und erreicht wieder den Waldrand. An einem Haus zweigt er nach rechts ab und mündet steil abwärts auf einem asphaltierten Wirtschaftsweg, dem wir nach links folgen. Mit Blick auf das uns schon bekannte Windrad laufen wir nun auf den Ort zu. Am Ende des Wirtschaftswegs wenden wir uns nach rechts und finden dort nach etwa 15 Metern einen kleinen Durchlass durch eine Hecke, durch den wir zurück zu unserem **Parkplatz** gelangen.

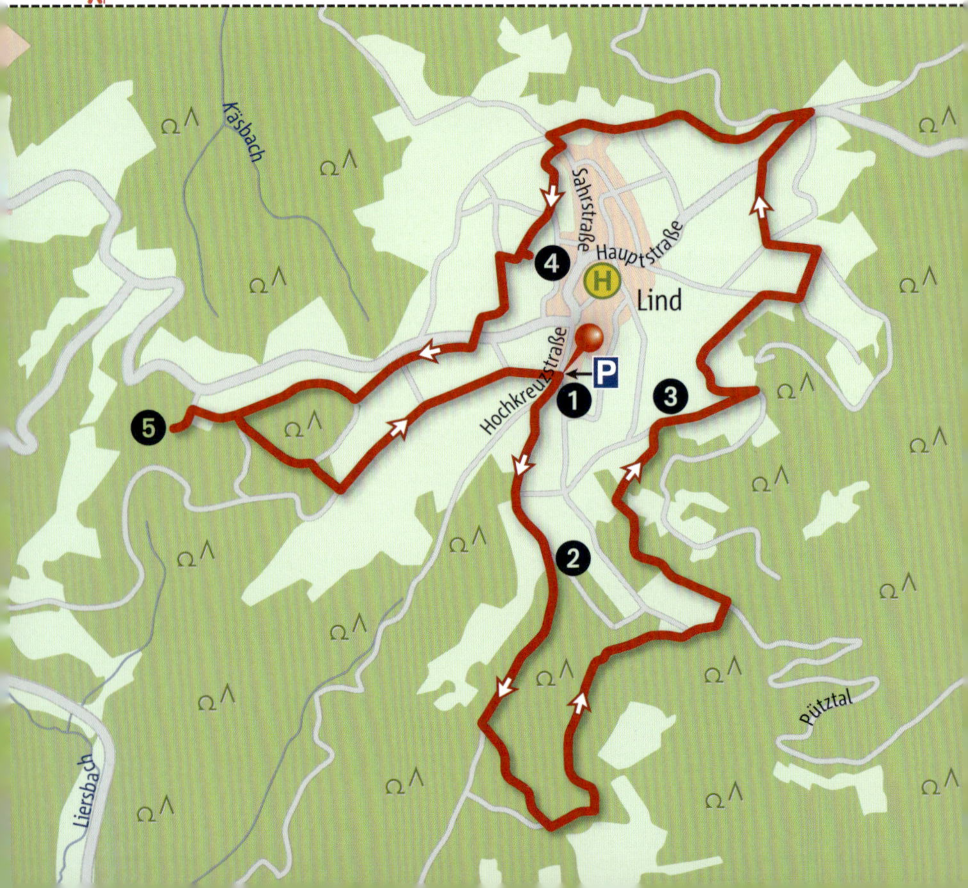

Alles auf einen Blick

WIE & WANN:
Wald- und Wiesenwege sowie landwirtschaftliche Wege, kurze Abschnitte auf Asphalt, ein sehr kurzes Stück auf der Straße; beste Zeit April bis November

HIN & WEG:
Auto: Wanderparkplatz an der Hochkreuzstraße, 53506 Lind (Kreis Ahrweiler), in der Nähe der Kapelle (GPS: 50.492343 6.937400)

Entspannung ✱✱✱✱✱
Genuss ✱✱✱✱✱
Romantik ✱✱✱✱✱

ÖPNV: Ab Ahrbrück Bus 868 bis Lind Alte Schule (Schulbus, sonst Anruf-Linien-Fahrt, 90 Min. vorher bestellen, Tel. 0 26 33/2 00 96 00, Mo.–Fr.); von dort 400 m Fußweg zum Startpunkt: der Hauptstraße folgen, in der Kurve geradeaus über die Hochkreuzstraße zum Parkplatz, www.vrminfo.de

ESSEN & ENTSPANNEN:
Keine Einkehrmöglichkeit an der Strecke, bitte Rucksackverpflegung einpacken. Viele zerstörte Restaurants, z.B. im 10 km entfernten Altenahr, befinden sich zurzeit noch im Wiederaufbau
12,5 km entfernt: Landgasthof Steinerberghaus, Steinerbergstraße 1, 53506 Kesseling, Tel. (01 76) 87 52 88 91, www.steinerberghaus.de (Mi.–So. ab 10 Uhr)

ENTDECKEN & ERLEBEN:
Kapelle am Wanderparkplatz ❶
Kleine Wegekapelle ❷
Bank mit Aussicht über das Ahrgebirge ❸
Krippenkapelle, Aussichtspunkt ❹
Schwanerthütte, Aussichtspunkt ❺

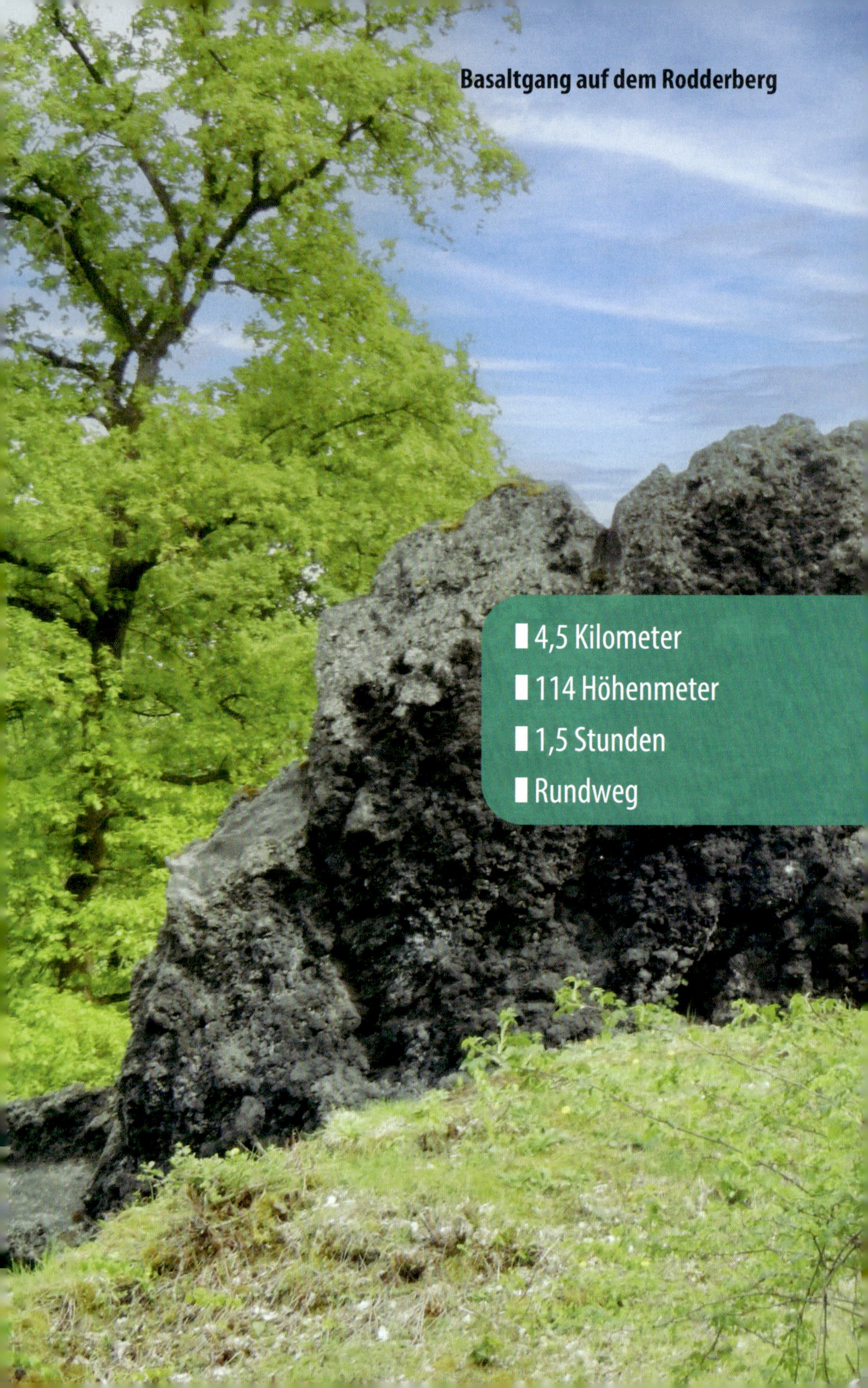

Basaltgang auf dem Rodderberg

- 4,5 Kilometer
- 114 Höhenmeter
- 1,5 Stunden
- Rundweg

Am Parkplatz zweigt neben einer Wandertafel der hell geschotterte Weg **Römerstraße** Richtung Norden ab. Ihm folgen wir entlang einer großen Wiese mit natürlichen, in die Landschaft eingefügten Hindernissen für den Geländereitsport.

Wir erreichen einen sandigen Weg, dem wir links folgen. An einer Bank können wir auf Niederbachem herabschauen, das zusammen mit zwölf weiteren Ortsteilen zur Gemeinde Wachtberg im Drachenfelser Ländchen gehört. Die Gegend ist geprägt vom Obstanbau. Es gibt nicht nur Plantagen, sondern auch viele traditionelle Streuobstwiesen. „Die Kugel", wie der Volksmund das weiße, runde Objekt am Horizont nennt, ist die Wetterschutzhülle eines riesigen Para-

Tanz auf dem Vulkan

Einmal um den Rodderberg

bolspiegels auf dem Gelände des Fraunhofer-Instituts für Hochfrequenzphysik und Radartechnik.

Ohne Eile flanieren wir weiter und lassen die Blicke über die liebliche Landschaft zu unserer Rechten schweifen. Wir schauen direkt in den Krater des erloschenen Rodderberg-Vulkans und laufen selbst auf seinem Kraterrand. Der Trichter des großen Kraters, in dessen Mitte sich Gut Broichhof befindet, ist noch gut als Senke zu erkennen. Eigentlich handelt es sich hier um ein Maar, ein Trockenmaar, das schon im Mittelalter besiedelt wurde. Die ausgedehnten Wiesenflächen gehören zum Gutshof. Baumgruppen mit unterschiedlich farbigem Laub lockern das Bild der Landschaft auf. Im Frühjahr, wenn die Hecken weiß

Das Radom des Fraunhofer-Instituts in Berkum mit seinem Parabolspiegel ist das weltweit größte seiner Art. Es hat einen Durchmesser von 49 und eine Höhe von 54,5 Metern undidentifiziert erdnahe Objekte im Weltraum – etwa Satelliten oder Weltraum-

und der Löwenzahn gelb blühen, ist es hier besonders schön. Dunkelrote Blutbuchen als Kontrast geben dem Land ein wie gemaltes Antlitz.

An einem kleinen Parkplatz erreichen wir eine viereckige **Stele** aus Stahlgeflecht, in der verschiedene Gesteinsformen übereinander aufgeschichtet sind. Sie gehört zur **Feuerroute.** ① Aus einer eigens dafür vorgesehenen Öffnung darf sich der Besucher einen rötlichen Tuffstein herausnehmen. Informationstafeln erläutern die Besonderheiten des Gesteins.

Die Feuerroute ist ein 33 Kilometer langer, mit einer roten Flamme markierter Wanderweg, der dem Vulkanismus im Drachenfelser Ländchen zwischen Rheinbach und dem Rhein nachspürt. Der interessierte Wanderer kann Proben der vorgestellten Gesteinsarten sammeln.

Nur wenige Schritte weiter sehen wir linker Hand die Broichhofkapelle. Ihr gegenüber eine imposante Zufahrt zum Gut Broichhof, eine Allee aus wunderschönen alten Kastanienbäumen. Auf Gut Broichhof befindet sich heute ein Reiterhof.

Uns zieht es weiter. Hinter der Kastanienallee biegen wir schräg rechts ab und folgen der **roten Flamme** der Feuerroute. Herrlich ist der Blick auf das Siebengebirge. Es ist sehr ruhig, direkt friedlich hier oben. Bei der nächsten Gelegenheit verlassen wir die Feuerroute schon wieder. Es geht links weiter – Vorsicht, der Trampelpfad am Waldrand ist leicht zu überse-

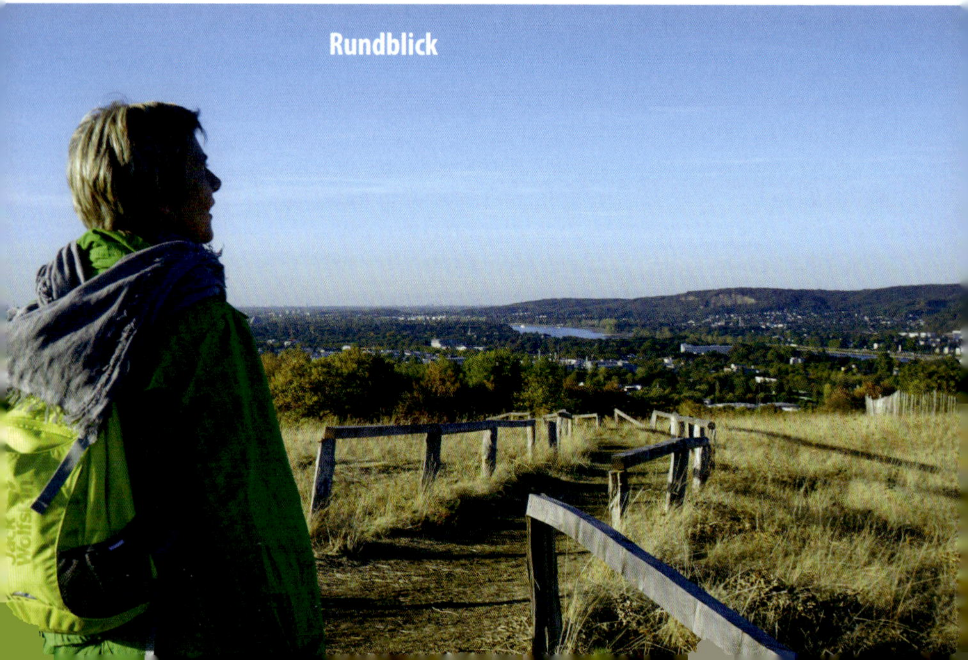
Rundblick

hen. Er führt um ein Gebäude der Wasserversorgung herum, an der folgenden Gabelung halten wir uns schräg rechts. Wir laufen in eine Senke hinab, in der unvermittelt eine schwarze Felswand vor uns aufragt. Es handelt sich um einen imposanten **Basaltgang** **2**, der bei der letzten Eruption des Vulkans vor 300.000 Jahren erstarrt ist. Aus Naturschutzgründen wurde er eingezäunt und an einer Stelle auch mit einer Stange stabilisiert.

Dem Pfad weiter folgend erreichen wir eine asphaltierte Straße, wenden uns rechts und beim Wegweiser an einer Bank sofort nochmals rechts (Weg **2**). Wir gelangen beinahe wieder an die Stelle, an der wir vorhin abgebogen sind. Eine Tafel erläutert die Besonderheit des Naturschutzgebiets Rodderberg. Den

Für die Seele

Mit Blick auf Rhein und Siebengebirge lässt es sich am Kraterrand eines erloschenen Vulkans gemütlich flanieren. Am Rolandsbogen werden wir kulinarisch verwöhnt.

Hügel dahinter wollen wir nun besteigen und gehen links (nicht den vorderen Weg nach links nehmen, sondern den an der Tafel!). Schnell haben wir die kleine Erhebung am Kraterrand erklommen und genießen den **Rundblick.** **3** Da man in Naturschutzgebieten die Wege nicht verlassen darf, sind diese mit kleinen Holzgeländern eingefasst. Auf der Wärmeinsel Rodderberg findet man viele seltene Pflanzen und Tiere.

Wir wandern den Hügel nach links hinab und halten uns an den sichtbaren Wegverlauf bis zu einem Asphaltweg (Vulkanstraße), auf dem uns hin und wieder auch ein Auto entgegen kommt.. Diesem Sträßchen folgen wir nach rechts und bleiben ihm nun länger treu, bis zur Zufahrt zum Rolandsbogen.

Das Naturschutzgebiet Rodderberg ist für seine besondere Geologie und die Lebensräume für seltene Flora und Fauna bekannt. Auf Magerrasen wächst die gelb blühende, giftige Zypressenwolfsmilch, der Flügelginster hat hier seine nördlichste Verbreitungsgrenze.

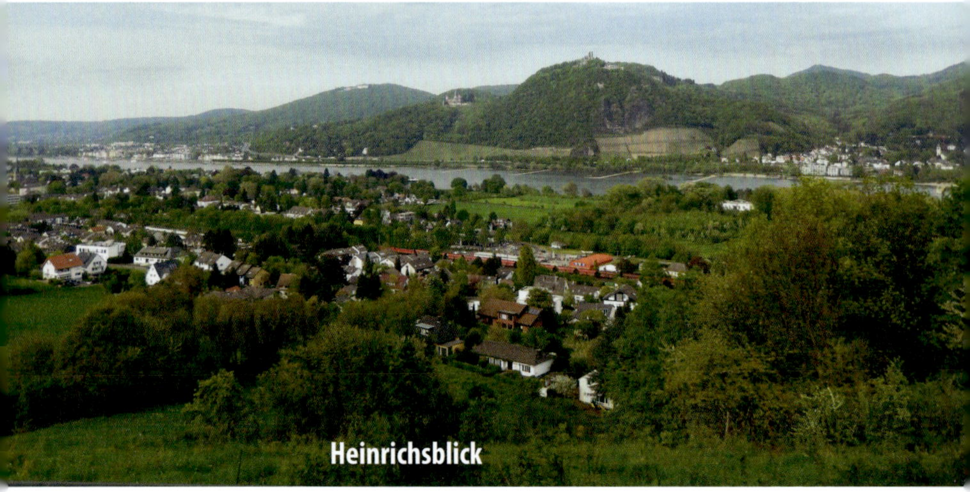
Heinrichsblick

Einen Halt gönnen wir uns vorher noch am **Heinrichsblick** ❹, einer historischen Richtstätte des Amtes Mehlem, heute ein Ruheplatz mit einer fantastischen Panoramasicht auf den Rhein und das Siebengebirge. Die Drachenfelsruine mit Schloss Drachenburg dahinter fällt uns als Erstes ins Auge. Der Berg mit dem großen, hellen Hotel ist der Petersberg. Das Haus diente früher der Bundesregierung in Bonn als Gästehaus. Der spitze Berg mit dem Mast ist der Große Ölberg, der mit seinen 461 Metern die höchste Erhebung im Siebengebirge darstellt.

Im weiteren Wegverlauf können wir nun von der anderen Seite in die Kratersenke hineinschauen. Nach einem sanften Anstieg über den Kraterrand erreichen wir an einer weiß umzäunten Koppel die beschilderte steile Zufahrt zum Rolandsbogen und folgen ihr links bergab.

Einsam und verlassen, als einziges Relikt einer alten Burg, stehen die Mauern des **Rolandsbogens** ❺ hoch über dem Rhein. Die Geschichte vom Ritter Roland, der die Burg einst erbauen ließ, um seiner Liebsten, die im Kloster Nonnenwerth auf der unterhalb liegenden Rheininsel lebte, so nah wie möglich zu sein, ist tragisch und romantisch zugleich. Noch vor wenigen Jahren war der gemauerte Bogen dicht mit Efeu bewachsen, doch als er einzustürzen drohte, wurde er restauriert.

Der Rolandsbogen ist mit seiner exponierten Lage über dem Rhein ein beliebter Ort für Ausflügler. Auch wir lassen uns auf der Terrasse oder im Panorama-Wintergarten des Restaurants **Lutter & Wegner am Rolandsbogen** ⑥ nieder und geben uns kulinarischen Genüssen hin. Die Kalorien können wir beim Aufstieg zurück über die steile Zufahrtsstraße gleich wieder abtrainieren. Oben angekommen, wenden wir uns nach links und wandern durch eine schöne Walnussbaumallee. Der nächste Abzweig rechts bringt uns zurück zum Parkplatz.

Das stilvolle Restaurant Lutter & Wegner am Rolandsbogen gehört zur gehobenen Preiskategorie. Die Küche bietet frische klassisch deutsche und österreichische Gerichte aufexquisitem Niveau sowie beste Weine an. Auch Kaffee und Kuchen sind empfehlenswert.

Eine weitere Einkehrmöglichkeit sowie ein besonderer Ort für Kunstliebhaber befindet sich am **Bahnhof Rolandseck.** Wer mit der Bahn anreist, landet sowieso

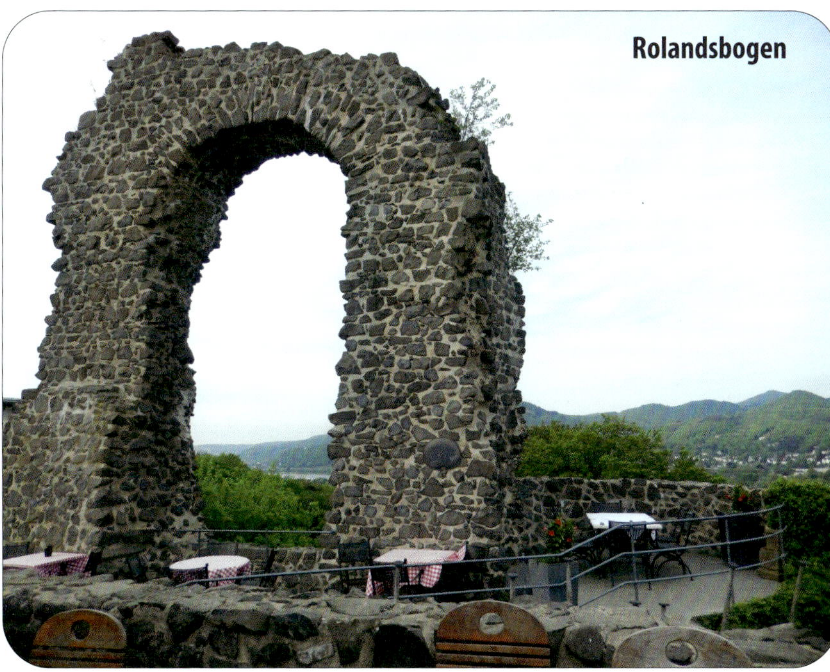

Rolandsbogen

dort und gelangt erst über einen gut 1 Kilometer langen Weg zum Rolandsbogen und zu unserer Wanderroute und von dort wieder zurück. Für Autofahrer besteht die Möglichkeit, vom Parkplatz über die B 9 (etwa 6 Kilometer Fahrstrecke) dorthin zu fahren. In dem ehemaligen Bahnhofsgebäude aus der Jugendstilzeit ist heute das **Arp Museum 7**, ein sehenswertes Kunstmuseum, untergebracht. Im ersten Stock, im ehemaligen Wartesaal, befindet sich das **Bistro-Restaurant Interieur no. 253 8**, das mit leichter, frischer Küche aufwartet. Hier und auf der überdachten Terrasse kann man den Tag bei einer Tasse Kaffee, einem leichten Gericht oder einem Glas Wein vor der wunderschönen Kulisse des Rolandsbogens stilvoll ausklingen lassen.

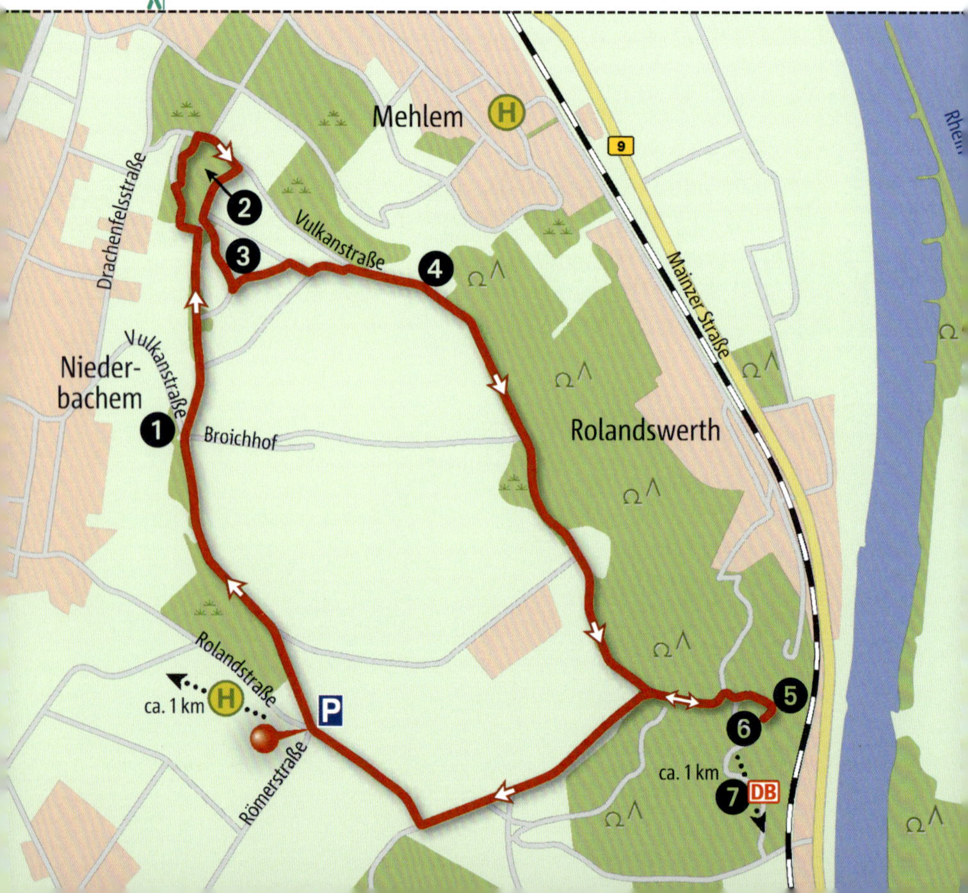

Alles auf einen Blick

WIE & WANN:
Pfade, breitere, fein geschotterte sowie asphaltierte Wege; ganzjährig möglich, im Frühjahr, wenn der Löwenzahn blüht, ist die Landschaft besonders zauberhaft

HIN & WEG:
Auto: Wanderparkplatz, Rolandstraße 27, 53343 Wachtberg (GPS: 50.639849, 7.191906)
ÖPNV: RB 26 bis Remagen-Rolandseck (1,1 km Fußweg zum Rolandsbogen: entlang der B 9 Richtung Bonn, in Rolandswerth links bergauf der Beschilderung zum Rolandsbogen folgen); alternativ ab Bonn/Bad Godesberg oder Meckenheim Bus 857 bis Niederbachem Post; von dort ca. 1 km Fußweg über Konrad-Adenauer-Straße (Seitenstraße) und Rolandstraße bis zum Startpunkt

ESSEN & ENTSPANNEN:
Lutter & Wegner am Rolandsbogen ❻ Rolandsbogen 0, 53424 Rolandswerth, Tel. (0 22 28) 3 72, www.rolandsbogen.de (Mi.–So. 12–22 Uhr)

Entspannung ✱✱✱✱✱
Genuss ✱✱✱✱✱
Romantik ✱✱✱✱✱

Bistro-Restaurant Interieur no. 253 ❽ im Arp Museum, Tel. (0 22 28) 91 11 11, www.interieur-no253.de (Di.–So. 11–23 Uhr)

ENTDECKEN & ERLEBEN:
Steinstele der Feuerroute ❶
www.naturpark-rheinland.de/ausflugsziele/wandern/feuerroute
Basaltgang ❷
Rundblick ❸
Heinrichsblick ❹
Rolandsbogen ❺
Arp Museum ❼ Hans-Arp-Allee 1, 53424 Remagen-Rolandseck, Tel. (0 22 28) 9 42 50, www.arpmuseum.org (Di.–So. 11–18 Uhr)

Bad Münstereifel

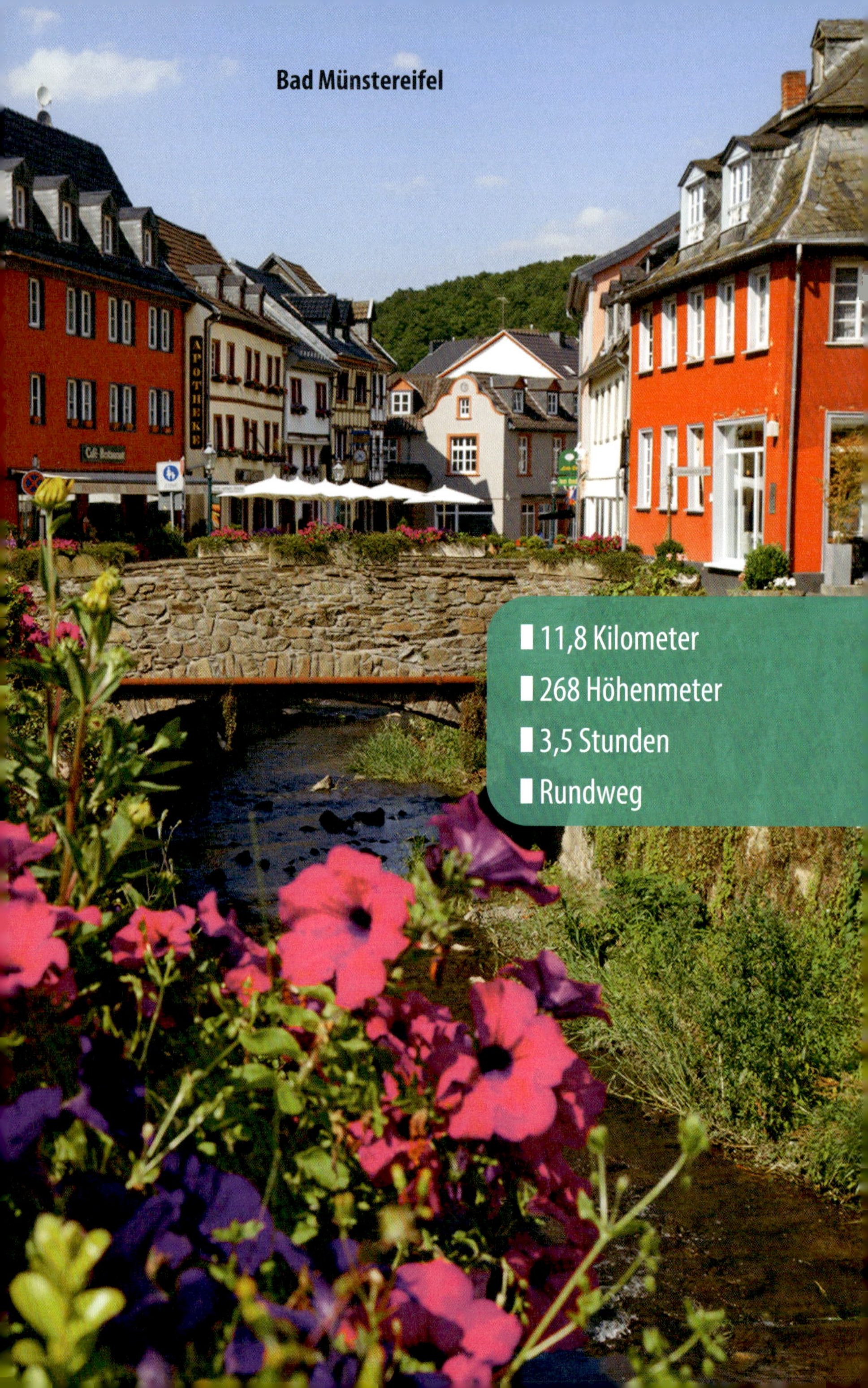

- 11,8 Kilometer
- 268 Höhenmeter
- 3,5 Stunden
- Rundweg

Wir starten unsere Wanderung vor dem **Bahnhof** und wenden uns auf der **Kölner Straße** dem **Werther Tor** ❶ in der Stadtmauer von 1350 zu. Durch das Tor betreten wir den mittelalterlichen Teil von Bad Münstereifel. Die Spuren des zerstörerischen Hochwassers von 2021 sind noch überall zu sehen, doch ist das besondere Flair dieses Städtchens mit seinen hübschen Fachwerkhäusern, Cafés und der jetzt wieder ruhig dahinfließenden Erft an vielen Stellen zu sehen. Eine bei Jung und Alt sehr beliebte Lokalität ist das **Café T** gleich zu unserer Linken, in dem wir nach unserer Wanderung einkehren wollen. Wir schlendern an historischen wie auch modernen Geschäften vorbei und wenden uns am **Zwentiboldbrunnen** rechts in die

898 verlieh König Zwentibold von Oberlothringen dem Kloster Münstereifel, damals schon Wallfahrtsort, das Markt-, Münz- und Zollrecht, womit die Siedlungsgeschichte der heutigen Stadt begann. Seit 1928 entwickelte sich Bad Münstereifel zum Kneipp-Heilbad.

Genussvolle Spur

Kulinarisches Bad Münstereifel

Marktstraße zum **Roten Rathaus** von 1550.

Gegenüber dem Rathaus können wir einen Abstecher zu der sehenswerten romanischen **Basilika St. Chrysanthus und Daria** ❷ aus dem 11. Jahrhundert machen, deren Name auf die Reliquien eines römischen Märtyrerpaares zurückgeht.

Am Ende der Marktstraße, hinter der Touristeninformation, beginnt ein Treppenaufstieg zur Stadtmauer hinauf. Wir folgen dem Schild **Kurgarten** und erklimmen zuletzt auch die hölzernen Stufen zum Wehrgang auf der historischen **Stadtmauer.** Zuletzt führt eine längere Treppe wieder herunter und wir treten links durch das **Heisterbacher Tor** aus der Stadtummauerung heraus. Ab hier folgen wir dem vom

Sollte der Wehrgang gesperrt sein, durchschreiten wir seitlich der Holztreppe die Stadtmauer und gehen direkt dahinter links in den Wallgraben bis zum Heisterbacher Tor.

Eifelverein ausgeschilderten Ahr-Urft-Weg. Wir laufen also auf die Nöthener Straße zu, überqueren sie und gehen geradeaus in den Hennesweg.

In der Straßenkurve führt der Hennesweg als Fußweg geradeaus weiter. Nun laufen wir beschwingt oberhalb des Städtchens, bis sich der Weg wieder zu einer Straße weitet und uns an den Sittardweg führt. Wir überqueren ihn und folgen der **Jakob-Katzfey-Straße** geradeaus. Unterhalb unseres Sträßchens können wir mehrere Sportstätten, das Eifelbad und den Verlauf der Erft erkennen. Im Rechtsbogen der Straße folgen wir den Wanderschildern geradeaus in den **Blankenheimer Weg** und steigen sanft an der Flanke eines Berges hinan.

An den ersten Häusern von Eicherscheid erreichen wir eine Straßenkurve. Hier halten wir uns rechts (weiter Blankenheimer Weg) und wandern durch das stille Wohngebiet über eine kleine Kuppe hinab ins Kolvenbachtal. Kurz bevor die Kreisstraße im Talgrund erreicht wird, lenkt uns der Ahr-Urft-Weg an einem Wegweiserpfahl nach rechts in ein grünes Seitental und weiter in den Wald.

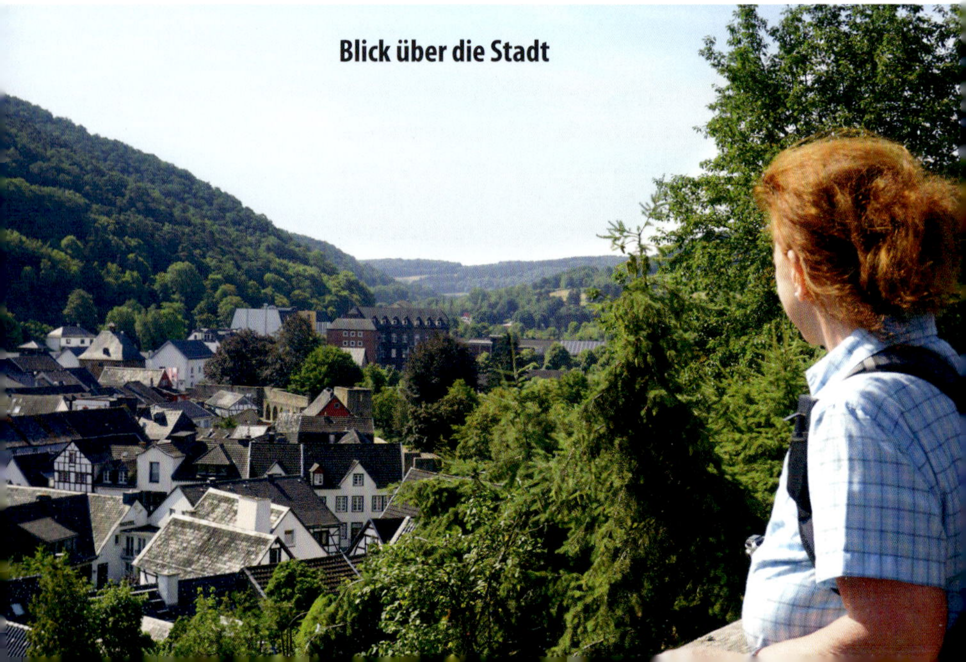

Blick über die Stadt

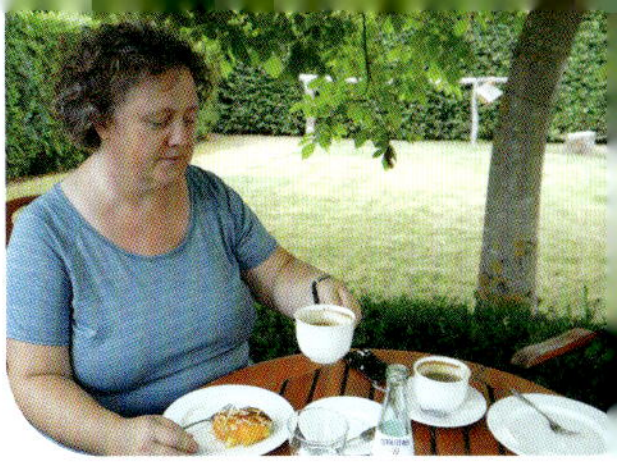

Wir durchschreiten nun in sanftem Anstieg einen schönen Mischwald. Das geschäftige Treiben der Stadt haben wir vollends hinter uns gelassen und können nun mit allen Sinnen die Düfte und Geräusche des Waldes in uns aufnehmen. Den ersten Weg nach links ignorieren wir, denn der Ahr-Urft-Weg biegt erst beim zweiten Abzweig (zusammen mit dem Kräuterpfad) nach links ab. Dem folgen wir leicht bergan. Sobald der Weg am Rand einer Wiese aus dem Wald heraustritt, halten wir uns am Wegweiser nach rechts Richtung **Nöthen,** unserem nächsten Ziel. Wir bleiben auf der kleinen Asphaltstraße, auch wenn der Ahr-Urft-Weg uns nach wenigen Schritten verlässt. Im weiteren Verlauf lohnt sich des Öfteren ein Blick zurück, wo sich das Panorama der Eifeler Berge

Für die Seele

Wir schauen dem bunten Treiben in dem Fachwerkstädtchen zu. In einsamen Wäldern und auf aussichtsreichen Wiesenwegen können wir uns hernach treiben lassen.

vor unseren Augen ausbreitet. Wir können gerade noch die helle Spitze der Kapelle auf dem 586 Meter hohen Michelsberg erkennen, der höchsten Erhebung von Bad Münstereifel. Weiter rechts in einem der Täler liegt Holzmühlheim, wo die Erft ihren Ursprung hat.

An der nächsten Querstraße gehen wir links und laufen bis zu einem dicken **Strommast.** Der Stromleitung folgen wir nun rechts den Nöthener Berg hinauf und erreichen damit die höchste Stelle unserer Wanderung. Wir werfen einen letzten Blick zurück und verabschieden uns von der grandiosen **Aussicht** ❸ nach Süden. Wer diese Aussicht noch etwas länger genießen möchte, macht vom metallenen Strommast aus

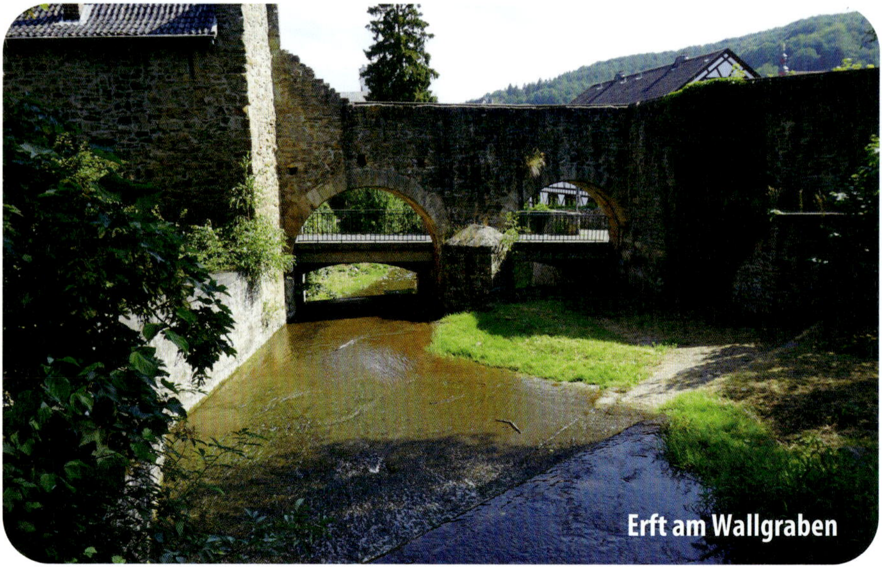

Erft am Wallgraben

einen kleinen Abstecher am Waldrand entlang und findet hier eine etwas versteckt stehende, an heißen Tagen sehr willkommene schattige Bank. Danach geht es weiter über die Kuppe und wir können den schönen Blick nach Norden genießen.

Vor uns liegt Nöthen mit seiner eindrucksvollen Kirche und auf einem Hügel können wir das Radioteleskop auf dem Stockert ausmachen (siehe Tour 15, Seite 147).

Wir bleiben geradeaus auf dem Weg ins Tal und treffen an den ersten Häusern von Nöthen auf eine hübsche Kapelle mit einer Picknickstelle. Wer möchte, kann hier etwas verweilen. Danach geht es auf **In der Buch** links um die Kapelle herum und an der Gabelung nach dem letzten Haus wieder nach links. Wir stoßen auf die **Rönnstraße** weiter und biegen rechts in sie ein. Im Café der deutsch-französischen **Bäckerei Konditorei Dumesny** ④ können wir uns das erste Mal kulinarisch verwöhnen lassen.

Nach dieser gemütlichen Pause folgen wir der **Rönnstraße** weiter bis zur Straße **L 165** und überqueren sie.

Das Café der Bäckerei Konditorei Dumesny ist schon lange kein Geheimtipp mehr. Auf der Terrasse unter einem Walnussbaum oder im modern-gemütlichen Gastraum lässt man sich Croissants, Kuchen, feine Quiche oder Gemüsepizza schmecken. Ein Gedicht!

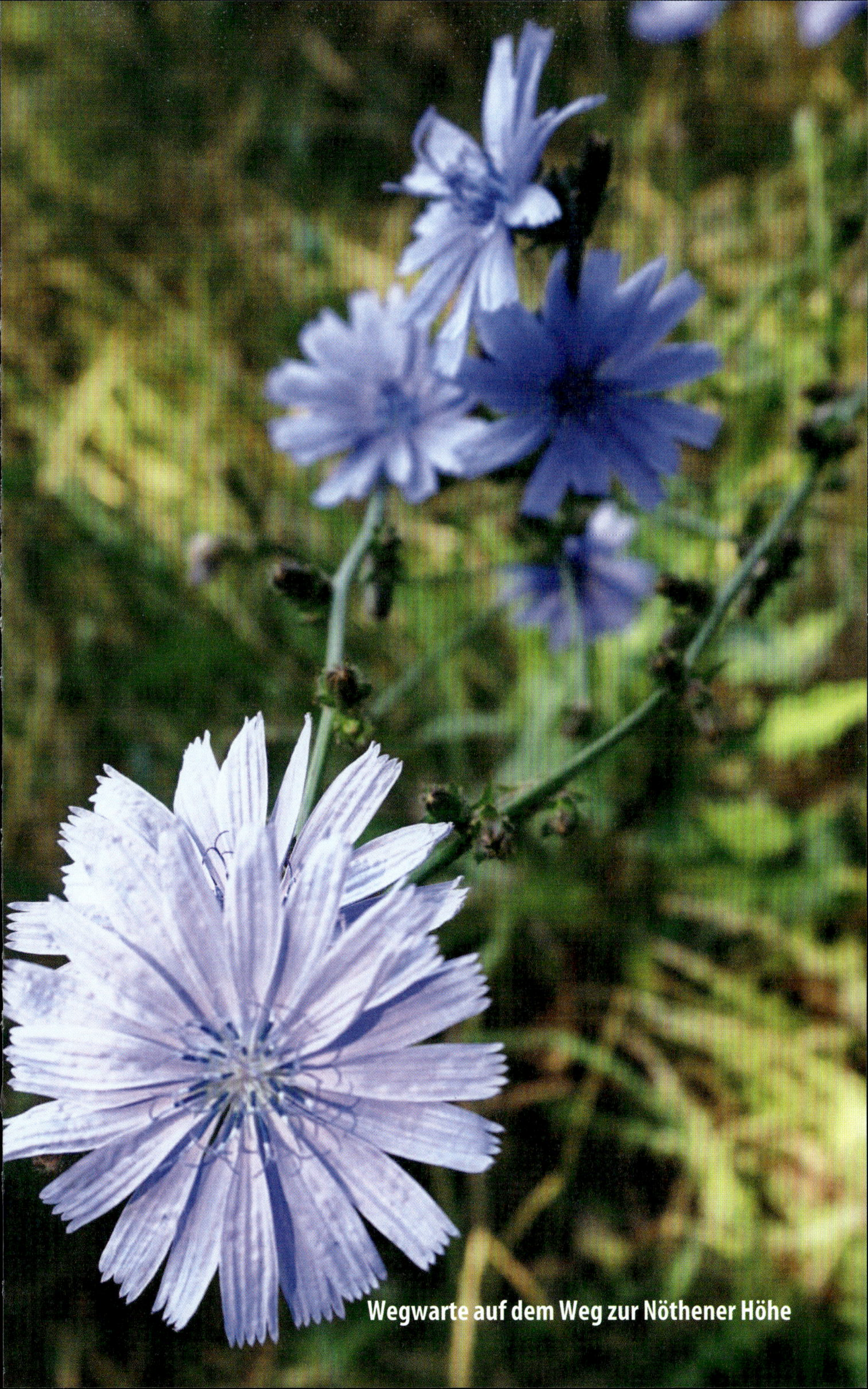

Wegwarte auf dem Weg zur Nöthener Höhe

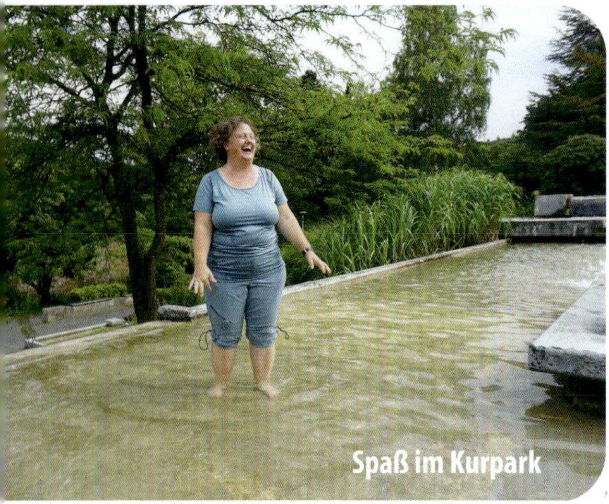
Spaß im Kurpark

Frisch gestärkt, können wir etwas zügiger voranschreiten. Der Feldweg leitet uns durch eine kleine Senke bis zu einem Haus, vor dem wir rechts abbiegen. Auf weichem Wiesenweg wandern wir an einer Weide entlang auf einen Jägerstand zu. Auch hier gilt: Ein Blick zurück lohnt sich, bevor wir an diesem nach links in den Wald abbiegen. Nach Überquerung eines kaum sichtbaren Baches treffen wir auf einen breiten Waldweg, dem wir rechts folgen.

In die Bank an der nächsten Kreuzung ist ein schöner Spruch eingraviert: „Mach mal Pause, setz dich nieder, in 10 Minuten kannst du wieder!“ Aber da wir gerade erst Pause gemacht haben, zieht es uns weiter – in einen **Privatweg** mit einer Schranke. Auf diesem hübschen Waldweg kommen wir ganz unvermittelt vorbei an einem zauberhaften Waldteich mit Seerosen und kleinen Fröschen. Weiter erreichen wir das Gelände des Jugendrotkreuzes und gehen hinter der Schranke auf einer Privatstraße nach links weiter. Am **Gut Vogelsang** macht der Weg eine Rechtskurve und wir treten aus dem Wald heraus. Wir können schon auf Bad Münstereifel herabschauen, ein weiteres Mal werden wir an diesem Tag mit einem herrlichen Panorama verwöhnt.

Ganz erfüllt wandern wir weiter. Nach einer Hecke wenden wir uns an der nächsten Straße nach rechts auf **Am Herrenbusch** und folgen in der Straßenkurve geradeaus am Zaun entlang einem Wiesenweg bis zur **Ashfordstraße,** in die wir links abbiegen.

Am rechten Wegesrand befindet sich dichter Heckenbewuchs. Vor dem ersten Haus (Nr. 63) zweigt ein schmaler beschilderter Pfad rechts Richtung Kurpark ab, der uns in einigen Serpentinen hinab zum Kurpark bringt. Wir tauchen abermals unters Blätterdach ab und sind mit uns und der Natur allein. Die Brombeerhecken, die den Weg begrenzen, laden im Herbst zum fröhlichen Naschen ein. Dem Weg bergab folgend erreichen wir am Ende über die **Dr.-Friedrich-Haass-Straße** die rot-weißen Absperrungen am **Kurpark ❺.**

Wir wenden uns nach rechts und wandern an fröhlich sprudelnden Springbrunnen vorbei, deren Wasser in Kaskaden von Becken zu Becken und über kleinere Wasserfälle den Hang hinab geleitet wird. An der **Skulptur „Elefant"** steigen wir links zur hübschen, kreisrunden **Kneippanlage** hinab, wo wir uns eine kalte, aber wohltuende Erfrischung gönnen können. Hinter dem Kneippbecken wenden wir uns nach links und steigen einige Stufen zur **Wallgrabenpromenade** hinab und laufen weiter nach links neben der Stadtmauer einher, auf der wir noch vor wenigen Stunden obenauf spaziert sind. Die verschiedenen Wasserfälle sind von unten besonders hübsch anzusehen.

Der gepflasterte Fußweg führt leicht bergab. Nach einer Rechtskurve um die Stadtmauer herum gelangen wir schließlich an ein Stadttor. Hier können wir

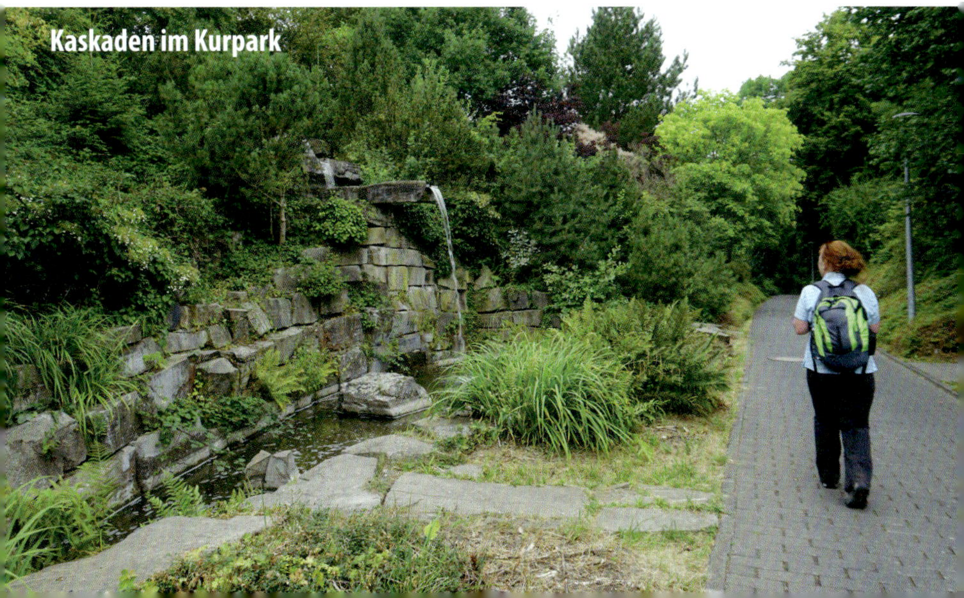

Kaskaden im Kurpark

uns frei entscheiden, ob wir die Wanderung innerhalb der Stadtmauer über die **Wallgasse** oder außen herum fortsetzen möchten. Ziel ist wieder das **Werther Tor,** bei dem wir anfangs die Innenstadt betreten haben, und das **Café T** 6, in dem wir den Tag ausklingen lassen können.

Durchs Werther Tor verlassen wir die Innenstadt und laufen auf der Kölner Straße zum Ausgangspunkt zurück. Leckeren frischen Ziegenkäse stellt Familie Rauch auf ihrem **Kolvenbacher Ziegenhof** 7 her. Die feinen, preisgekrönten Spezialitäten können wir im hofeigenen Laden verkosten und erwerben. Auch den Ziegen dürfen wir einen Besuch abstatten. Mit dem Auto erreichen wir den Ziegenhof über die B 51 Richtung Schuld.

Bilder, Erinnerungen und Gerätschaften, wie Kaffeemühlen und Milchkannen, geben dem Café T einen urigen Charme. Bis zur vollständigen Renovierung wird zurzeit nur Außenbewirtung angeboten.

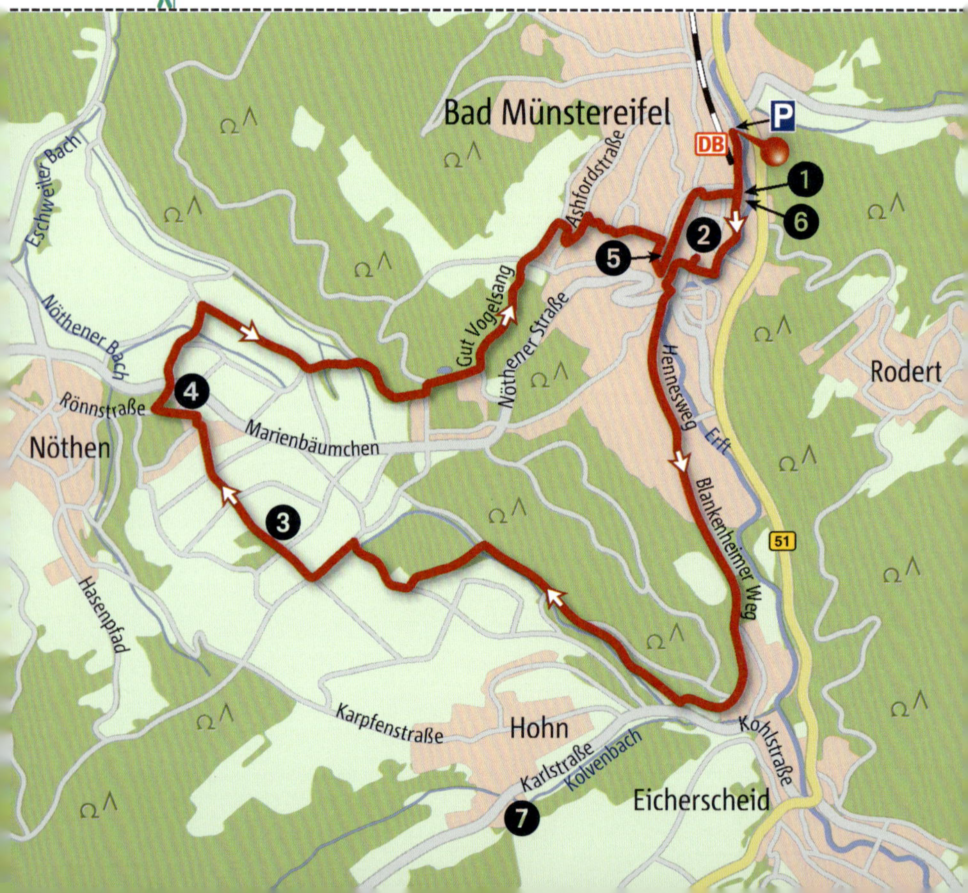

Alles auf einen Blick

WIE & WANN:
Wald-, Wiesen- und Wirtschaftswege und Straßen. In der Altstadt ist mit Behinderungen aufgrund von Baustellen zu rechnen.
beste Zeit ganzjährig, da der Asphaltanteil relativ hoch ist.

HIN & WEG:
Auto: Kostenloser Parkplatz unter dem Viadukt, Schleidtalstraße 2, 53902 Bad Münstereifel (GPS: 50.559838, 6.765206)
ÖPNV: S 23 oder R 24 bis Euskirchen, weiter zZt. Schienenersatzverkehr (SEV) oder Bus 801 bis Bad Münstereifel, www.vrs.de

ESSEN & ENTSPANNEN:
Bäckerei Konditorei Café Dumesny ❹ Rönnstraße 3, 53902 Bad Münstereifel-Nöthen, Tel. (0 22 53) 54 13 95, www.bakery.medienmenschprojects.de (Mi. 7–18, Sa. 7–12, So. 8–11, 13–17 Uhr)

Entspannung ★★★★☆
Genuss ★★★★★
Romantik ★★★★☆

Café T ❻ Werther Straße 34, 53902 Bad Münstereifel, Tel. (0 22 53) 88 46, www.cafe-t.de (täglich 9–22 Uhr)
Kolvenbacher Ziegenhof ❼ Familie Rauch, Konradgasse 1, 53902 Bad Münstereifel-Kolvenbach, Tel. (0 22 53) 54 44 56, www.kolvenbacher-ziegenhof.de, Hofladenverkauf (Frühjahr bis Herbst 24 Stunden Selbstbedienung, Sa. 10–13 Uhr Service oder nach Absprache)

ENTDECKEN & ERLEBEN:
Werther Tor ❶
Basilika St. Chrysanthus und Daria ❷
Ausblick nach Süden und Norden ❸
Kurpark mit Kneippbecken ❺

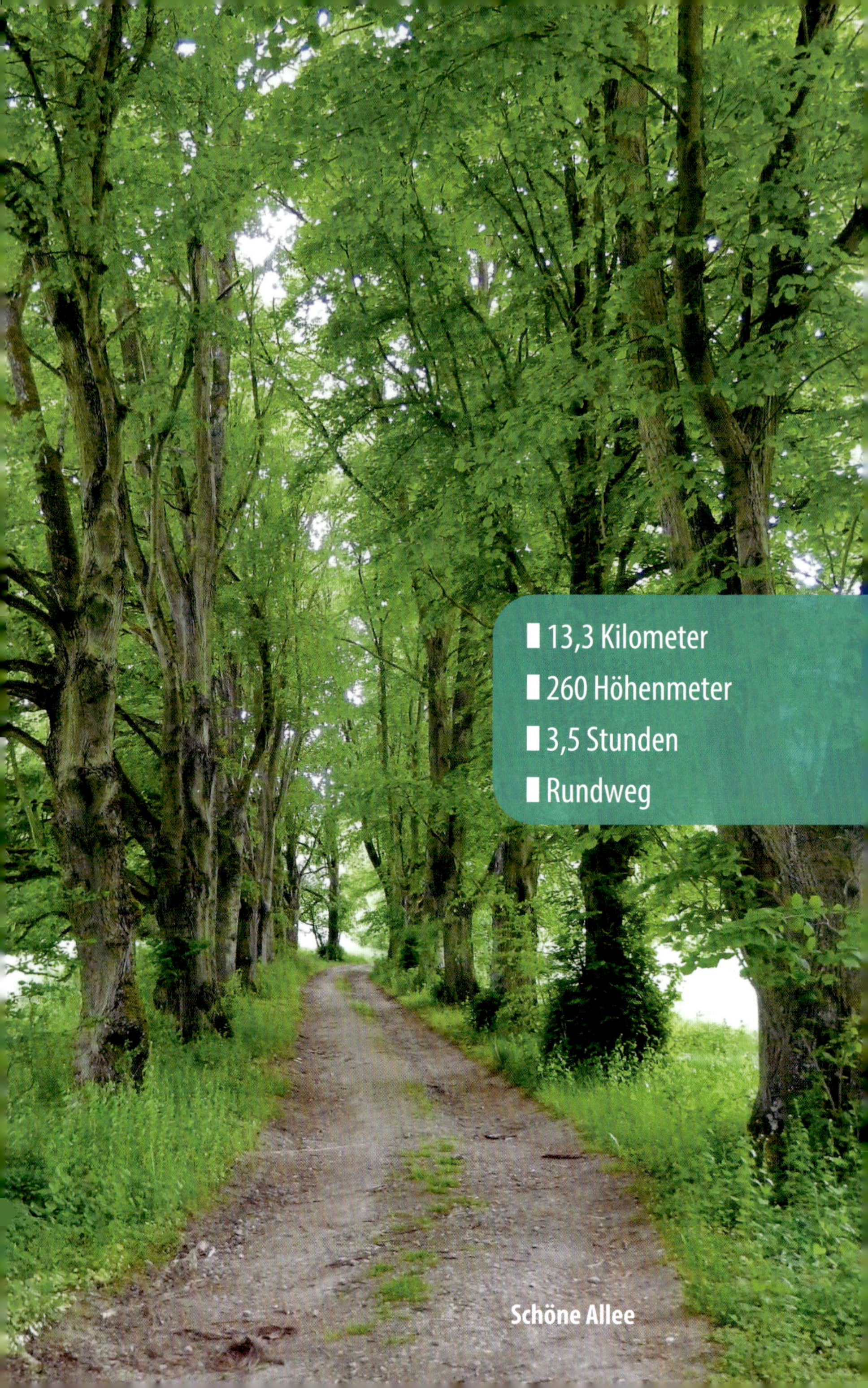

Schöne Allee

Vom Parkplatz aus folgen wir dem Weg **A1,** der links neben dem Wanderschild „Tor zur Eifel" startet. Er bringt uns beim nächsten Abzweig nach links zu einem Gehölz mit dem Hinweisschild **„Panorama-Blick und Grillhütte Rond-Heck".** **1** Dort biegen wir rechts ab und suchen die Bank, wo sich der angekündigte Weitblick genießen lässt. Es ist tatsächlich eine sehr schöne Aussicht über die lieblichen Hügel des Ahrgebirges und der Eifel. Auch der große, etwas versteckt liegende Grillplatz kann sich sehen lassen.

Wir folgen dem Weg um den Grillplatz herum, bis wir wieder auf den **A1** stoßen und diesem nach rechts bis zum Waldrand folgen. Auf der Höhe versteckt sich zwischen zwei Eiben eine weitere Sitzbank

Am Tor zur Eifel

Waldgenuss um Hilberath

mit Tisch, von der sich das Panorama noch einmal genießen lässt. Am Waldrand angekommen, verabschiedet sich der **A1** und wir folgen nun dem A4 und **Ville-Eifel-Weg** (ehem. Karl-Kaufmann-Weg) vom Eifelverein auf breitem Forstweg bergab ins Tal des Gierenbachs. Im Tal, aber deutlich vor einer Brücke über den Gierenbach verlassen wir beide Wegmarkierungen für eine Weile und biegen nach links ab. Unser Weg beschreibt einen Bogen durch den Wald und verläuft nun oberhalb des Vischelbaches, durchläuft dann eine meist sehr matschige Stelle und taucht dahinter als schmaler, naturbelassener Pfad zwischen hohe Hecken in eine Art Tunnel ein. Völlig abgeschieden, allein mit der Natur, wandern wir auf

!

Ist das Wegstück am Vischelbach nach Regentagen sehr aufgeweicht, folgt man alternativ dem Ville-Eifel-Weg weiter, wendet sich an der Straße (K33) nach links und erreicht Vischel von der anderen Seite.

dem gewundenen Pfad zwischen hohen, feuchtigkeitsliebenden Gewächsen hindurch und nehmen die Stimmung der Vischelbach-Talaue mit allen Sinnen auf.

„In der Natur fühlen wir uns so wohl, weil sie kein Urteil über uns hat." Friedrich Nietzsche

Über eine Brücke kommen wir wieder zum **Ville-Eifel-Weg** dem wir rechts durch eine wunderschöne Lindenallee bachaufwärts folgen. Nur eine Handvoll Gebäude gehören zum Ort **Vischel ❷,** den wir nach einer Schranke erreichen, doch ist das Ensemble mit der für diesen kleinen Ort recht imposanten St.-Nikolaus-Kirche und dem alten Friedhof ein sehr romantisches Idyll.

Wir passieren eine Gruppe herrlicher alter Bäume, die ein steinernes Flurkreuz beschatten, und genießen den Blick, der sich uns bietet. Wir passieren die ehemalige **Wasserburg Vischel** und erreichen ein kleines weißes **Heiligenhäuschen.** Hier sagen wir erneut dem Ville-Eifel Weg Adieu und biegen links in den Naturfreundeweg ein (nicht durchgängige Markie-

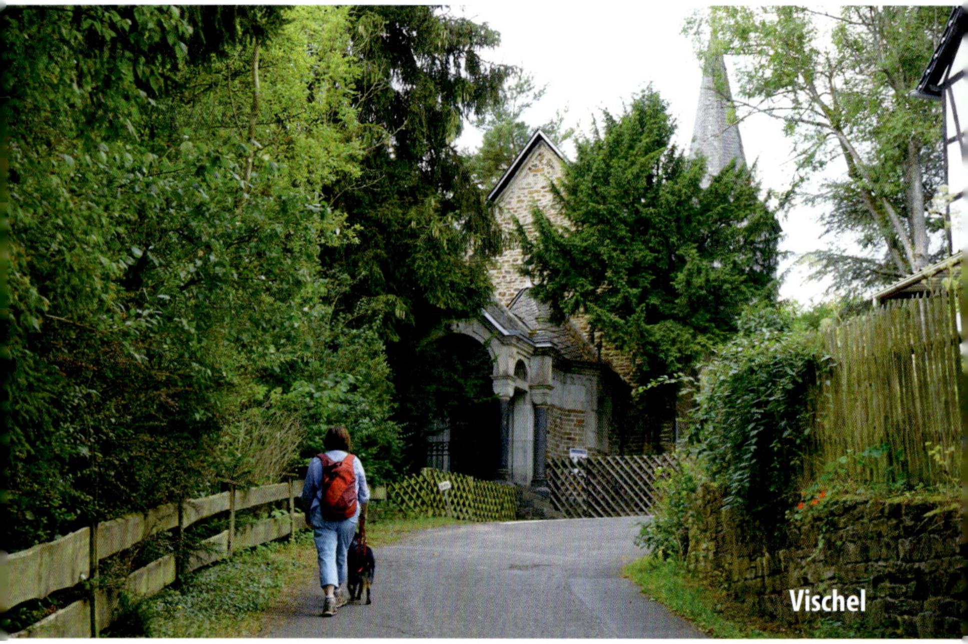
Vischel

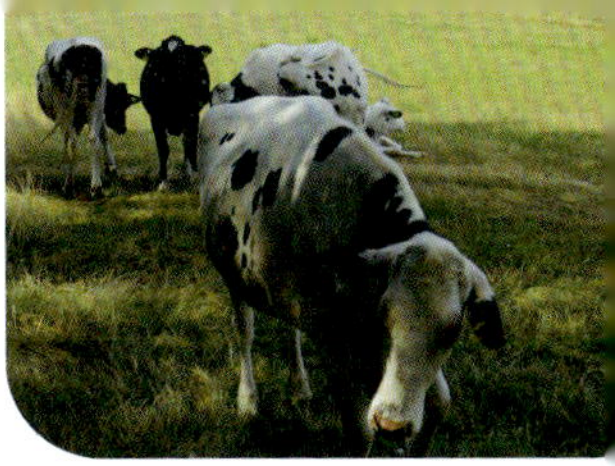

rung **N**). Wir folgen dem ersten Abzweig nach rechts in den Wald und kommen bald dem Vischelbach wieder näher, der sich ein tiefes Bachbett gegraben hat. Etwa einen Kilometer folgen wir dem naturbelassenen Pfad durch den Wald und kommen der Talsohle des idyllisch mäandrierenden Vischelbaches dabei immer näher. Entlang eines Holzgeländers erreichen wir oberhalb eines kleinen Wasserwerks einen Steg über den Bach und überqueren ihn. Dahinter wenden wir uns nach links den Berg hinauf.

Doch gleich heißt es aufgepasst, denn bereits in der Kurve zweigt **N** schräg links ab. Ein sehr schmaler, felsiger Pfad steigt in den Hang hinein und führt steil und etwas holperig an der Bergflanke hinauf. Achtsam und trittsicher sollten wir hier sein, denn das Schiefer-

Für die Seele

Weitblicke, feuchte Wiesenauen und plätschernde Bäche, Wandern auf weichem Waldboden – und zum Abschluss eine genussvolle Einkehr: Seele, was willst du mehr?

gestein zu unseren Füßen bietet nicht viel Halt. Nach dieser kurzen, fast alpinen Hangpassage erreichen wir das **Naturfreundehaus Berg.** Eine alte Wanderkarte zeigt die verschiedenen Verbindungswege zwischen den Naturfreundehäusern an. Wir wenden uns nach rechts und verlassen den Wald über eine Straße. Auf der Höhe können wir wieder neue Ausblicke genießen. An einer Bank vor einer T-Kreuzung geht es links in den Ort **Berg** hinein. Der Naturfreundeweg mündet auf der Straße **Waldweg** und diese wiederum auf der **Rheinbacher Straße/K 31,** an der wir nur 90 Meter nach links entlanggehen. Für den nächsten Kilometer gibt es keine Markierung, der wir folgen könnten.

Vor dem **Haus Nr. 4** zweigt links ein Wiesenweg ab,

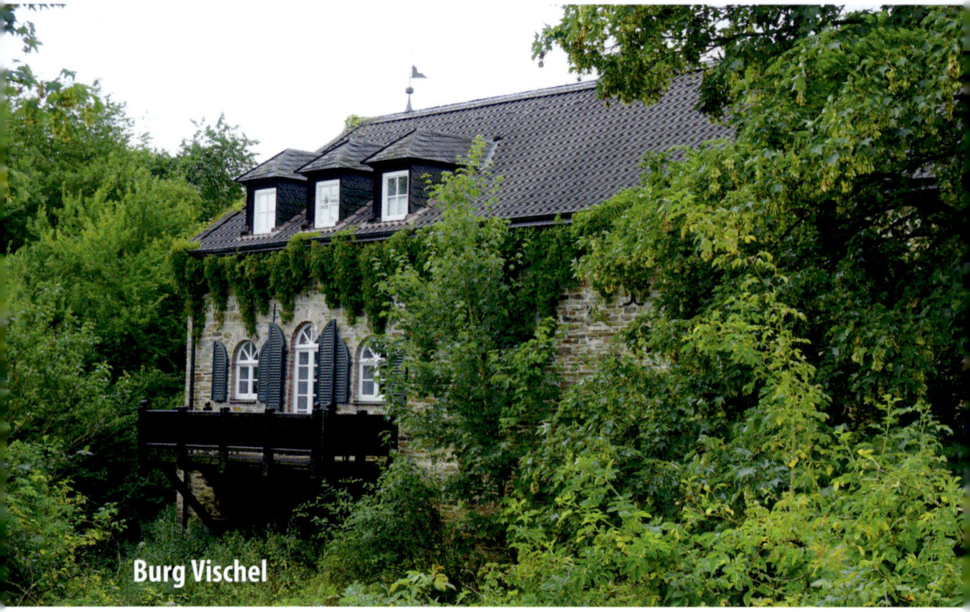

Burg Vischel

dem wir folgen. Am Ende des Gartens, an einer hölzernen Absperung biegen wir nach rechts und steigen unter dichten Fichten wieder ins Vischelbachtal hinab. An einer Weggabelung gehen wir rechts auf einem wenig frequentierten Weg bis zur **K 31.** Nun müssen wir geradeaus für 100 Meter an der Kreisstraße entlanglaufen (Vorsicht wegen des Autoverkehrs!). In der Kurve verlassen wir die Straße, überqueren einen Wanderparkplatz und gehen auf dem rechten der beiden Wege weiter (N).

„Ahme den Gang der Natur nach. Ihr Geheimnis ist Geduld."
Ralph Waldo Emerson

Nun treten wir wieder in die freie Flur hinaus. Am nächsten Abzweig biegen wir nach links ab. Im weiteren Verlauf finden aufmerksame Wanderer vereinzelt die Markierung **N,** sie ist aber nicht sehr eindeutig. Wieder im Wald am Bach angelangt, laufen wir mit N in einer Linkskurve geradeaus auf einen Waldweg und durchqueren das feuchte Quellgebiet eines Zulaufs. In einem Linksbogen, wo sich bei einem Baum ein alter Bildstock versteckt, wechseln wir auf die andere Bachseite hinüber und erklimmen eine kleine Böschung zu einem breiteren Waldweg, dem wir nach rechts folgen.

Eine lichtere Passage mit Kleingehölz und einzelnen hohen Kiefern folgt. Eine Einmüdung von links an einem Pfahl der Gasleitung ignorieren wir und laufen weiter bis zu einem querenden Weg am Waldrand. Wir wenden uns nach links und an der nächsten Kreuzung wieder rechts, bis wir erneut den Waldrand erreichen, der wie ein helles Tor zwischen den Zweigen hervorschaut.

Direkt am Waldrand zweigt links ein Pfad (versteckte Markierung **6**) ab, der uns auf weichem, mit Wurzeln durchzogenem Waldboden und durch Himbeersträucher führt. Am Waldrand lädt ein etwas zu-

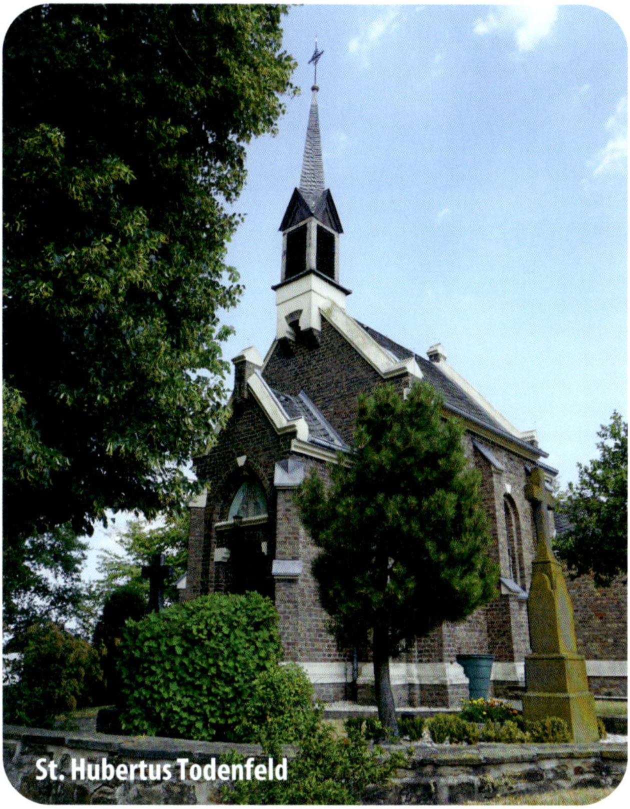

St. Hubertus Todenfeld

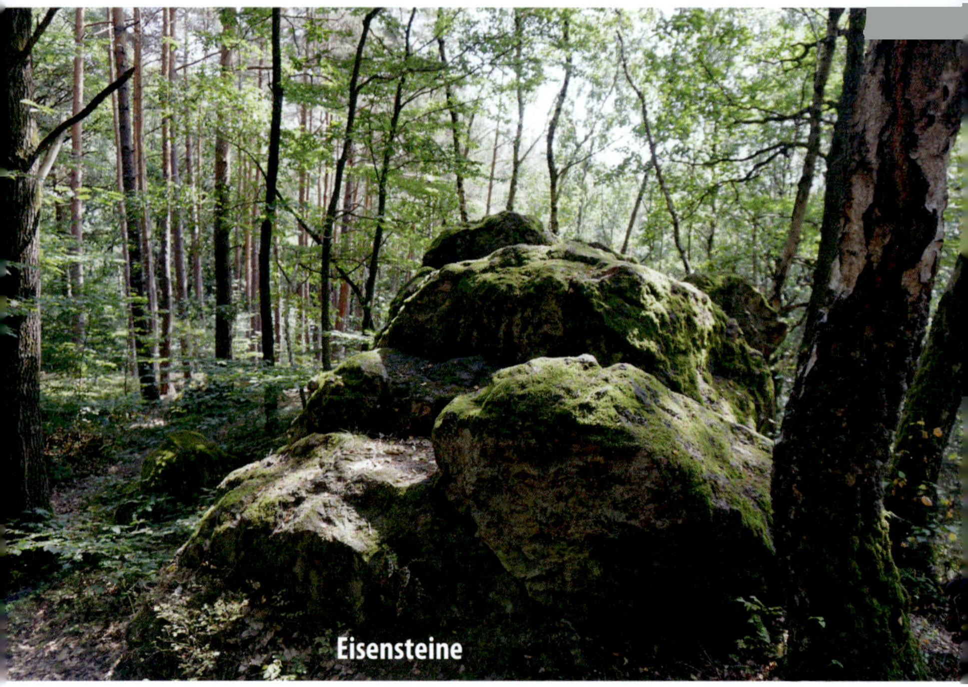

Eisensteine

rückversetzter Bildstock mit Sitzgruppe zur Rast ein. Das Panorama zeigt rechts das Ahrgebirge, geradeaus in der Ferne den markanten Berg Landskrone mit seiner weißen Kapelle im Hang, dahinter die Höhen des Westerwalds jenseits des Rheins. Ein weiteres schönes Panorama eröffnet sich uns, sobald wir halblinks zwischen grünem Zaun und Wiese sanft bergab weitergehen. Hier breitet sich eine grandiose Fernsicht auf die Kölner Bucht aus. Wir genießen die **schöne Aussicht** 3 eine Weile, bevor wir unsere Wanderung nach einem Haus nach rechts in Richtung **Todenfeld** fortsetzen (Wegmarkierung **T**). An der B 472 geht es geradeaus auf **Kreuzfeld,** an dem hübschen Kirchlein **St. Hubertus** vorbei und geradeaus auf der **Kirchstraße** wieder dem Wald zu (T).

Am Waldrand entdecken wir einen **Bildstock** neben einer Bank. Direkt dahinter geht es ohne Wegmarkierung schräg links auf einem Pfad in den Wald hinein.

„Nimm dich selber wahr, und wo du dich findest, da lass von dir ab. Das ist das Allerbeste."
Meister Eckhart

Hier wird guter Waldhonig produziert: Ein Imker hat abseits vom Weg seine Bienenstöcke aufgestellt. Ein dem Borkenkäfer zum Opfer gefallenes Areal wurde frisch mit jungen Eichen bepflanzt und zum Schutz eingezäunt. Am breiteren Waldweg halten wir uns rechts und erreichen zwei Hinweisschilder auf Naturdenkmäler. Links kann man den wenig spektakulären Grünen Stein bewundern und nach rechts geht es zu den Eisensteinen. Letzterem folgen wir, nun wieder vereint mit der Wegmarkierung T. Ein schmaler Pfad voller Kiefernzapfen windet sich zwischen den Bäumen dahin. Es duftet angenehm nach Harz. Wir bleiben geradeaus, auch wenn immer wieder kleine Trampelpfade abzweigen. Über einen etwas zugewachsenen Trampelpfad, etwas versteckt an einem Ilexstrauch (immergrüne Stechpalme) vorbei, gelangt man auf der linken Seite zu den versteckt liegenden **Eisensteinen.** 4 Dabei handelt es sich um unvermittelt aus dem Boden schauende, rötliche, eisenhaltige und leicht magnetische Felsen.

Zurück auf dem Weg (T), lassen wir uns Zeit, diesem verwunschenen Pfad durch den stillen Kiefernmischwald bergab zu folgen. Zeit, die man im Wald verbringt, ist niemals verschwendete Zeit! Und erneut lässt uns das vielfältige Antlitz eines Waldes das Herz aufgehen. Der Weg verläuft in einem Rechtsbogen und fast erreichen wir wieder den Bildstock, da biegen wir scharf links in den nächsten Waldpfad ab und verlassen den Weg T. Beschwingt laufen wir ins Tal des Hilberather Baches hinab.

Fast im Talgrund angekommen, steigen wir schräglinks über ein paar Waldstufen mit hölzernem Handlauf bergab, um über den glucksenden Bach zu gelangen. Nun erklimmen wir die andere Hangseite. Einige Holzbohlen lassen uns trockenen Fußes den sumpfigen Hang durchqueren. An einer kaum bemerkbaren Gabelung halten wir uns leicht rechts weiter bergauf und gehen nun ein längeres Stück immer geradeaus. Wir überqueren dabei zwei Kreuzungen,

*Die **Isere Steen,** wie der Volksmund sie nennt, und die Einschnitte im Gelände zeugen vom Erzbergbau, der hier in früheren Jahrhunderten betrieben wurde.*

Verwöhntour 10

bis sich an der dritten (mit einer Bank) wieder der schon bekannte Ville-Eifel-Weg hinzu gesellt. Den bereits bekannten Markierungen folgen wir weiter geradeaus für einen Kilometer durchs Tal des Altendorfer Baches bis zur Kirche in **Hilberath.**

Dort laufen wir über den Friedhof an der Kirche St. Martin vorbei zum **Kirchweg** und folgen diesem nach rechts bis zur **Dorfstraße.** Wir gehen rechts an gepflegten Wohnhäusern vorbei bis zur schmalen **Hilberather Straße** links, wo wir an Haus Nr. 27 das beliebte **Café in der Alten Scheune** 5 vorfinden und dort die Wanderung auf genussvolle Weise beschließen wollen.

Zum Parkplatz zurück gelangen wir, wenn wir der Dorfstraße bis zur L 492 (Hilberather Straße) folgen und diese überqueren.

Das Café in der Alten Scheune bietet neben Frühstück und Brotzeit eine sehr große Auswahl an Kuchen und Torten. Die Tortenstücke sind riesig! Ein Hofladen mit Bio-Fleisch (Vorbestellung) und regionalen Produkten ergänzt das kulinarische Angebot.

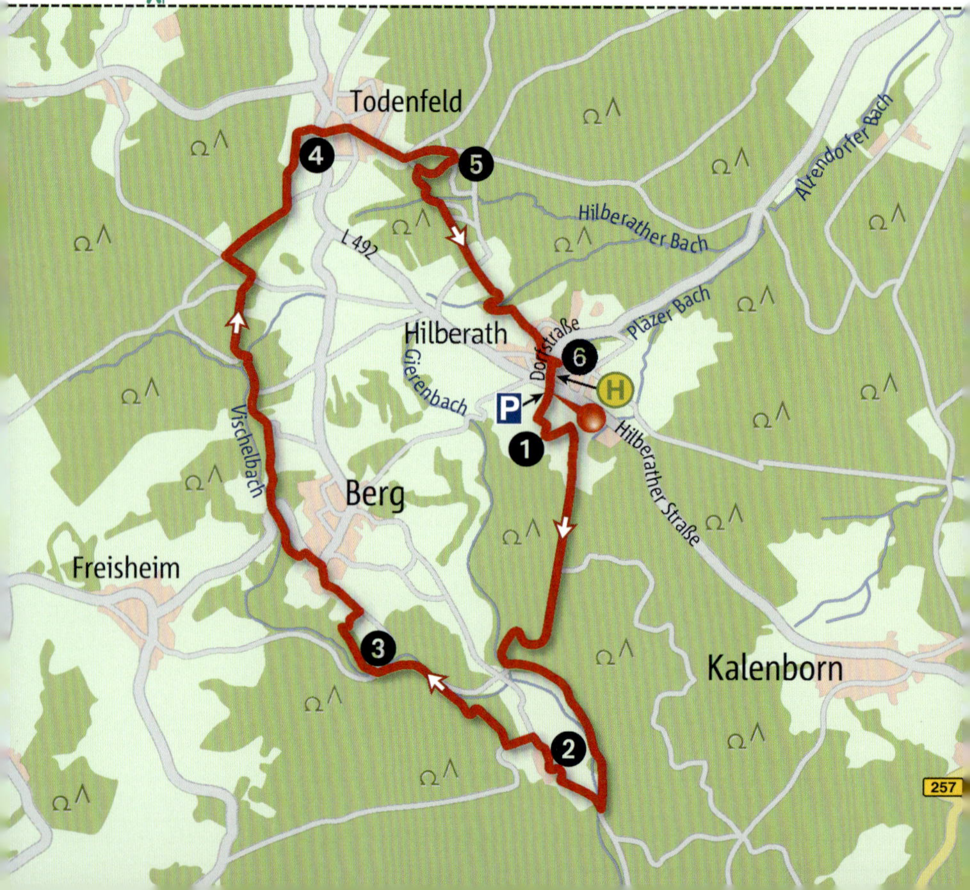

Alles auf einen Blick

WIE & WANN:
Pfade, Waldwege, in den Ortschaften asphaltierte Wege;
beste Zeit April bis Oktober, nach Regen im Vischeltal teils matschig

HIN & WEG:
Auto: Wanderparkplatz Hilberather Straße/L 492, 53359 Rheinbach-Hilberath (GPS: 50.562878, 6.965638)
ÖPNV: Ab Rheinbach Bf. Bus 840 bis Hilberath, an den Wochenenden z. T. nur TaxiBus, Tel. (0 24 41) 99 45 45 45, www.vrminfo.de oder www.vrs.de

ESSEN & ENTSPANNEN:
Café in der Alten Scheune ❺ **und Hofladen,** Hilberather Straße 27, 53359 Rheinbach-Hilberath, Tel. (0 22 26) 9 09 03 70, www.scheunencafe.de (Di.–So. 10–19, Hofladen bis 18 Uhr)

Entspannung ✱✱✱✱✱
Genuss ✱✱✱✱✱
Romantik ✱✱✱

ENTDECKEN & ERLEBEN:
Panoramablick und Grillplatz „Rond-Heck" ❶
Dorf und Schloss Vischel ❷
Schöne Aussicht bei Todenfeld ❸
Eisensteine ❹

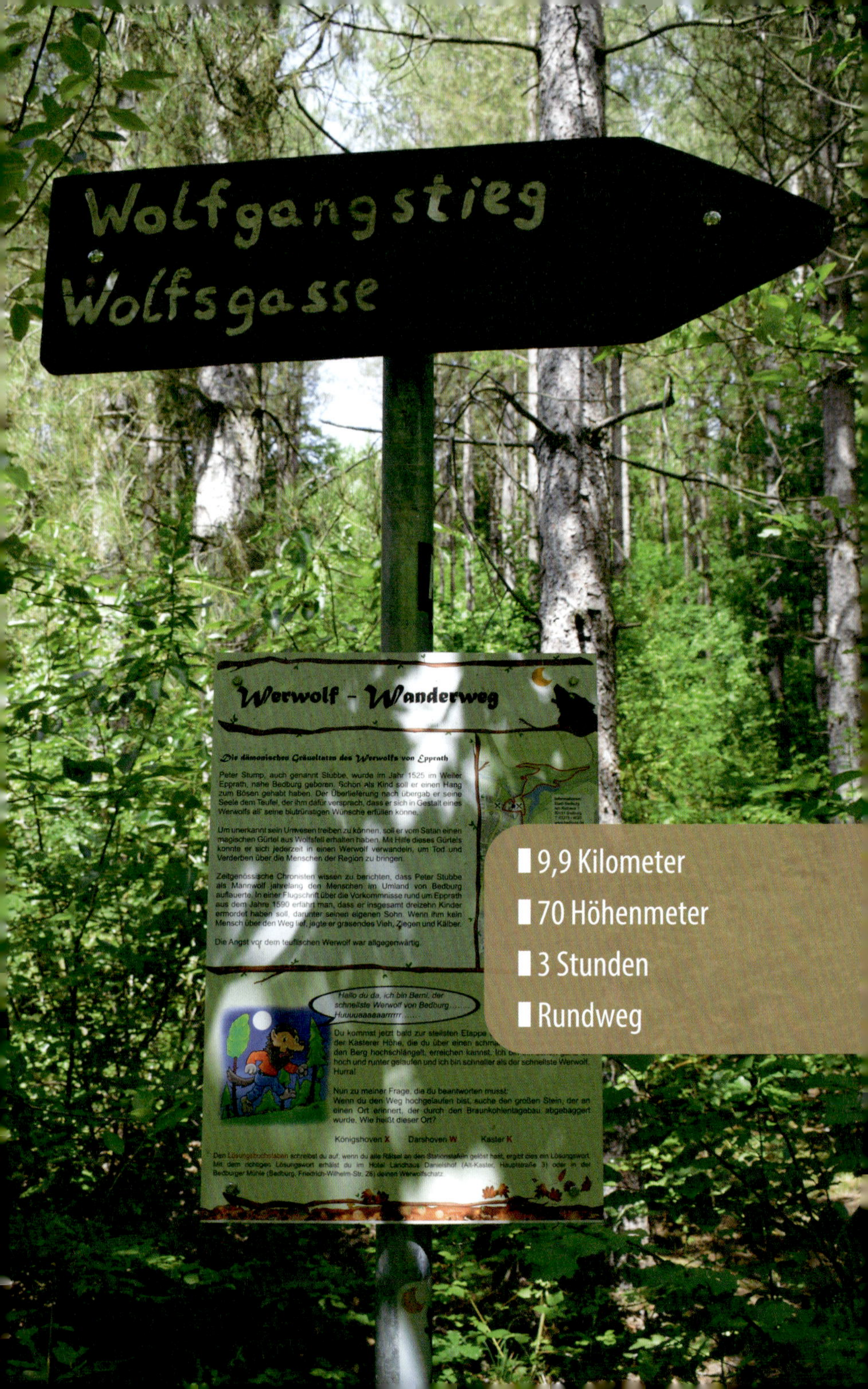

- 9,9 Kilometer
- 70 Höhenmeter
- 3 Stunden
- Rundweg

Wir starten am Parkplatz vor dem **Agathator,** ❶ einem Stadttor der gut erhaltenen mittelalterlichen Stadtmauer von Alt-Kaster, und gehen links zum **Infoschild für den Werwolf-Wanderweg.** An einem sonnigen Sommertag unvorstellbar, selbst an einem trüben Wintertag kaum zu glauben: Vor über 400 Jahren strichen durch die dunklen Wälder rund um Bedburg wilde Wölfe. Doch sie waren harmlos gegen ein Geschöpf, dem die Menschen nachsagten, 25 Menschen getötet zu haben: ein Werwolf. In der Einsamkeit der Wälder soll sich ein Bauer des Nachts in eine wilde Bestie verwandelt haben. Vor lauter Angst wagte sich im ganzen Rheinland niemand ohne Begleitung aus dem Haus.

Der Werwolf-Wanderweg erinnert an den Bauern Peter Stubbe aus Epprath, der 1589 wegen Werwolferei verurteilt und hingerichtet wurde. Auf sieben Infotafeln sind die Ereignisse beschrieben, aus einer Zeit, in der auch Hexenverbrennungen gang und gäbe waren.

Vor dem Hintergrund der schrecklichen Geschichte dieses Weges wird uns schon bei den ersten Schritten auf dem Weg durch den Park bewusst: Das Leben ist ein Geschenk! Wir wandern in Sichtweite der Stadtmauer und folgen an einem **Spielplatz** dem Weg nach rechts an der Stadtmauer. Links von uns fließt die Kasterer Mühlenerft gemächlich durch ihr

Schaurig schön

Auf dem Werwolf-Wanderweg

Bett, dahinter erhebt sich der Turmrest der Burgruine Alt-Kaster.

Am Beginn des Kopfsteinpflasters queren wir links die Kasterer Mühlenerft auf einer Brücke. Das Brückengeländer ist einen zweiten Blick wert, es besitzt einige lustige Details. Sofort hinter der Brücke biegen wir links ab. Wir betrachten die **Burgruine Alt-**

Kaster. ❷ Die Burg aus dem 12. Jahrhundert verfiel seit dem Dreißigjährigen Krieg stark und es erscheint unvorstellbar, dass sich hier einmal das Wohnschloss der Jülicher Herzöge befand.

Unterhalb der Ruine geht es auf einem von Büschen und Bäumen grün umrahmten Weg zu einer Kreuzung am südöstlichen Zipfel des Kasterer Sees und dort links einen Waldweg an der Mühlenerft entlang. Wir schreiten über eine Holzbrücke, dann queren wir einen breiten Forstweg und wandern rechts von einer Sitzbank über einen Holzsteg zur **Infotafel 1.** Sie steht am Fuß des **Wolfgangstieges** ❸, der auch Wolfsgasse genannt wird. Der schmale Pfad führt nach rechts bergauf zu einer Kreuzung, an der wir halb links die Treppe hinauf zur **Kasterer Höhe** erklimmen, statt den Markierungen des Werwolfwanderwegs nach links zu folgen.

Der dunkle Wald, in dem der Werwolf sein Unwesen getrieben haben soll, fiel dem Tagebau Frimmersdorf zum Opfer, ebenso wie die Dörfer Darshoven, Epprath und andere. Nach der Auskohlung entstanden durch Rekultivierung die Kasterer Höhe und der Kasterer See.

Weite Blicke über die Felder begleiten uns, wenn wir am Treppenkopf rechts abbiegen und am Feldrand den **Erinnerungsstein für den Ort Darshoven** ❹ passieren, der 1967 dem Braunkohletagebau weichen musste. Auch das Nachbardorf Epprath wurde weg-

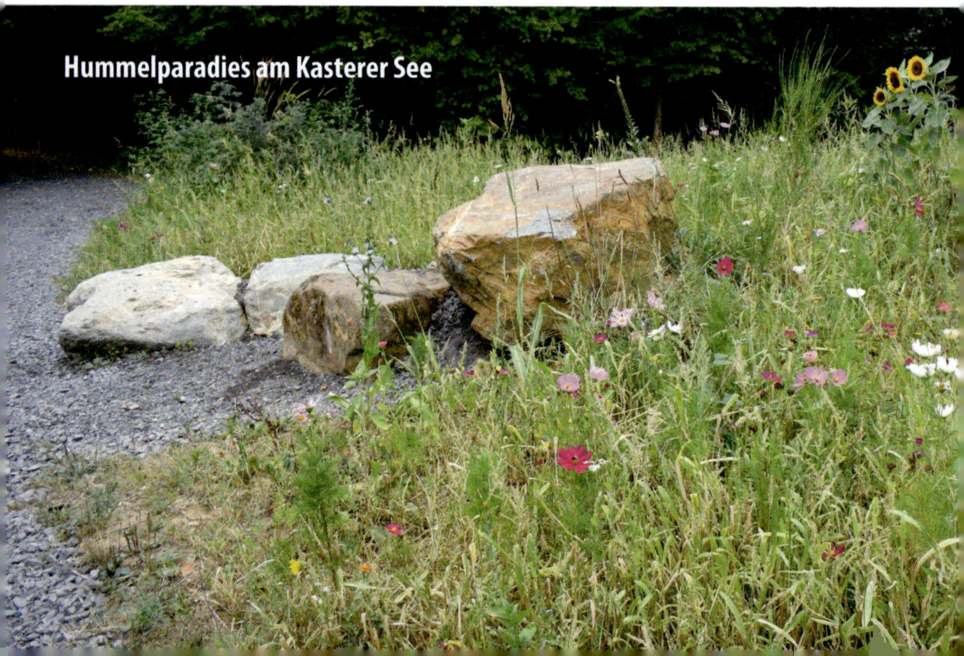

Hummelparadies am Kasterer See

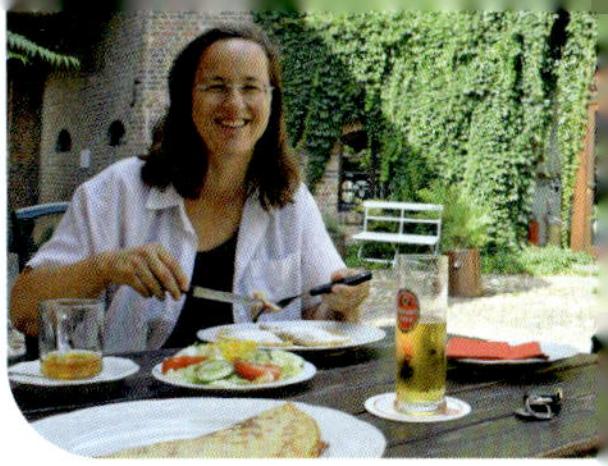

gebaggert. **Infotafel 2** ⑤ erinnert daran, dass der später hingerichtete Bauer Peter Stubbe aus diesem Dorf stammte und dort mit seiner Tochter lebte. Niemand kann mit Gewissheit sagen, ob er ein brutaler Mörder war oder eine Krankheit seinen Zeitgenossen Angst und Schrecken einjagte.

An der Tafel folgen wir rechts dem Forstweg bergab. Durch eine Spitzkehre nach rechts gelangen wir zu einer Lichtung mit Wegkreuzung. Hier steigen wir halb rechts zwischen Birken weiter bergab und queren etwa 40 Meter hinter einer Einmündung links auf einer **Brücke** erneut die Kasterer Mühlenerft. Dahinter halten wir uns links und erreichen einen idyllischen Ruheplatz am nördlichsten Zipfel des **Kasterer Sees.** Wer mag wohl den Samen für dieses kunterbunte Sommermärchen gestreut haben, das hier zwischen den Findlingen blüht? Wir laben uns noch etwas an diesem Augenschmaus und machen uns erfrischt wieder auf den Weg.

Geradeaus geht es über eine Brücke und direkt dahinter an der T-Kreuzung rechts. Das Kruzifix für den 1947 verunglückten Jonny Schiffer und die **Info-**

Für die Seele

Wir genießen Schattenspiele im Sommerwald, bestaunen eine Burgruine und ein Wasserschloss – und gedenken mit Gruseln des Werwolfs von Epprath.

tafel 3 ⑥ des Werwolf-Wanderwegs bremsen unseren Lauf. Wo heute ein Naherholungsgebiet ist, wurde damals Jagd auf den Werwolf gemacht. Wenn wir vom frühen Tod dieses Jungen und der Werwolf-Verfolgung lesen, erkennen wir, dass das Leben und die Freiheit keine Selbstverständlichkeiten sind.

Immer geradeaus führt der Weg durch den Wald,

über uns rauschen die Baumkronen und rechter Hand schimmert die Oberfläche des Kasterer Sees durch die Lücken zwischen den Baumstämmen hindurch. Nach etwa 1 Kilometer erreichen wir eine T-Kreuzung. Der rechte Weg führt zurück nach Kaster.

Wer noch weitere 5 Kilometer schafft, biegt links ab. Wir laufen geradeaus neben der **Kasterer Mühlenerft** durch ein Waldstück. An einer Brücke entdecken wir die **Tafel 4,** auf der uns von der Verhaftung des Werwolfs berichtet wird. Das Unbehagen streifen wir mit den Schuhen ab, wenn wir den **Werwolf-Barfußpfad** ⑦ ausprobieren. An einer Gabelung biegen wir links ab, laufen bis zur Erft und folgen ihr nach links, bevor wir sie auf einer Brücke überqueren. Hinter einer Rastgelegenheit geht es über die **Kleine Erft** und wir wandern auf einem Gehweg unter Bäumen neben dem Wasserlauf. Belustigt stellen wir fest, dass die Straße **Pappelallee** heißt, obwohl es Lindenbäume sind, die uns mit Tausenden kleiner Herzchen die Wonne des Wachsens zeigen.

Wir nehmen die zweite Straße rechts, überqueren den Bach und steuern in der **Augustinerallee** auf eine Kirche zu. Nach dem Überqueren der Klosterstraße gehen wir geradeaus durch die Fußgängerzone zwischen dem St. Hubertus Krankenhaus und der **Kirche St. Lambertus** links zum **Marktplatz** von Bedburg mit einigen Einkehrmöglichkeiten. Auf der gegenüberliegenden Straßenseite entdecken wir am **Bedburger Rathaus** ⑦ die Infotafel 5, denn hier wurde dem armen Bauern vor dem Blutgericht der Prozess gemacht.

Wir folgen der **Friedrich-Wilhelm-Straße** nach links und nehmen unmittelbar hinter dem **Hotel Bedburger Mühle** rechts den Weg über Parkplatz und Wassergraben zum **Schlosspark.** Im Park gehen wir rechts über die Brücke zum Schloss. Der eigentliche Werwolf-Wanderweg führt nur kurz zum Schlosskeller. Viel schöner ist es aber, hinter der Brücke rechts um den Schlossteich herumzuspazieren, um die Schönheit und Pracht des **Wasserschlosses Bedburg** ⑧ von allen Seiten in sich aufnehmen zu können.

Bei unserem Rundgang kommen wir zum **Schlosskeller,** an dessen Eingang die **Infotafel 6** von der Gefangenschaft und Folter Peter Stubbes berichtet. Nun treten wir aus dem Schlosstor heraus und gelangen an der allgemeinen Infotafel zum Werwolf-Wanderweg rechts über zwei Parkplätze zur **Lindenstraße.** Dort geht es links zur Erftbrücke und rechts auf der **Erftstraße** weiter. Sie führt etwa einen Kilometer unter Kastanien am linken Erftufer zum **Flussdreieck** ⑨, der Halbinsel zwischen Erft und Mühlenerft, mit der **Infotafel 7.** Hier wurden Peter Stubbe und seine Familie wegen Hexerei hingerichtet.

Links am Ufer der Mühlenerft erreichen wir wieder die beiden Brücken vom Hinweg. Wir wandern zurück und kommen noch einmal am Barfußpfad vorbei. Der Weg endet an einer T-Kreuzung mit einer Jakobsweg-Stele. Hier wandern wir links durch das Erfttor und auf der Hauptstraße durch den ro-

Das Wasserschloss, heute Wahrzeichen von Bedburg, entstand wahrscheinlich im 12. Jahrhundert als Wasserburg. Die Lage in den sumpfigen Erftniederungen ermöglichte eine gute Kontrolle des Flussübergangs. In mehreren Bauphasen wurde sie zum Schloss ausgebaut.

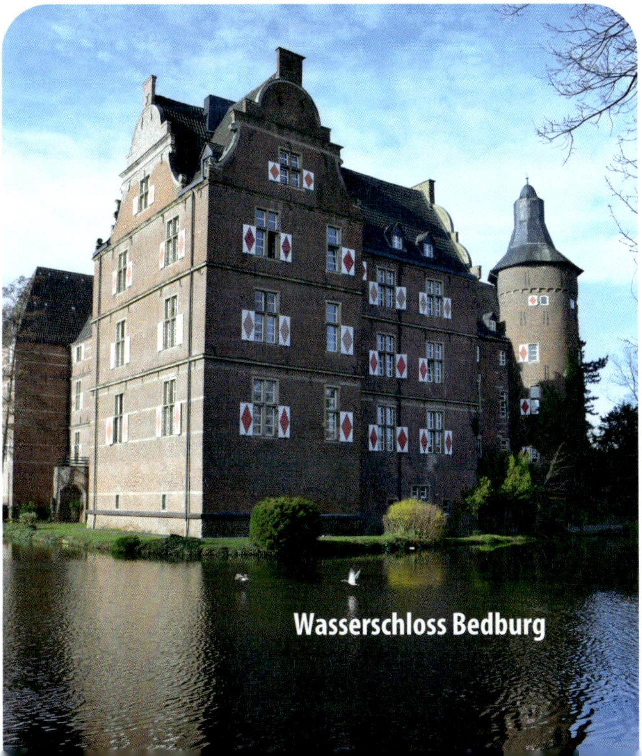

Wasserschloss Bedburg

Erstmals erwähnt wurde Kaster, als sich 1148 der Edelfreie Heinrich von Caster nach seiner Burg benannte. Beim Schlendern durch Alt-Kaster mit seinen mächtigen Stadtmauern, dem Agathator und dem Eulenturm fühlen wir uns ins Mittelalter zurückversetzt.

mantischen **Ortskern von Alt-Kaster** mit dem **Restaurant Mannaro** (italienisch für Werwolf) ⑩. Das Restaurant in der ehemaligen Scheune erinnert an alte Zeiten, noch gemütlicher ist es im Bistro und im historischen Innenhof mit Biergarten und Sonnenterrasse. Wenn wir nach der Wanderung müde sind, muss das nicht unbedingt an einer schwachen Kondition oder der Länge der Strecke liegen. Der Legende nach setzte sich der „Stüpp“ nämlich auf den Rücken potenzieller Opfer, um sich bis zu ihrer Erschöpfung tragen zu lassen. Auf diese Weise prüfte der Werwolf, ob er eine richtige Wahl getroffen hatte. Da wir das Ziel unserer Wanderung erschöpft, aber lebendig erreicht haben, waren wir wohl nicht nach seinem Geschmack.

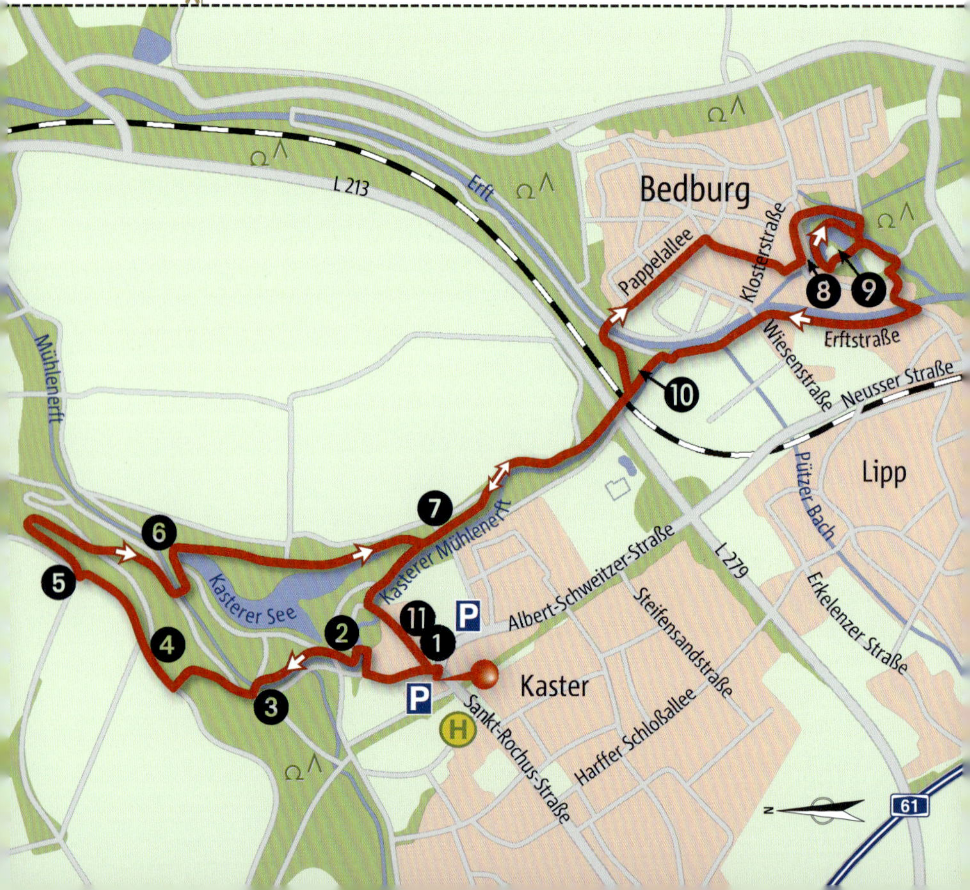

Alles auf einen Blick

WIE & WANN:
Waldwege und landwirtschaftliche Wege, in den Ortschaften Straßen; beste Zeit April bis Oktober

HIN & WEG:
Auto: Parkplätze im Zentrum von Alt-Kaster, 50181 Bedburg, Hauptstraße (GPS: 51.009131, 6.556016) oder Albert-Schweitzer-Straße (GPS: 51.007976, 6.558232)
ÖPNV: RB 38 bis Bedburg (Erft), von dort Bus 975 bis Friedrich-Ebert-Straße

ESSEN & ENTSPANNEN:
Restaurant Mannaro im Landhaus Danielshof ⓫ Hauptstraße 3 a, 50181 Bedburg-Alt-Kaster, Tel. (0 22 72) 8 21 18, www.danielshof.de (täglich 12–16 und 18–21 Uhr)
Diverse weitere Einkehrmöglichkeiten in Bedburg und Kaster

ENTDECKEN & ERLEBEN:
Agathator ❶
Burgruine Alt-Kaster ❷
Wolfgangstieg und **Infotafel 1** zum Werwolf-Wanderweg ❸
Erinnerungsstein für den Ort Darshoven ❹
Infotafel 2 zum Werwolf-Wanderweg ❺
Infotafel 3 zum Werwolf-Wanderweg ❻

Entspannung ★★★★☆
Genuss ★★★★☆
Romantik ★★★★☆

Barfußpfad und Infotafel 4 zum Werwolf-Wanderweg ❼
Bedburger Rathaus und **Infotafel 5** zum Werwolf-Wanderweg ❽
Wasserschloss Bedburg und **Infotafel 6** zum Werwolf-Wanderweg ❾
Flussdreieck und **Infotafel 7** zum Werwolf-Wanderweg ❿

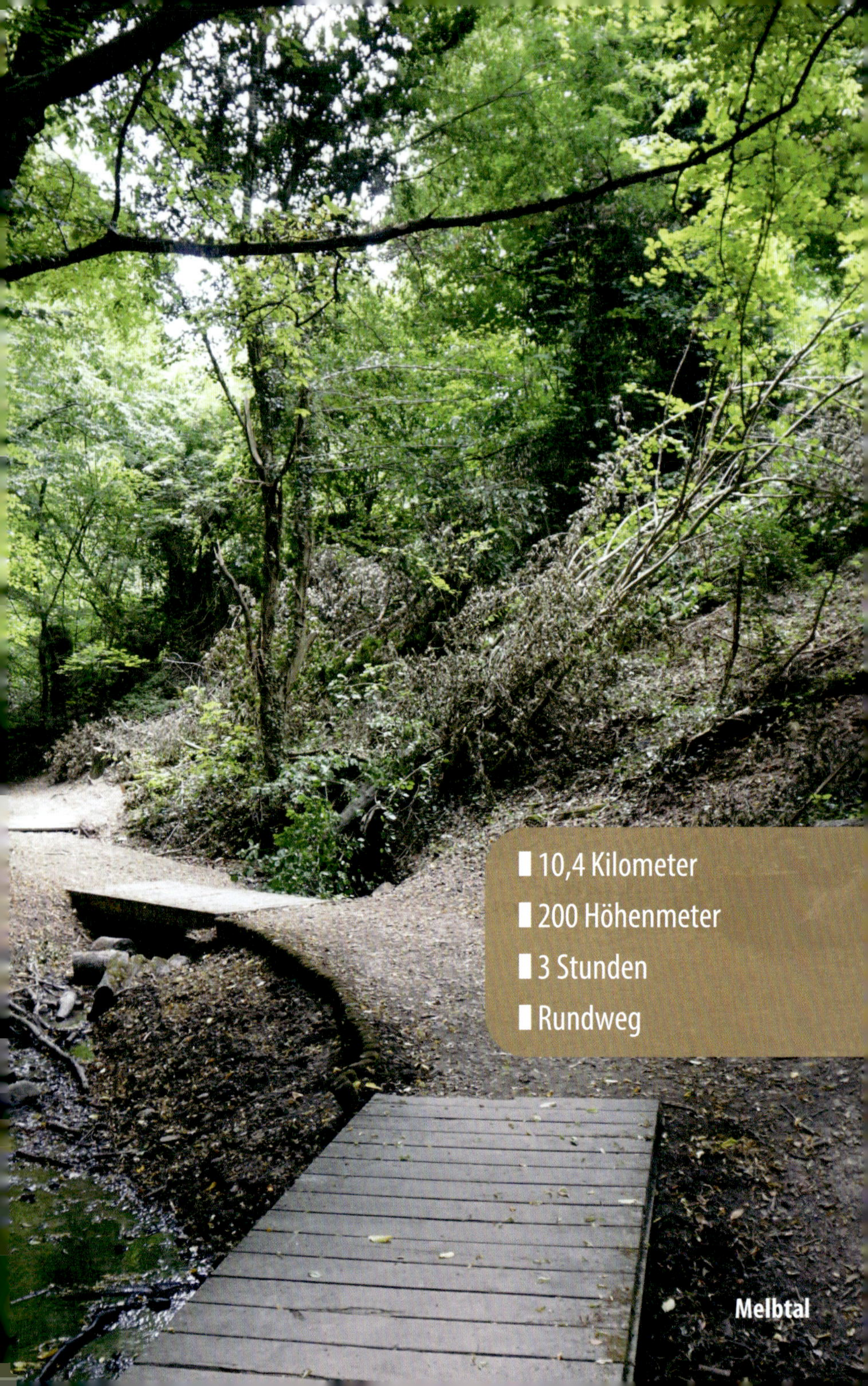

- 10,4 Kilometer
- 200 Höhenmeter
- 3 Stunden
- Rundweg

Melbtal

Inmitten des Bonner Stadtgeländes, zwischen Poppelsdorfer Schloss und Godesburg, erhebt sich ein bewaldeter Hügel: der Venusberg. Sein Name leitet sich von Venn-Berg ab, da es sich bei dem Bergplateau um ein ausgetrocknetes Hochmoor handelt.

Wir wandern von unserem Startpunkt am Parkplatz aus am **Haus der Natur** vorbei. Neben der Ausstellung „Großstadtwald" finden in der 2018 renovierten und erweiterten Umweltbildungseinrichtung diverse Projekte statt. Der liebevoll angelegte Bauerngarten, an dem wir als Nächstes vorbeikommen, ist eines davon.

Links erstreckt sich ein großer Spielplatz. Etwas abgeschirmt vom Weg findet sich ein **Klangbaum,** der aus einer 250 Jahre alten Buche geschnitzt wurde. Wir treffen an einem Kiosk auf die Dottendorfer Allee.

Ein großes Holztor und ein Schild mit bunten Lettern markieren den Beginn des 2,3 Kilometer langen **Wegs der Artenvielfalt** mit neun Erlebnisstationen. Wir wollen davon heute nur den **Barfußpfad** ❶ ins Programm aufnehmen. Deshalb wenden wir uns nach

Unterm Blätterdach

Stille Pfade am Venusberg in Bonn

links in die **Dottendorfer Allee** und erreichen schon nach 250 Metern dessen Beginn. Die Schuhe sollte man mitnehmen, denn am Ende des Pfades geht unsere Wanderung weiter. Den Barfußpfad kann man aber auch umgehen, indem man die nächste Abzweigung nach rechts nimmt. Wohlig weich oder piksig und hart ist der Untergrund, über den wir laufen. Wer die

Augen schließt, kann sich noch mehr auf das reine Gefühl konzentrieren.

Nach dieser lohnenden Fußmassage verlassen wir den Pfad und wenden uns nach rechts zum **Waldau-Wildgehege.** ❷ Als Erstes treffen wir auf Wildschweine. Dahinter erstrecken sich noch zwei weitere umzäunte Wiesen, für Rot- sowie für Damwild. Bei der nächsten Möglichkeit laufen wir nach links zwischen den Wildgehegen hindurch und, an einer **Beobachtungsplattform** vorbei, geradeaus wieder in den Wald hinein. Buchen mit knorpeligen und mehrfach verzweigten Stämmen fallen ins Auge.

Zahlreich sind in dieser Gegend die typischen Kopf- oder Hutebuchen, deren eigentümliche Formen durch regelmäßigen Holzschlag, aber auch durch intensive Viehbeweidung entstanden sind.

Auch an der nächsten Kreuzung gehen wir geradeaus. Kiefern und Birken ergänzen den trockenen Mischwald. Unser Weg mündet auf einem asphaltierten Weg, der auch von Radfahrern genutzt wird. Wir gehen hier nach links auf ein großes graues Gebäude zu. Es gehört zum Universitätsklinikum, dessen Areal wir nun umrunden werden. An der Schranke wenden wir uns nach rechts auf den schattigen Weg an einer Hecke entlang. Wir sind wieder auf der Dottendorfer

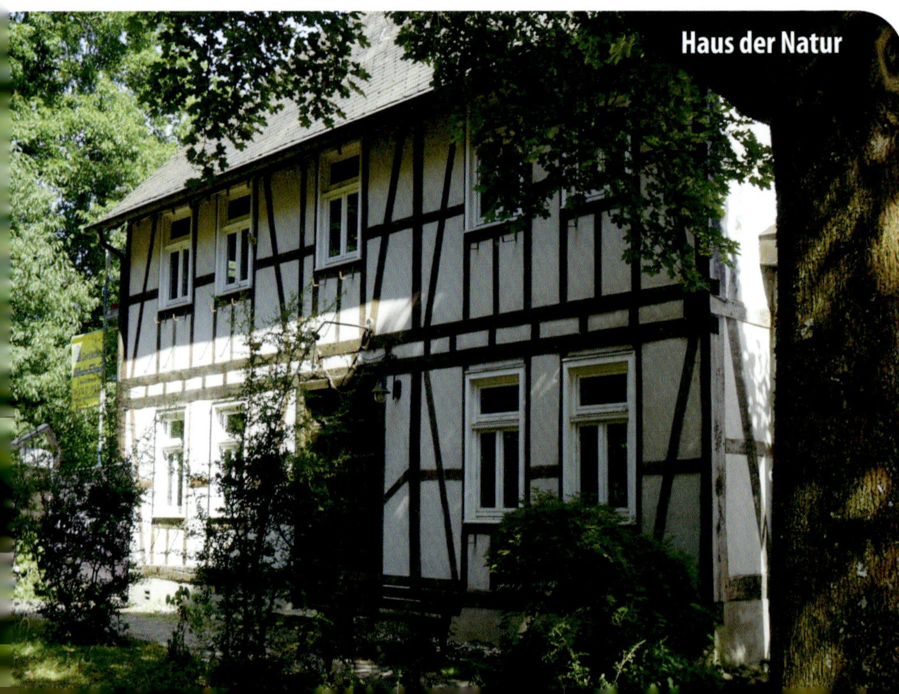
Haus der Natur

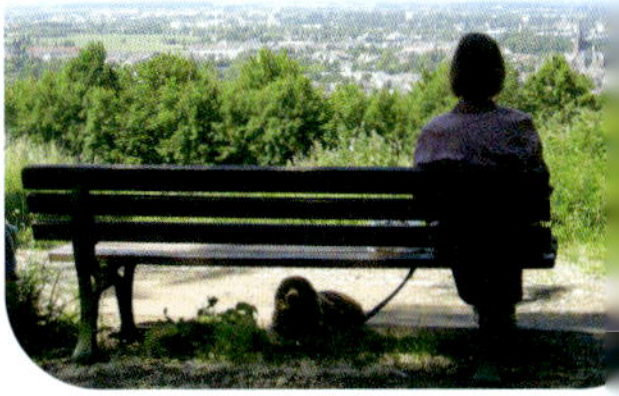

Allee sowie auf dem **Krönungsweg** (dreifarbig stilisiertes E und Schriftzug) des Eifelvereins. An einer offenen Schutzhütte beschreibt der Weg eine Linkskurve und es gesellt sich nun noch die **gelbe Muschel** des Jakobswegs hinzu. Dem Krönungsweg folgen wir bis zum Kaiser-Wilhelm-Denkmal.

Es ist ruhig hier oben. Das Waldgelände mit dem hohen, alten Baumbestand fällt neben uns steil ins Tal ab. Den Abstecher zum **Dottendorfer Jugendkreuz** ③ nehmen wir mit, denn hier bietet sich von einer Plattform aus eine schöne Aussicht nach Bonn und Bad Godesberg. Gut zu erkennen sind das Siebengebirge und der runde Turm der Godesburg auf einem Hügel.

Wir folgen dem **Krönungsweg** bis zu einem **Parkplatz,** an dem wir entlanggehen. Von der Schranke an nehmen wir den urigen Wurzelpfad durch schattigen Robinienwald, der hinter Hecken parallel zur Straße verläuft. Weiter folgen wir der Markierung bis zu einer Kreuzung im Wald, an der wir das aus Basaltsteinen errichtete **Denkmal Kaiser Wilhelms I.** ④ erreichen, dem die Stadt Bonn diesen Hain zu seinem Gedächtnis gewidmet hat.

Für die Seele

Dem Großstadttrubel enthoben, findet man in den Wäldern des Bonner Venusbergs Ruhe und Erholung. Ein Kleinod ist die Wallfahrtskirche auf dem Kreuzberg.

Hier wenden wir uns nach rechts und passieren eine Bank. Ein paar Schritte weiter gabelt sich der Weg dreifach. Wir verlassen den Krönungsweg und nehmen von den drei Möglichkeiten den linken, nicht asphaltierten Waldpfad. Sofort zieht uns wieder der einsame Wald in seinen Bann. Im spitzen Winkel mündet der Pfad auf einen anderen Waldweg, dem

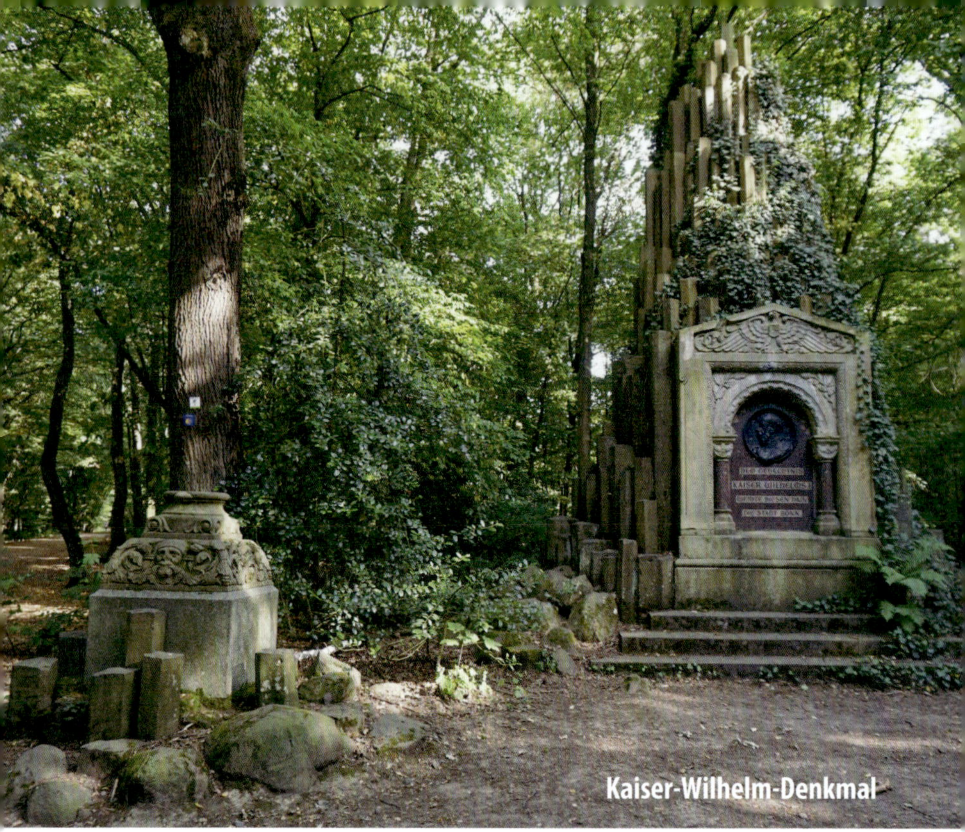

Kaiser-Wilhelm-Denkmal

wir schräg rechts folgen. Bisher gab es kaum Gefälle. Nun beginnt der Abstieg nach Poppelsdorf. Duftender Kiefernwald umgibt uns, die Sonne malt helle Flecken auf den mit Zapfen übersäten Waldboden. Es geht immer geradeaus den Berg hinab.

Bald werden Straßengeräusche vernehmlich, wir kommen der Zivilisation wieder näher. Bei einem alten Torpfeiler mit einem grünen Zaun sind wir am Gelände des Marienhospitals angelangt. Wir halten uns schräg rechts (nicht durchs Zauntor!) und laufen auf **Am Marienhospital** bis zur Robert-Koch-Straße hinab.

Wir wollen geradeaus einem Treppenweg folgen, sollten die viel befahrene Straße aber besser weiter links an der Ampel überqueren. Steil abwärts bringt uns der **Hospitalweg** zur **Heinrich-Lützeler-Straße.** Dort angekommen, biegen wir kurz darauf links in die **Reh-**

fuesstraße ein. In der 90 Grad-Kurve der Straße zweigt links ein Pfad ab, der uns zwischen Hecken hindurch und beim nächsten Abzweig rechts an Kleingärten vorbei bis zur **Clemens-August-Straße** bringt. Aus der Abgeschiedenheit des Naturpfads kommend, stehen wir unvermittelt im Trubel des Geschäftszentrums von **Poppelsdorf,** das vor allem wegen seiner Vielzahl von Restaurants sehr beliebt ist. Wer mag, kann 100 Meter weiter rechts im **Eiscafé Granatella** ⑤ eine Erfrischungspause einlegen. Der Familienbetrieb bietet Eis, Kaffee und Kuchen oder Cocktails in freundlicher Atmosphäre. Im Sommer kann man auf der Terrasse Platz nehmen.

Nach Überqueren der **Clemens-August-Straße** biegen wir in den **Wallfahrtsweg** ein. Der Anstieg zum Kreuzberg beginnt, wir fliehen bereitwillig zurück in ruhigere Gefilde. Am Friedhof angekommen, nehmen wir halb rechts den **Stationsweg,** der uns durch einen Hohlweg an den Kreuzwegstationen vorbei zum Berg bringt. Oben, an einem Transformatorkasten, empfiehlt sich ein Abstecher nach rechts zu zwei Bänken,

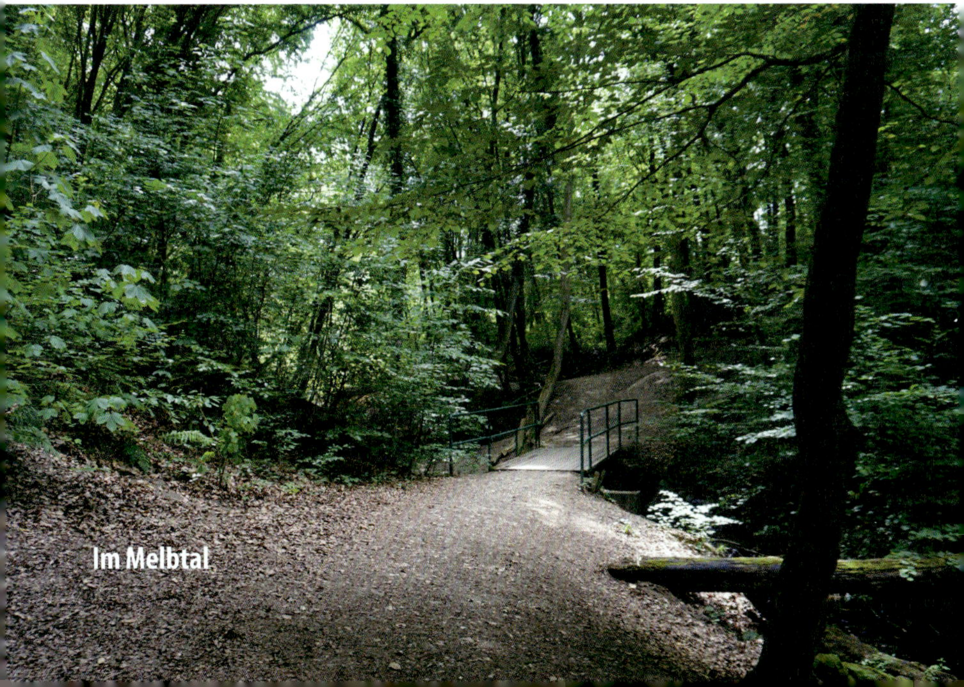

Im Melbtal

von wo wir bei gutem Wetter einen grandiosen **Fernblick** bis zum Kölner Dom haben. Schon dafür hat sich der Aufstieg gelohnt.

Nun sind es nur noch wenige Schritte bis zur Wallfahrtsstätte Kreuzbergkirche mit der **Heiligen Stiege.** 6 Für die Besichtigung sollte man sich etwas Zeit nehmen. Die Heilige Stiege befindet sich an der Kopfseite des Gebäudes. In die Kirche dahinter gelangt man über den Hof.

Gegenüber der Kirche steigen wir auf der **Kreuzbergallee** den Berg wieder hinab. Vor unseren Augen erhebt sich der Venusberg mit seinem rot-weißen Sendemast. Wir flanieren gemütlich bis zur Trierer Straße und überqueren sie. Geradeaus geht es in den **Melbweg** hinein. Nach dem letzten Wohnhaus wird die Straße zum Waldweg und wir erreichen das wunderschöne, urwaldartige **Naturschutzgebiet Melbtal.** 7 Wir tauchen erneut, alle Sinne gespannt, unters Blätterdach ab, lauschen auf Vogelstimmen, das Rauschen der Baumwipfel oder das Plätschern des Melbbaches, der im Volksmund auch Engelsbach genannt wird. Seine Unberührtheit macht das Melbtal zu einem besonderen Ort. Es geht über Brücken und Stege, abwechselnd hüben und drüben, stets entgegen der Fließrichtung des Baches.

Kurfürst Ferdinand von Köln ließ 1627/28 auf dem Kreuzberg eine Kirche erbauen und stiftete das Gnadenbild der schmerzensreichen Mutter sowie eine Kreuzreliquie. Die Heilige Stiege, 1746 bis 1751 errichtet, erinnert an die Scala Santa in Rom.

Schließlich wird das Tal enger und der Pfad steigt leicht an. Nachdem wir an einem grünen Maschendrahtzaun entlanggelaufen sind, überqueren wir ein letztes Mal auf einer Brücke mit Geländer das nunmehr kleine Bächlein und steigen den Hang hinauf. Der Weg führt an einem Sportplatz vorbei. An einem **Parkplatz** wenden wir uns nach rechts und eine idyllische Waldpassage schließt sich an. Kleine Trampelpfade zweigen rechts und links ab, doch wir bleiben stets geradeaus, bis zu einem Querweg. Entlang des Jägerzauns, der zur Jugendherberge gehört, wandern wir nach rechts, steigen zum Bach hinab und überqueren ihn.

Direkt dahinter geht es links und auch an einer

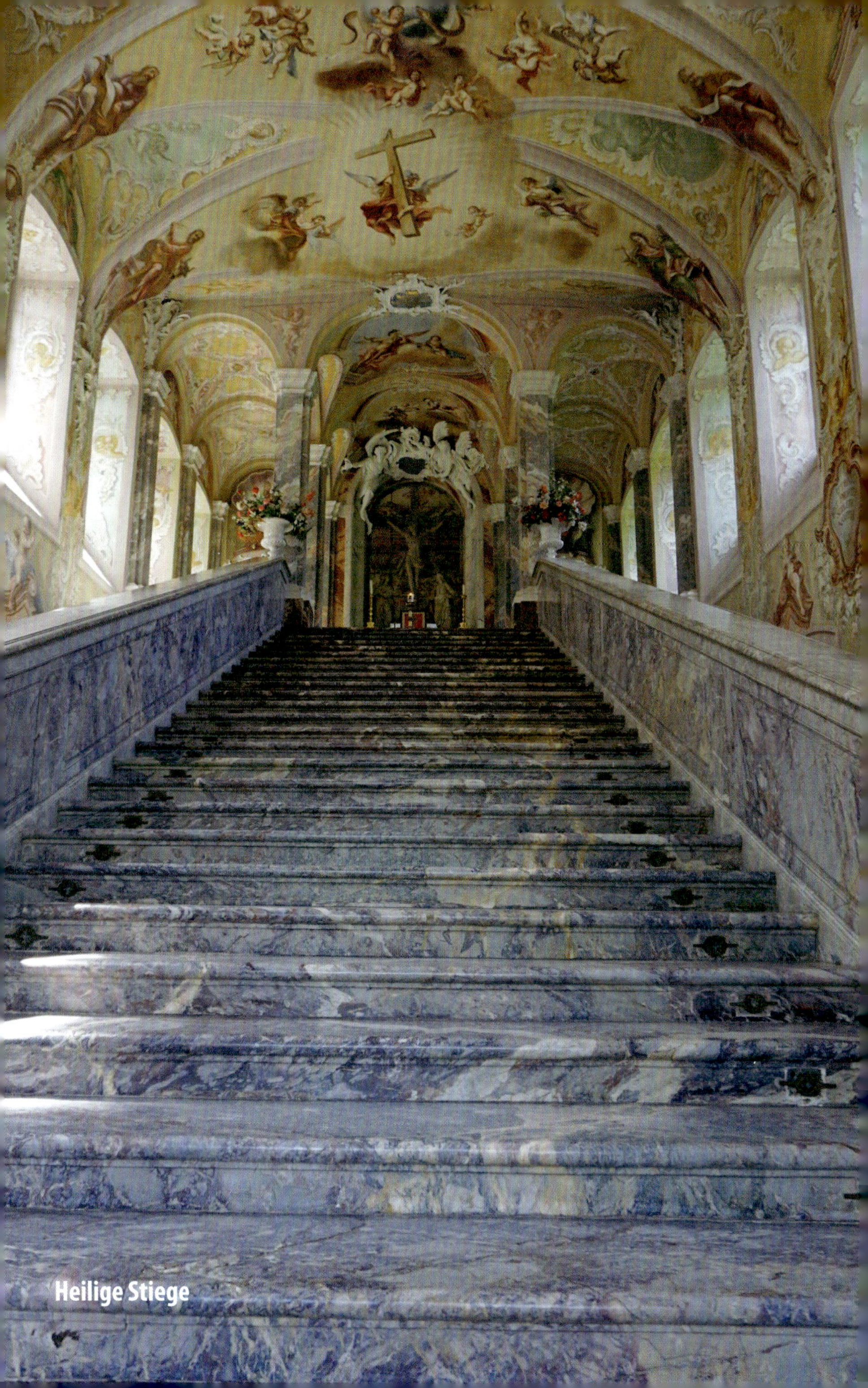

Heilige Stiege

Lichtung halten wir uns wieder links. So folgen wir noch ein wenig dem kaum mehr sichtbaren Bachlauf. Langsam verabschiedet sich der Wald. Hohe Hecken säumen die Sportstätten, die rechter Hand liegen. Zum Sportclub gehört das **Restaurant Sabor** ⑧, in dem wir es uns bei mediterranen Speisen gut gehen lassen können.

Das letzte Stück des Weges führt entlang eines Parkplatzes und durch die **Saalestraße**, der wir nach links bis zum **Haager Weg** folgen **(Bushaltestelle Saalestraße).** Nun sind es nur noch ein paar Meter nach links, dann können wir schon rechts den Zuweg **An der Waldau** einschlagen und zum Parkplatz zurückkehren.

Zum Abschluss des schönen Wandertags bietet sich eine Einkehr im **Gasthaus Waldau** ⑨ an.

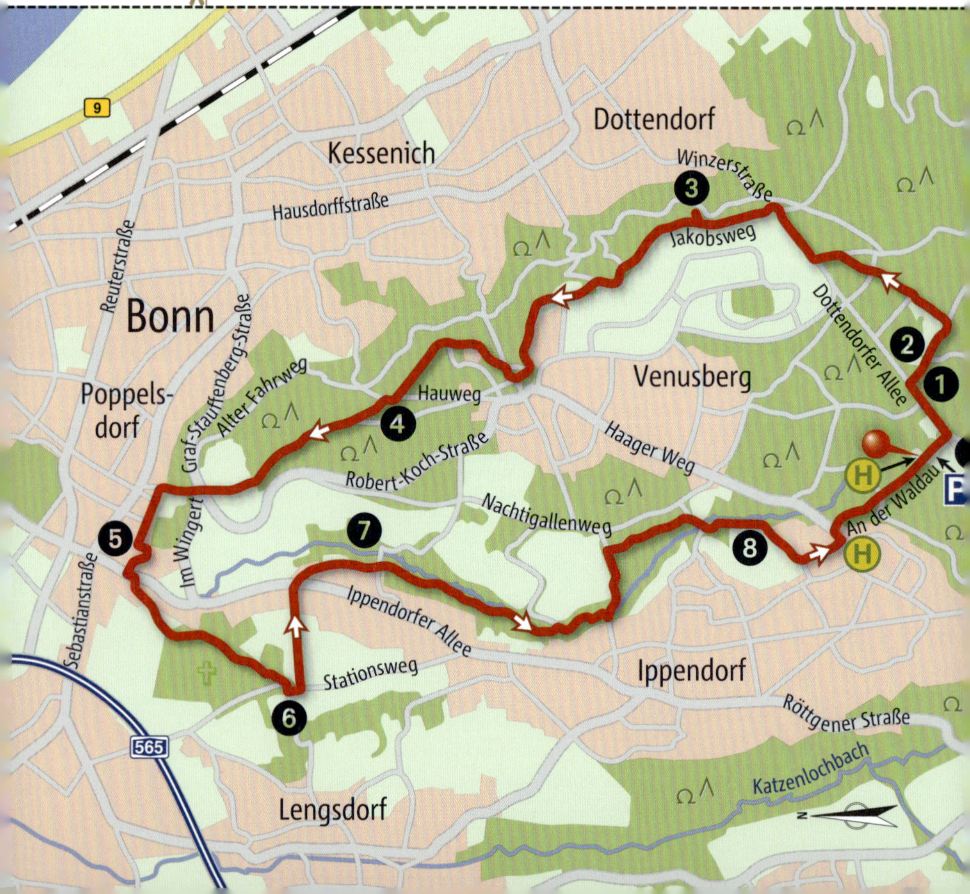

Alles auf einen Blick

WIE & WANN:
Schotter- und Waldwege, in Wohngegenden asphaltierte Wege; ganzjährig möglich und empfehlenswert

HIN & WEG:
Auto: Parkplatz An der Waldau 50, 53127 Bonn (GPS: 50.691148, 7.094384)
ÖPNV: Ab Bonn Hbf. Bus 602 bis Waldau (Haltestelle am Startpunkt) oder Bus 600 , 602, 630 bis Saalestraße (Haltestelle an der Strecke, 550 Meter vor dem Start/Ziel)

ESSEN & ENTSPANNEN:
Granatella Eis ❺ Clemens-August-Straße 65, 53115 Bonn, Tel. (02 28) 22 03 30, www.granatella-eis.de (täglich 11–20 Uhr, Eisautomat 24/7)
Restaurant Sabor ❽ Saalestraße 30, 53127 Bonn, Tel. (02 28) 26 19 26 19 www.sabor-bonn.de (Mi.–Mo. 11–23 Uhr)
Gasthaus Waldau ❾ Dacapo Service GmbH, An der Waldau 50, 53127 Bonn, Tel. (02 28) 20 72 70 00, www.waldau-restaurant.de (Mi.–Sa. 12–23, So. ab 10 Uhr; großer Festsaal, daher an manchen Tagen geschlossene Gesellschaft – Informationen hierzu auf der Homepage)

ENTDECKEN & ERLEBEN:
Barfußpfad des Wegs der Artenvielfalt ❶
Waldau-Wildgehege ❷
Dottendorfer Jugendkreuz (Aussichtspunkt) ❸
Denkmal Kaiser Wilhelms I. ❹

Entspannung ★★★★☆
Genuss ★★★★☆
Romantik ★★★☆☆

Kreuzkirche mit Heiliger Stiege ❻ Stationsweg 21, 53127 Bonn
Naturschutzgebiet Melbtal ❼

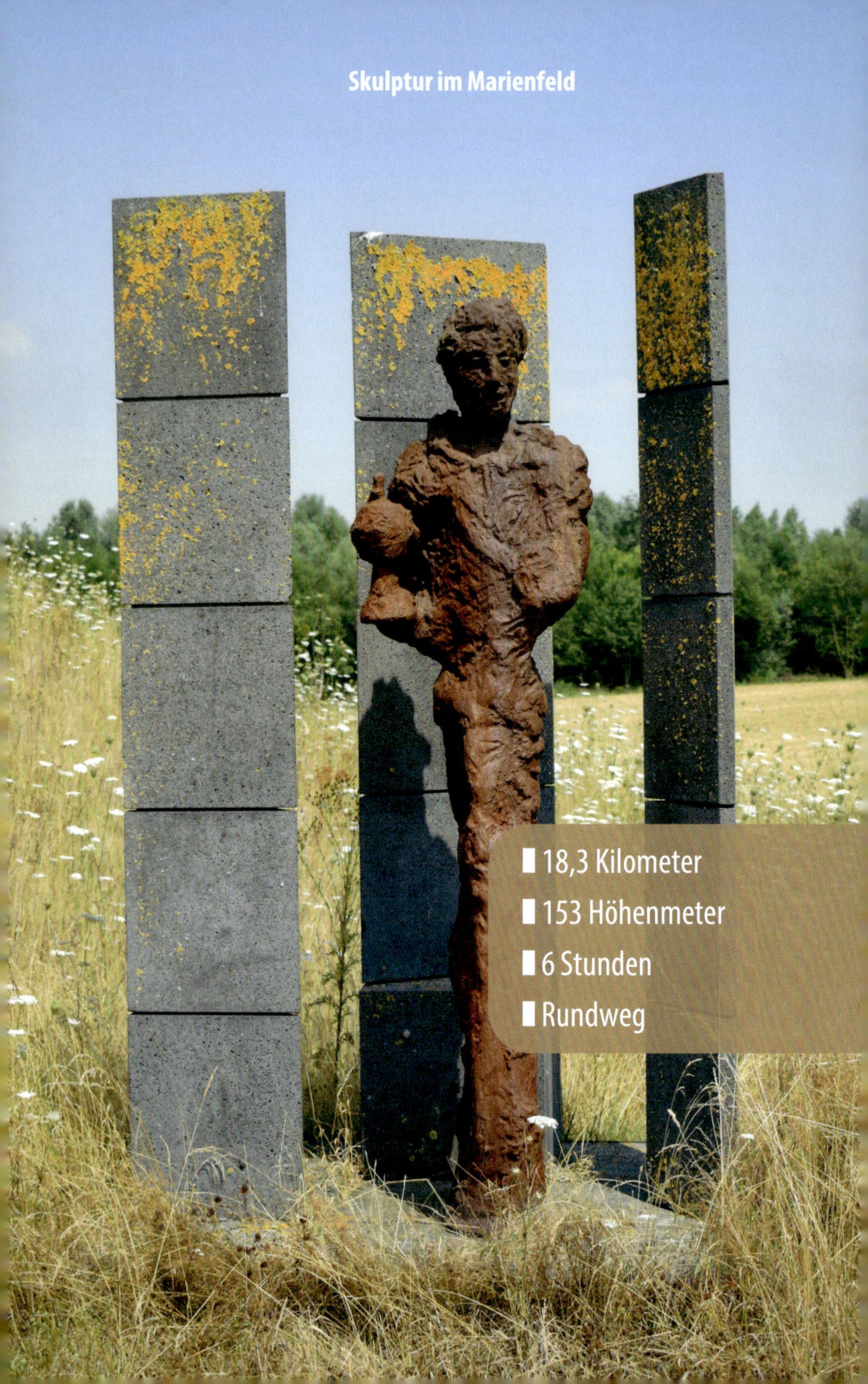
Skulptur im Marienfeld
18,3 Kilometer
153 Höhenmeter
6 Stunden
Rundweg

Vom Parkplatz biegen wir, das Plateau im Rücken, scharf rechts ab. An der folgenden T-Kreuzung gehen wir links, schauen den friedvoll weidenden Pferden des benachbarten Gestüts zu und erreichen ein **Gedenkkreuz.** ❶ Hier befand sich bis 1956 der Ortskern von **Mödrath.**

Wir erreichen eine **Spiel- und Picknickwiese.** Hier wurden 20 Bäume gepflanzt, Arten, die in den Jahren 1989 bis 2008 jeweils Baum des Jahres waren. In ihrem Schatten können wir an einem Picknicktisch den Proviantbeutel öffnen oder uns einfach an einen Stamm gelehnt ins Gras setzen. Unser Weg führt rechts in eine Senke, in deren fröhlich bunten Blumenwiesen sich zwischen einigen jungen Birken allerlei Insekten tummeln. Nach einem Linksbogen geht es hinauf zu einer T-Einmündung am Rand eines Ackers, dann rechts weiter auf einem Wirtschaftsweg zwischen dem Feld und dem Naturschutzwäldchen zum **Boisdorfer Kreuz.** ❷ Dort wandern wir rechts bergab zurück in das Naturschutzgebiet bis zu einer Wegkreuzung mit Rastplatz und Schutz-

In den 1950er- und 1960er-Jahren mussten die Orte Grefrath, Bottenbroich, Habbelrath, Mödrath und Boisdorf dem Braunkohlentagebau weichen. 1986 wurde der Tagebau rekultiviert. Es entstanden Wald- und Ackerflächen – und ein attraktives Naherholungsgebiet.

Vergänglichkeiten

Vom Marienfeld zum Kerpener Bruch

dach. Rechter Hand liegt der **Boisdorfer See.** ❸ Vor allem im Winter geht eine ganz besondere Ruhe von ihm aus, wenn wir uns die Zeit nehmen, am Ufer zu verweilen und die Wasservögel zu beobachten.

Wir gehen nun links von Rastplatz und Schutzdach auf dem breiten Weg weiter und geradeaus über eine Kreuzung hinweg bis zum Waldrand. Von dort

Der 24 Meter tiefe Boisdorfer See ist ein Tagebaurestsee, der bei der Rekultivierung des Tagebaus in einer Geländemulde angelegt wurde. Er bietet heimischen Vögeln ein geschütztes Zuhause. Mit etwas Glück bekommen wir einen Zwergtaucher oder Kormoran zu sehen.

wandern wir rechts am Rand des Marienfeldes entlang. Wir entdecken in der Ferne das Kreuz auf dem Papsthügel, bei diesen Entfernungen werden die Dimensionen des Weltjugendtages deutlich, denn im August 2005 besuchten mehr als eine Million Menschen die Abschlussmesse mit dem neu gewählten Papst Benedikt XVI. auf dem Marienfeld.

Nach etwa 1 Kilometer stoßen wir auf einen Querweg. Diesem folgen wir nach rechts bis zur Kreuzung am Fürstenberggraben, der in der Vegetationszeit oft nur an der Infotafel in der Gabione (dem Steinekäfig) erkennbar ist, laufen dort noch geradeaus und nehmen an der nächsten **Wegkreuzung** (hierher kommen wir nachher wieder, nach rechts ist eine **Abkürzung** von etwa 2,4 Kilometern möglich) den Asphaltweg nach links. Er bringt uns an den Waldrand. Dort folgen wir rechts einem Schotterweg. Wo er einen Linksbogen in den Wald macht, laufen wir auf einer aufgelassenen, halb überwucherten Straße der ehemaligen Brikettfabrik Fürstenberg geradeaus leicht bergan.

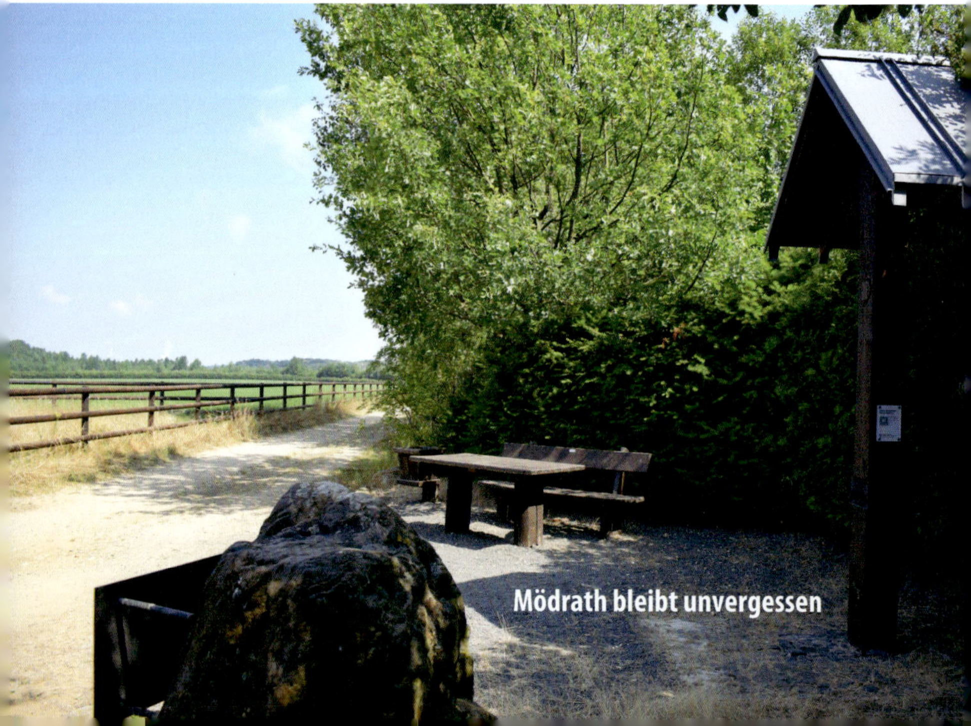

Mödrath bleibt unvergessen

Vom Marienfeld zum Kerpener Bruch

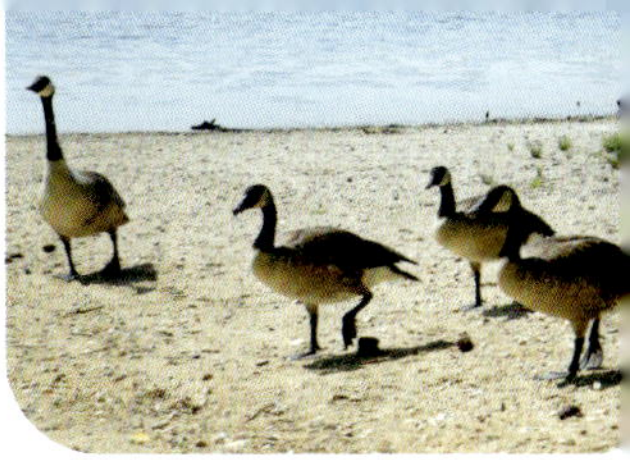

Nach etwa 300 Metern geht es rechts auf einem Waldweg unter einer grün-weißen Schranke hindurch. Der Weg verläuft zunächst oberhalb des **Fürstenbergmaars** ❹, dann durch zwei Spitzkehren hinab zum Maar, dort nach rechts. An der Kreuzung lohnt ein Mini-Abstecher links hinab zu einer kleinen Bucht. Selbst im Hochsommer ist es dort still, wir können Wasserläufer und seltene Libellenarten beobachten.

Wir gehen rechts (also vom Maar kommend geradeaus) auf einem Naturpfad zurück zum Marienfeld. Dem Schotterweg folgen wir etwa 250 Meter. Im Mai blüht auf dieser Strecke der Ginster leuchtend gelb. Dort wandern wir zwischen den Feldern nach links parallel zum Fürstenberggraben weiter. Unser Grasweg endet an einem Asphaltweg, diesem folgen wir nach rechts zu der **Wegkreuzung** von vorhin.

Hier biegen wir links ab und folgen dem Asphaltweg bis zu einer **Sitzbank.** Dort geht es rechts auf einem Schotterweg weiter, den wir an einer Infotafel verlassen, um eine kleine Tour über den **Papsthügel** ❺ zu unternehmen. Wir folgen einem Pfad bergauf an

Der flache See im Zentrum des Naturschutzgebiets Fürstenbergmaar lässt auf Vulkanismus schließen, es handelt sich aber um einen naturnah angelegten Tagebaurestsee. Im dichten Wald- und Buschland fühlen sich feuchtigkeitsliebende Pflanzen und Tiere wohl.

Für die Seele

Wir begegnen der Vergänglichkeit, aber auch der Kraft der Erneuerung: Ein Tagebau verschlang einst ganze Dörfer und wich inzwischen selbst Feldern und Wäldern.

den **Dreikönigsstelen** entlang. 2009 fertigte der Düsseldorfer Bildhauer Professor Thomas Kesseler sie aus Stahlguss und Stein. Die drei Stelen sollen als Meditationspunkte dienen. Der jüngste König ganz unten trägt das Gold als Symbol für all das Kostbare, das unser Leben ausmacht. Der zweite König erinnert mit der Myrrhe an die Schattenseiten, die Leiden,

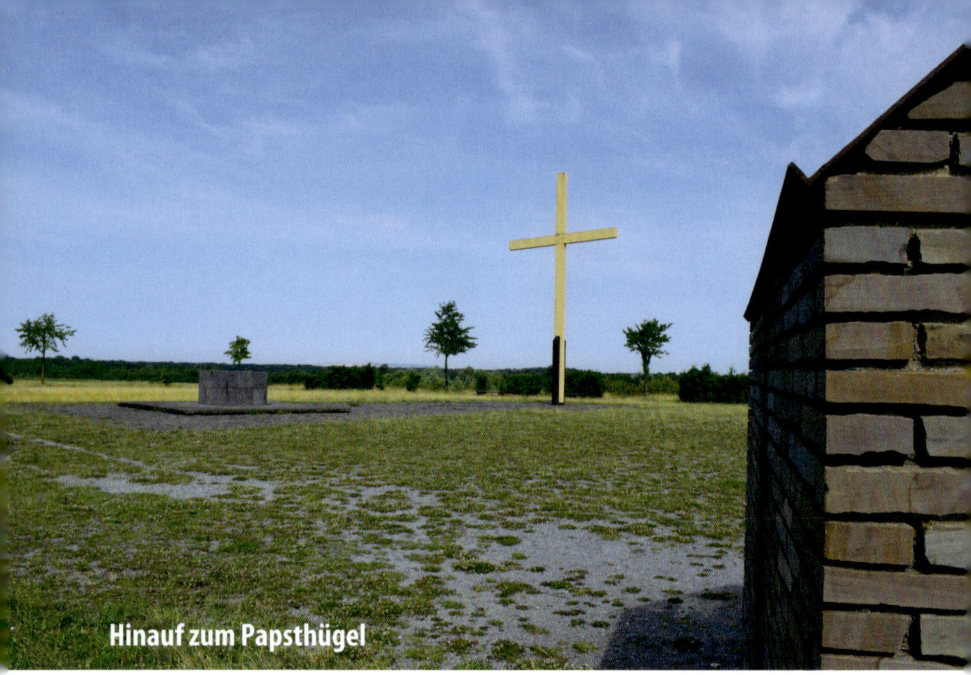

Hinauf zum Papsthügel

Der ehemalige Kölner Kardinal Joachim Meisner nannte den Papsthügel „Berg der Nationen", denn Vertreter aus 70 Ländern brachten Anfang 2005 Erde aus ihrer Heimat mit und schütteten damit einen 10 Meter hohen Hügel auf, der Platz für etwa 2000 Menschen bot.

und deren heilende Kraft. Der König gleich unterhalb des Altars bringt den Weihrauch und lädt zum Nachdenken über die Suche nach Christus ein.

Auf dem Gipfel erreichen wir zuerst die **Marienkapelle** aus dem Jahr 2009, die eine schwarze Madonna mit Kind beherbergt, danach den Altar und das hohe Kreuz, das an die Abschlussmesse des XX. Weltjugendtages erinnert.

Nach einer besinnlichen Rast mit schöner Aussicht über das gesamte Marienfeld wandern wir auf dem breiten Weg den Papsthügel hinab. Hinter den Sitzbänken am Fuß des Hügels geht es rechts weiter, der Markierung mit **gelben, roten, grünen und blauen Pfeilen** folgend. An der nächsten Kreuzung wenden wir uns nach links **(roter Pfeil).** Wo auf der linken Seite zwei Bänke stehen, ragt rechts ein **Balkon** ins Grün. Hier konnte man in den ersten Jahren der Rekultivierung bis zum Boisdorfer See schauen, später immerhin zu den drei Tümpeln am Fuß dieses Aussichtspunkts, inzwischen schauen wir hier ganz entspannt ins Grüne. Nur auf Zehenspitzen oder im Winter ist das Wasser noch zu erahnen.

An allen folgenden Kreuzungen und Einmündungen laufen wir geradeaus (an der ersten Kreuzung rechts würde es wieder zum Boisdorfer See gehen) und folgen dem Weg durch einen Linksbogen zu einer **versetzten Kreuzung.** Dort gehen wir vor einem Schutzdach links, passieren ein Schott und kommen über eine **Brücke** zu einer Wegkreuzung. Hier ginge es rechts direkt zur Burg Mödrath. Wer noch Kraft und Lust für weitere 6 Kilometer hat, kommt mit nach links zum Kerpener Bruch.

Wir laufen neben dem Randkanal bis zu einer Kreuzung, gehen rechts und überqueren vorsichtig die Landstraße. Geradeaus führt der Weg, mit **K1** markiert, an einer weiten Auenwiese entlang. An einer T-Kreuzung schwenken wir links auf einen kombinierten Rad- und Fußweg Richtung **Naturschutzgebiet Kerpener Bruch** ein und wandern am Erftflutkanal entlang.

Nach gut 600 Metern wechseln wir auf einer Brücke die Kanalseite, gehen also rechts über die Brücke und folgen dem **Uferpfad** nach links über ein Schott

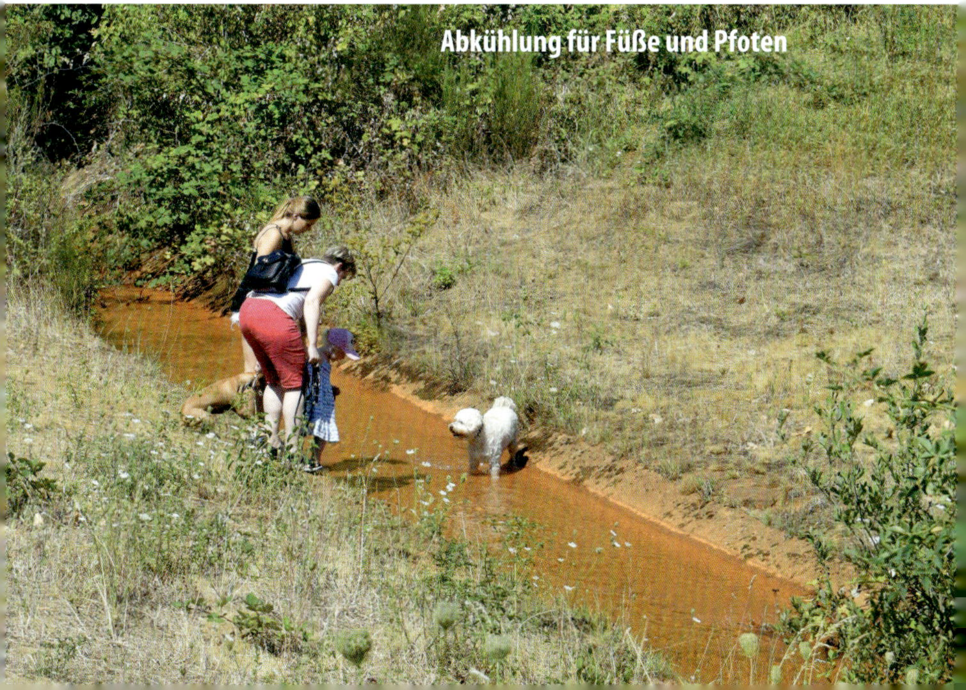

Abkühlung für Füße und Pfoten

(das Verbotsschild bezieht sich auf die eigentliche Wasseranlage, nicht auf den Fußgängersteg).

Obwohl uns nur die kanalisierte Erft von den bewirtschafteten Äckern trennt, hören wir auf diesem Naturpfad Vogelstimmen und knackendes Unterholz. Ob das wohl ein Mauswiesel war? Oder ein Blesshuhn?

Im Sommer fallen die pinken Blüten des Drüsigen Springkrauts auf, das eigentlich im Himalaya beheimatet ist. Es zählt zu den Neobiota oder Neophyten, zu den „Neubürgern“, die absichtlich oder versehentlich aus anderen Lebensräumen eingeführt wurden und heimische Arten verdrängen können.

Wassererlebnis an der Gymnicher Mühle

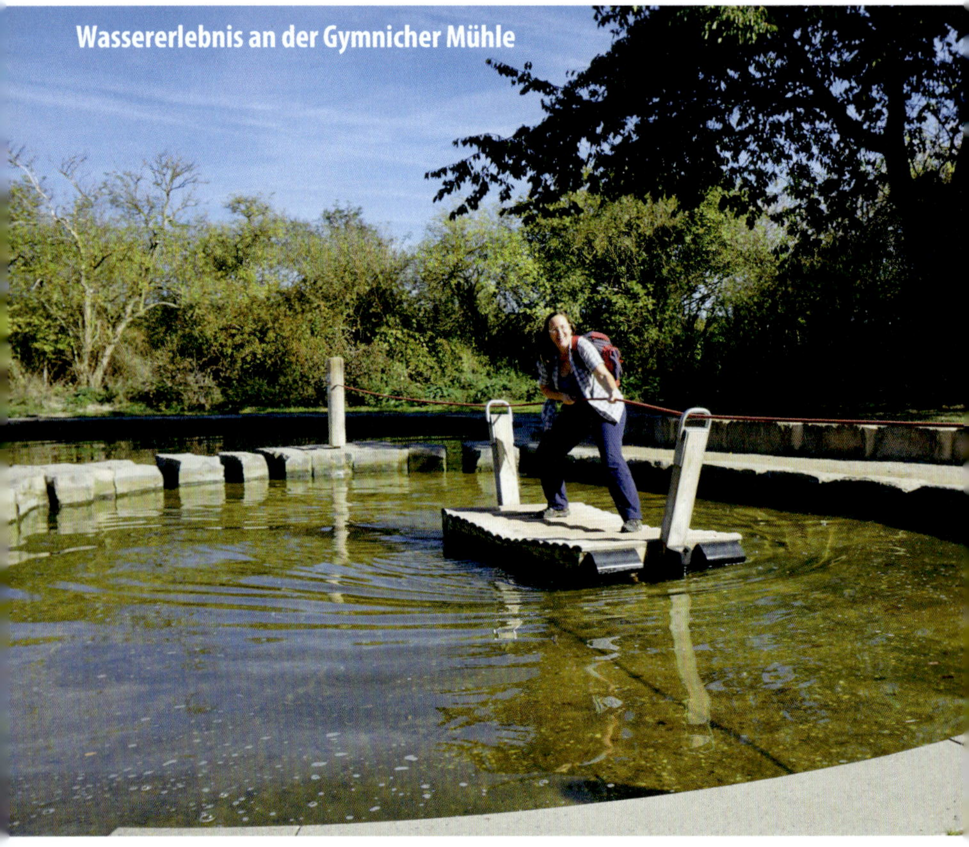

Wir überqueren ein verlandetes Schott und folgen einem Wiesenweg nach rechts. Geradeaus unter der B 264 hindurch wäre für Hungrige ein **Abstecher** zur Einkehrmöglichkeit im **Schloss Türnich** 6 möglich.

Dicke Holzpfähle mit blauen Fußgängerweg-Schildern führen uns durch die Auenwiese zu einer Brücke über die **Kleine Erft.** Dahinter schwenkt der Weg etwas nach rechts. Vor dem Beginn eines Asphaltweges (der linke Weg führt zum **Naturparkzentrum Gymnicher Mühle** 7) biegen wir rechts ab und folgen einem Pfad in den Bruchwald. Eschen, Ulmen und Stieleichen bestimmen das Bild in diesem Hartholzauenwald, der früher durch aus dem Boden brechendes Grundwasser zum Teil wochenlang unter Wasser stand. Der Braunkohlentagebau brachte Grundwasserabsenkungen mit sich. Bruchereignisse sind deshalb nicht mehr möglich und es ist abzusehen, dass sich auch die Vegetation ändern wird. Zäune machen an einigen Stellen deutlich, wo der Mensch in diesem Naturschutzgebiet nicht erwünscht ist. Hier erfreut sich eine Reiherkolonie an einer Vielzahl verschiedener Schnecken, Muscheln und anderer Leckerbissen.

Wir kommen an eine Kreuzung mit vier uralten Kastanien. Sie sind der Überrest einer **Kastanienallee** 8**,** die einst zur Broichmühle führte. Wir biegen rechts ab und nehmen an der darauffolgenden Gabelung den Forstweg nach links. Es geht durch Laubwald. Auf einer Lichtung fällt uns ein vom Blitz getroffener Baum auf, an dem noch gut zu sehen ist, dass der Strom spiralig durch den Stamm geflossen ist. Dahinter folgen wir rechts einem schmaleren Weg zur Kleinen Erft, die wir auf einer **Brücke** überqueren. Von dort führt uns ein Pfad zum Erftflutkanal und dort links zu einem **Aquädukt** 9**,** auf dem die Kleine Erft den Kanal überquert. Wir fragen uns, warum es statt einer simplen Mündung diese komplizierte wasserbauliche Konstruktion sein musste. Auch wenn in den Karten „Erft“ steht, ist es der vor mehr als 150 Jahren gebaute Erftflutkanal. Damals wie heute sind Flussmündungen in Kanäle unüblich, damit der Wasserstand besser kontrolliert werden kann.

Wir gehen rechts auf dem Aquädukt zu einem Rad-/Fußweg, dann links auf einer **Brücke** über die kleine Erft und neben dem Kanal bis zur Straße L 162. Diese überqueren wir und gelangen an **Bushaltestellen** vorbei **(hier steigen die Wanderer in die Tour ein, die mit öffentlichen Verkehrsmitteln gekommen sind)** zur L 163, die wir ebenfalls queren. Geradeaus passieren wir **Burg Mödrath ⑩**, das einzige Überbleibsel des alten Mödrath, wo heute Ausstellungen zeitgenössischer Künstler stattfinden. Kurz darauf erreichen wir am Reiterhof rechts unseren Startpunkt.

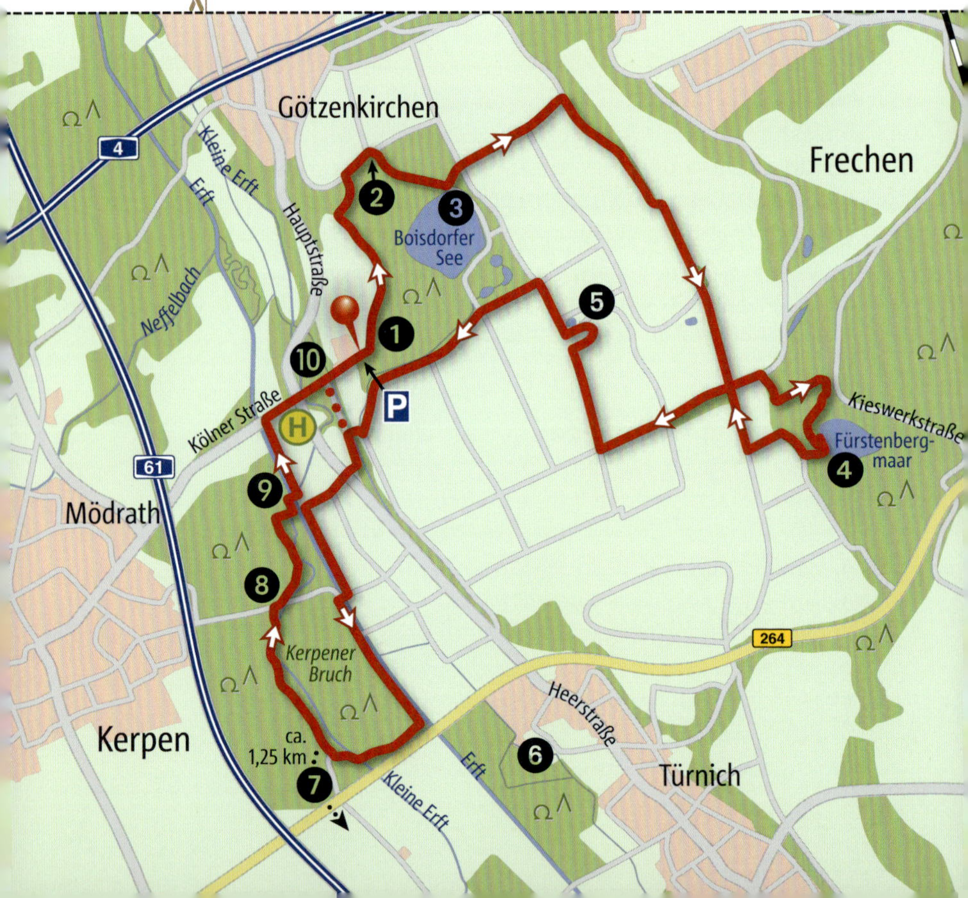

Alles auf einen Blick

WIE & WANN:
Waldwege, Naturpfade und landwirtschaftliche Wege; ganzjährig möglich und empfehlenswert

HIN & WEG:
Auto: Wanderparkplatz Marienfeld, An Burg Mödrath, 50171 Kerpen (GPS: 50.885959, 6.724403)
ÖPNV: Ab Sindorf Bf. Bus 711, ab Buir Bf. oder Horrem Bf. Bus 976 bis Marienfeld

ESSEN & ENTSPANNEN:
Keine Einkehrmöglichkeit unmittelbar an der Strecke; mit einem Umweg von etwa 2,5 km erreichbar:
Café Schloss Türnich ❻ Schloss Türnich 1, 50169 Kerpen-Türnich, Tel. (0 22 37) 97 46 91, www.schloss-tuernich.de (Apr. bis Okt. Mi.–So. 11–18, Nov. bis März Fr.–So. 11–17 Uhr)

ENTDECKEN & ERLEBEN:
Gedenkkreuz Mödrath ❶
Boisdorfer Kreuz ❷
Boisdorfer See ❸
Fürstenbergmaar ❹
Papsthügel ❺ mit Dreikönigsstelen und Marienkapelle

Entspannung ★★★★☆
Genuss ★★★☆☆
Romantik ★★★★☆

Naturparkzentrum Gymnicher Mühle ❼
Gymnicher Mühle 1, 50374 Erftstadt-Gymnich, www.naturparkzentrum-gymnichermuehle.de
Kastanienallee ❽
Aquädukt ❾
Burg Mödrath ❿ www.haus-moedrath.de

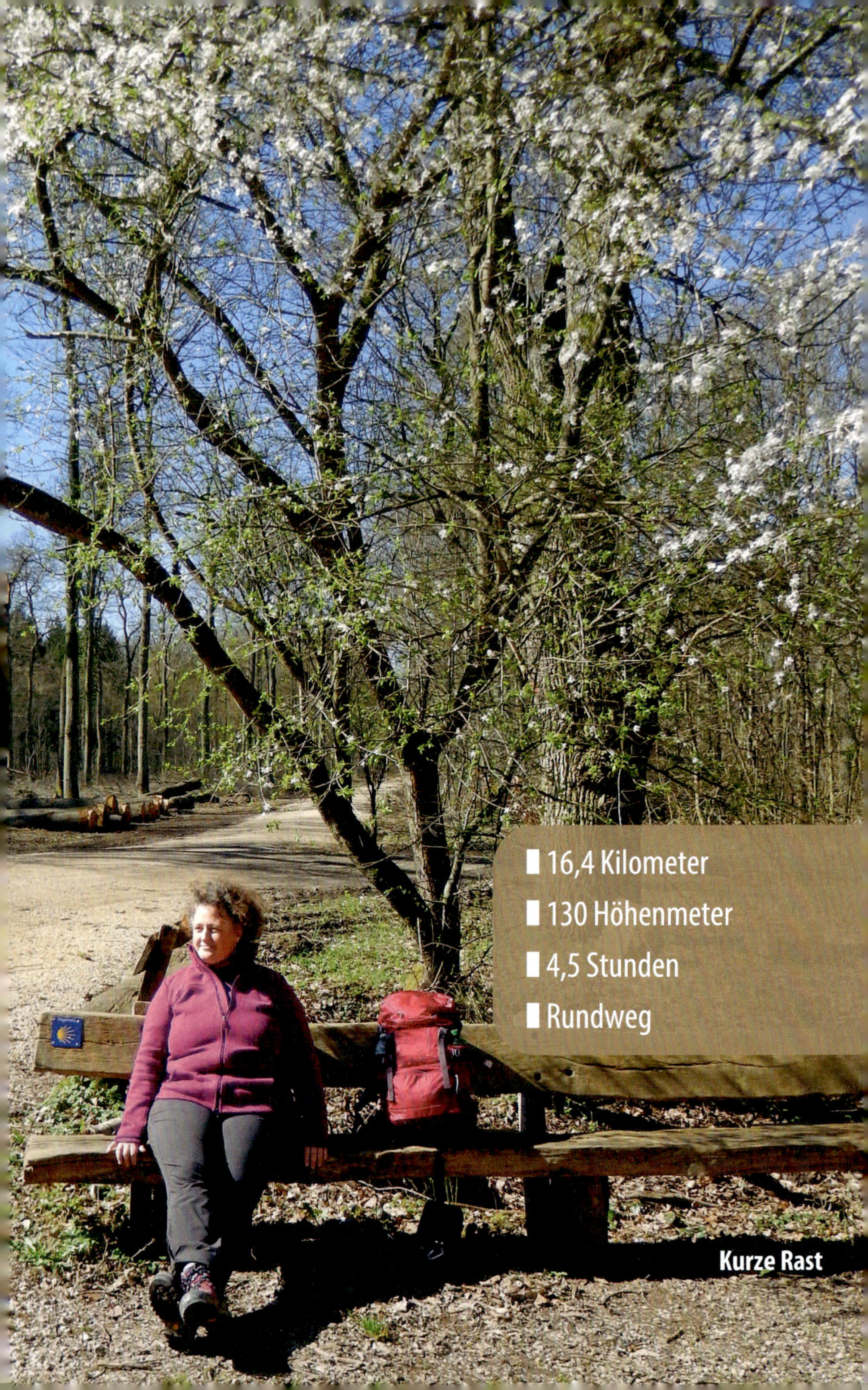

- 16,4 Kilometer
- 130 Höhenmeter
- 4,5 Stunden
- Rundweg

Kurze Rast

Wir starten am **Parkplatz Lohhecke** und gehen auf den einige Meter entfernt liegenden Ruheplatz mit Wegkreuz und Sitzbänken zu. Hier wenden wir uns nach links und laufen durch die schmale, wenig befahrene Straße **An den vier Wegen/Olsdorfer Bahn.** Wenn die Straße, die an ausgedehnten Pferdekoppeln vorbeiführt, eine Linkskurve beschreibt, folgen wir ihr weiter, doch halten wir uns bei der nächsten Möglichkeit rechts und an einer Bank sofort nochmals rechts (Markierung **H**, „Heimatblick-Runde"). Hier können wir einen kurzen Fernblick hinunter nach Bonn erhaschen.

Wir wandern an Streuobstwiesen und Pferdekoppeln entlang. Wer Glück hat, sieht einen Greifvogel seine Runden ziehen. Kurz darauf erreichen wir an einer Kreuzung die hübsche **Judas-Thaddäus-Kapelle** **1**, die, von zwei Bänken eingerahmt, zur stillen Rast einlädt.

Hier wenden wir uns nach rechts in die Straße **Auf dem Rott**, die nur für den landwirtschaftlichen Verkehr freigegeben ist, und folgen dem Weg **H** auf den Wald zu. Im Wald angekommen, dürfen wir dem Asphalt unter unseren Füßen Lebewohl sagen. Der

Streuobstwiesen spielen hier im Vorgebirge eine große Rolle. Mit diesem Obst wurde früher auch das Ruhrgebiet beliefert – die Gegend hieß daher die Obstkammer von Rheinland und Westfalen. Schon die Römer brachten den Obstbau ins Rheinland.

Wald & Weite

Vom Eisernen Mann zum Friedensweg

Wander- und Reitweg schlängelt sich in einigen Kurven dahin und kann nach Regen etwas matschig sein. Kleinere Abzweige ignorieren wir. Im weiteren Verlauf ist der Untergrund fester, wir wandern durch einen Kiefernmischwald. Hohe Baumriesen, aber auch einzelne der so eigentümlich geformten Kopfbuchen, ziehen unsere Blicke auf sich.

Wir erreichen die Schutzhütte **Zum Sanger Kreuz.** Ein Wegweiser leitet uns nach rechts Richtung **Eiserner Mann,** was unser nächstes Zwischenziel sein wird. Der Weg verläuft teilweise schnurgerade durch einen abwechslungsreichen Mischwald. Kurze Areale dichten Fichtenbewuchses wechseln sich ab mit lichtem Buchenmischwald oder Bereichen voller junger Birken- und Erlenschösslinge, die auf sumpfigem Grund stehen. Unsere Sinne werden angeregt vom Rauschen in den Baumkronen, von den Sonnenstrahlen, die ihre Lichtspiele auf die Moospolster zaubern, und vom fröhlichen Vogelgezwitscher. Neben den bekannten Singvögeln kann man hier auch den scheuen Schwarzspecht bei der Arbeit hören und mit Glück sogar beobachten. Dem aufmerksamen Wanderer werden die Löcher und Höhlen an Totholzbäumen auffallen.

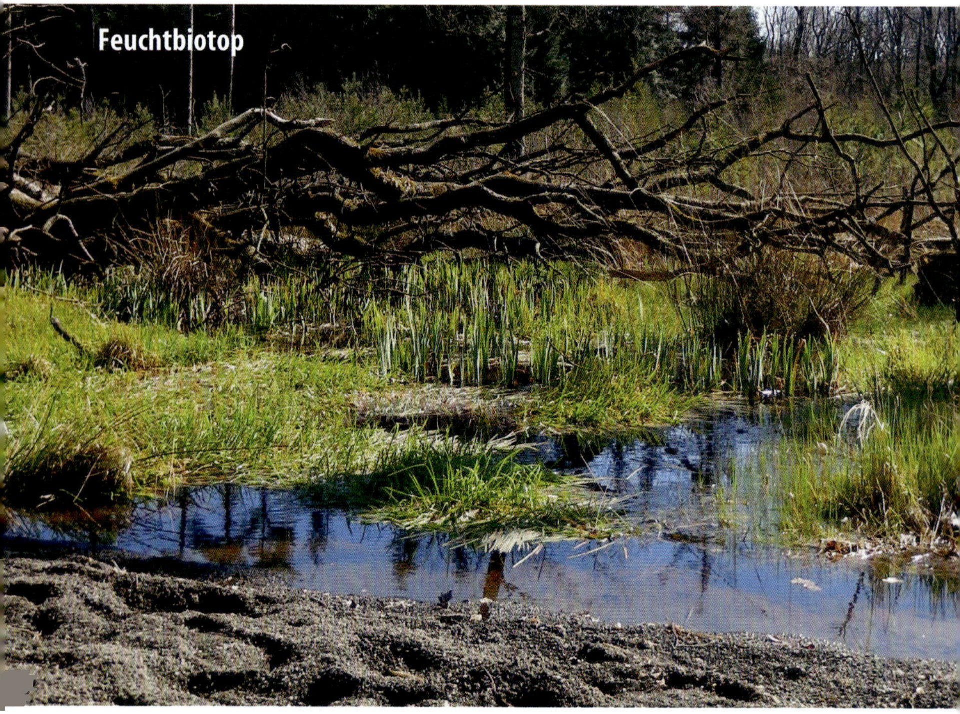
Feuchtbiotop

Vom Eisernen Mann zum Friedensweg

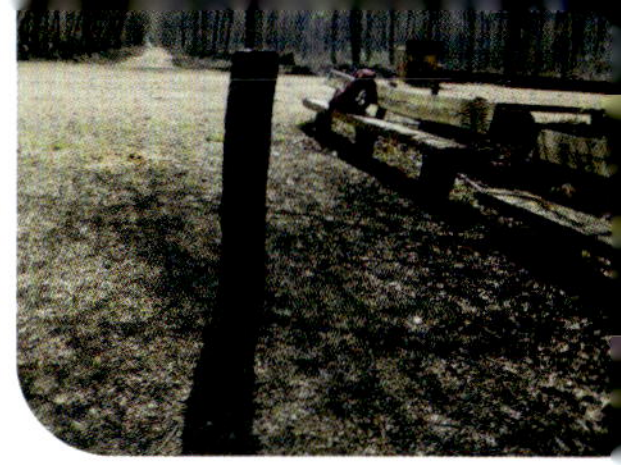

An der nächsten großen Kreuzung gegenüber einer **Schutzhütte** mündet unser Weg auf die sogenannte **Breite Allee.** Hier biegen wir nach rechts ab. Der gerade Weg ist heute keine Allee mehr, wird aber linker Hand noch von Lärchen gesäumt, die im Spätherbst mit ihrer gelben Färbung der Landschaft einen schönen Farbtupfer verleihen, bevor sie ihre Nadeln abwerfen.

Wir erreichen nach kurzer Zeit die nächste Schutzhütte mit dem Namen **Waldkrankenhaus.** Hier verlassen wir Weg H und folgen den Hinweisschildern für den Radweg nach links Richtung **Eiserner Mann.** Am linken Wegesrand breitet sich nun ein wunderschönes Feuchtbiotop aus. Gefällte Baumriesen dürfen im sumpfigen Untergrund liegen bleiben und den Kleinstlebewesen als Nahrung dienen. Wenn die Sonne scheint, glitzert sie auf dem Wasser zwischen den verschiedenen Grüntönen der Binsen- und Liliengewächse. Libellen schweben umher – eine zauberhafte Atmosphäre.

Der Eiserne Mann ist ein 2,18 Meter langer Roheisenbarren, der etwa einen Meter aus dem Boden ragt. Gusstechnik und -form lassen auf eine Herstellung im späten Mittelalter schließen. Man vermutet, dass es sich um eine Grenzmarkierung handelt.

Wir erreichen eine Hinweistafel zum **Aufschluss Nr. 41** am Römerkanalwanderweg. Doch zunächst lockt der **Abstecher** zum sagenumwobenen **Eisernen Mann.** ②
Dafür gehen wir geradeaus auf einem Waldweg weiter, bis wir nach ein paar Kurven eine große, helle Kreuzung erreichen. Eine Hütte und Picknickplätze laden zu einer Pause ein.

Danach wollen wir unsere Wanderung für einige Zeit auf dem **Römerkanalwanderweg** fortsetzen. Er ist

Für die Seele

Durch den schattigen Kottenforst zu Relikten alter Zeiten. Weitblick auf dem Panoramaweg weitet die Seele. Tief berührt uns der Friedensweg am jüdischen Friedhof.

Der Kamelleboom: Bäuerinnen aus Dörfern an der Swist verkauften einst ihre Waren in Köln. Auf dem Rückweg kamen ihnen an der Kreuzung im Wald ihre Kinder entgegen und sie warfen die mitgebrachten Süßigkeiten („Kamelle") durch den hohlen Stamm einer Eiche.

mit einem **stilisierten Querschnitt des Kanals** markiert. Wir richten uns nach der Ausschilderung Richtung **Brühl/Bornheim** und gehen zunächst ein kurzes Stück den Weg zurück, den wir gekommen sind. An der Aufschlussstelle erkennt man rechter Hand gut einen langen Graben. Es handelt sich um die Reste der von den Römern gebauten Wasserleitung, die frisches Quellwasser aus der Eifel nach Köln lieferte (siehe Tour 16, Seite 152).

Der Kanal-Markierung folgen wir über mehrere Kreuzungen hinweg, bis zu der Kreuzung am **Kamelleboom ③,** an der wir eine Sitzgruppe vorfinden.

1978 hat man in der Mitte der Kreuzung eine junge Linde gepflanzt und die Reste der alten verwitterten Eiche versetzt und mit Beton ausgegossen – eine Röhre für Bonbons gibt es auch! Und so steht das jahrhundertealte Wahrzeichen noch heute an dieser Kreuzung.

Nach eingehender Inspektion des Baumgreises folgen wir weiter der **Kanal**-Markierung bis zu einer Bank am linken Wegesrand an der Kreuzung **Am Weißen Stein.** Hier verlassen wir den Römerkanalwanderweg und biegen nach rechts ab.

Wir bleiben auf diesem Weg, bis wir aus dem Wald herauskommen. Einen Abzweig nach links beachten wir nicht weiter, sondern gehen an einer eingezäunten Wiese noch ein Stück weiter geradeaus. Der Waldweg geht in Asphalt über, wir passieren einen kleinen **Parkplatz** und biegen danach bei nächster Gelegenheit links ab. Nun befinden wir uns auf einer etwas breiteren Anliegerstraße, die wir aber beim nächsten Abzweig schon wieder nach rechts in einen schmaleren Feldweg verlassen. Hier gesellt sich das Wanderzeichen **K** („Kappesweg") hinzu, dem wir nun bis zum Aussichtsturm Fietzeks Weitsicht folgen werden.

Zwischen eingezäunten Streuobstwiesen und Weiden hindurch führt uns der Weg an Brombeerhecken entlang. Im Frühling erfreuen uns die hellen Blüten der Obstbäume und vereinzelte wilde Narzissen auf

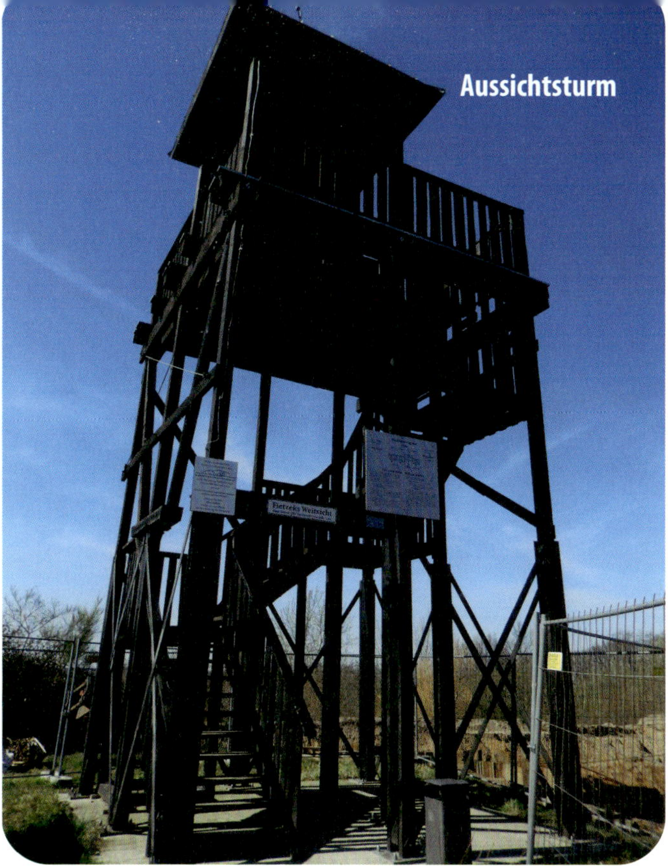

den Wiesen. Im Herbst können wir die reifen Brombeeren direkt am Wegesrand pflücken und naschen.

Wir erreichen den **Aussichtsturm Fietzeks Weitsicht.** 4 Von seiner Plattform aus eröffnet sich eine grandiose Fernsicht: links über die Höhen der Ville mit den zu Bornheim gehörenden Dörfern und über die Rheinebene bis Köln, weiter rechts auf die Abtei am Michaelsberg in Siegburg und dahinter das Bergische Land.

Sobald wir uns von dieser imposanten Aussicht losreißen können, biegen wir unterhalb des Turms am Wegweiser nach rechts ab. Von nun an leitet uns wieder zuverlässig die Markierung **H** bis zum Friedensweg. Wir können noch lange das Panorama genießen, das sich vor uns ausbreitet, während wir auf dem **Blutpfad** wandern, einem historischen Pilgerweg.

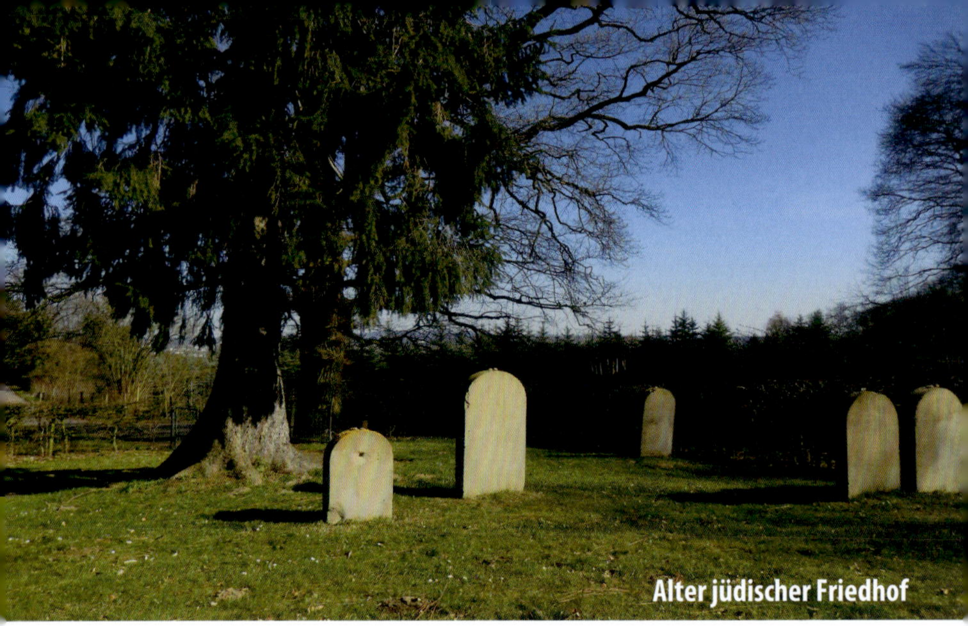

Alter jüdischer Friedhof

Mittlerweile sind auch die markanten Gipfel des Siebengebirges zu sehen. Die wenig befahrene Straße schlängelt sich vorbei an einem schönen Fachwerkhof und einem historischen Weinberg, an dem die Geschichte des Weinbaus im Mittelalter erläutert wird.

An einer etwas versteckten Bank am Wegesrand zweigt der Weg **H** nach rechts ab und verläuft auf einem steilen Fußweg. Wir steigen hinauf und gehen an der nächsten Querstraße links. Kurz vor einem Wegedreieck zweigt **H** unvermittelt vor einer Hecke nach rechts ab. Wir folgen ihm über einen Wiesenpfad. An einem hohen Bretterzaun erreichen wir den von Wilhelm Maucher (1903–1993) angelegten **Friedensweg.** 5

Der parkähnliche und mit Spruchsteinen verzierte Friedensweg verbindet den jüdischen Friedhof Alfter und die ehemalige Stelle des sogenannten Heiligen Grabes, historisches Ziel des Blutpfads.

Wir wandern den Friedensweg von der segnenden Christusfigur aus steil hinab zum **jüdischen Friedhof von Alfter.** Die nächste Querstraße überqueren wir geradeaus und verlassen die Markierung H. Wir erklimmen auf schmalem Pfad einen kleinen bewaldeten Hügel. Am Abzweig links erreichen wir den **Aussichtspunkt Böhling** 6 mit zahlreichen Bänken und einer im Wind wehenden Fahne.

Wenn es uns weiterzieht, steigen wir den **Treppenweg** hinab und halten uns auf der Anliegerstraße rechts. Wir erreichen die ersten Wohnhäuser von Alfter und biegen links in **Görreshof** ab. Sofort wenden wir uns aber wieder nach rechts in **Görreshöhle** und folgen der Straße bis zum Ende, wo sie in einen Feldweg übergeht. Den Hügel hinauf steuern wir auf eine Bank zu, an der wir links vorbei weiter geradeaus gehen. Wieder umgeben uns dichte Brombeerhecken, kurz bevor wir in ein stilles Wäldchen eintauchen, durch das hindurch wir dem steiler werdenden Pfad folgen.

Oben angekommen, stoßen wir auf zwei Bänke und ein Kruzifix. Hier gehen wir zwischen den Bänken hindurch geradeaus weiter und erreichen einen breiteren Waldweg. Bei der nächsten Gabelung nehmen wir den linken Weg und wandern an Pferdekoppeln entlang. An einem Querweg gehen wir links und laufen auf eine Weide mit einem Stall zu, die wir an der rechten Seite des hohen Zauns halb umrunden. Auf der anderen Seite der Weide biegt ein schmaler Trampelpfad nach rechts in den Wald ab, der uns unter hohen Fichten hindurch zum **Waldstadion Alfter** bringt.

Wir treten aus dem Wald auf den **Strangheidgesweg** und wenden uns nach rechts. Vorbei an einem gro-

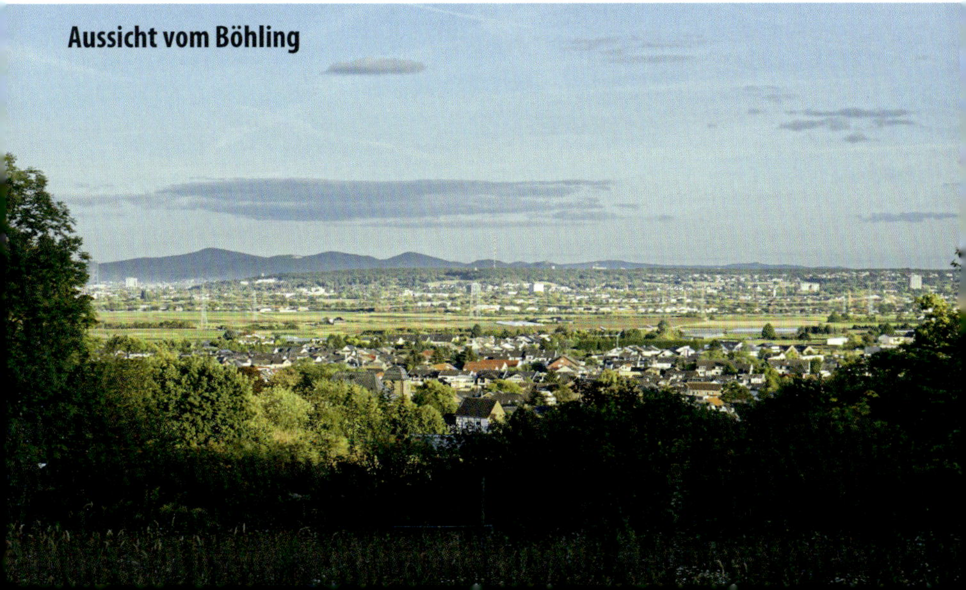
Aussicht vom Böhling

ßen Parkplatz und dem Tennisclub erreichen wir eine Kreuzung mit Bank und Wegkreuz. Hier wenden wir uns nach links auf **Olsdorfer Bahn** und kommen zurück zu unserem Ausgangspunkt.

Den ereignisreichen Wandertag können wir in Alfter im Café **Möhren & Tulpen** ⑧ ausklingen lassen. Das zwanglose und gemütliche Bistro-Café mit einem Angebot an leckeren Kuchen und vegetarischen Gerichten erreichen wir in 1,3 Kilometern über den **Lohheckenweg** bergab, der in **Tonnenpütz** übergeht. An einer kleinen Kreuzung mit Parkplatz erreichen wir die Einbahnstraße **Knipsgasse,** der wir nach links entgegen der Fahrtrichtung folgen. Das Bistro-Café liegt etwas versteckt an der Einmündung der **Lukasgasse.**

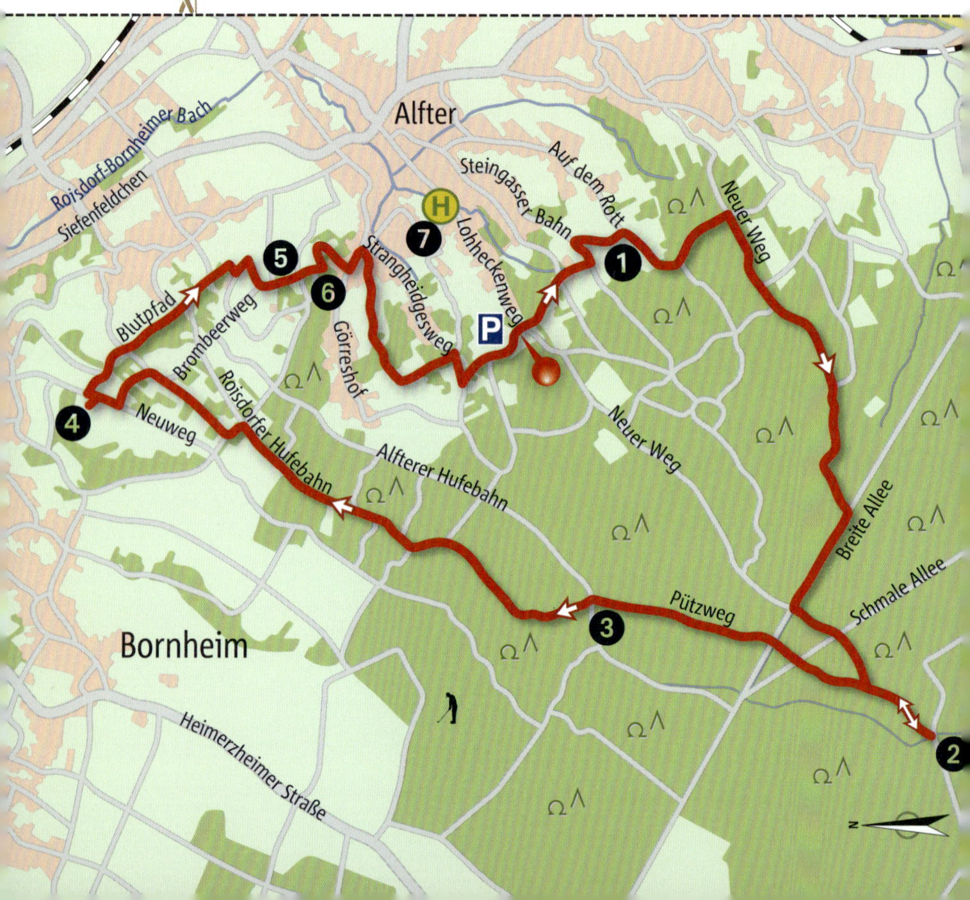

Alles auf einen Blick

WIE & WANN:
Wald-, Feld- und Wirtschaftswege, mehrere asphaltiert; ganzjährig möglich und empfehlenswert

HIN & WEG:
Auto: Parkplatz am Ende des Lohheckenwegs, 53347 Alfter (GPS: 50.729827, 6.995952)
ÖPNV: RB 48 bis Bornheim-Roisdorf (oder U-Bahn 18 bis Alfter/Alanus-Hochschule); von dort jeweils Bus 882 bis Lohheckenweg; von dort 800 m zu Fuß der Straße Lohheckenweg zum Startpunkt folgen

ESSEN & ENTSPANNEN:
Möhren & Tulpen, Café – Wein – Bistro ❼ Knipsgasse 25, 53347 Alfter, Tel. (01 51) 50 00 98 31, www.moehren-und-tulpen.de (Do.–So. 12–21 Uhr)

ENTDECKEN & ERLEBEN:
Judas-Thaddäus-Kapelle ❶
Eiserner Mann ❷
Kamelleboom ❸
Aussichtsturm Fietzeks Weitsicht ❹
Friedensweg (www.friedensweg.info) und jüdischer Friedhof Alfter ❺
Aussichtspunkt Böhling ❻

Entspannung ✸✸✸✸✸
Genuss ✸✸✸
Romantik ✸✸✸

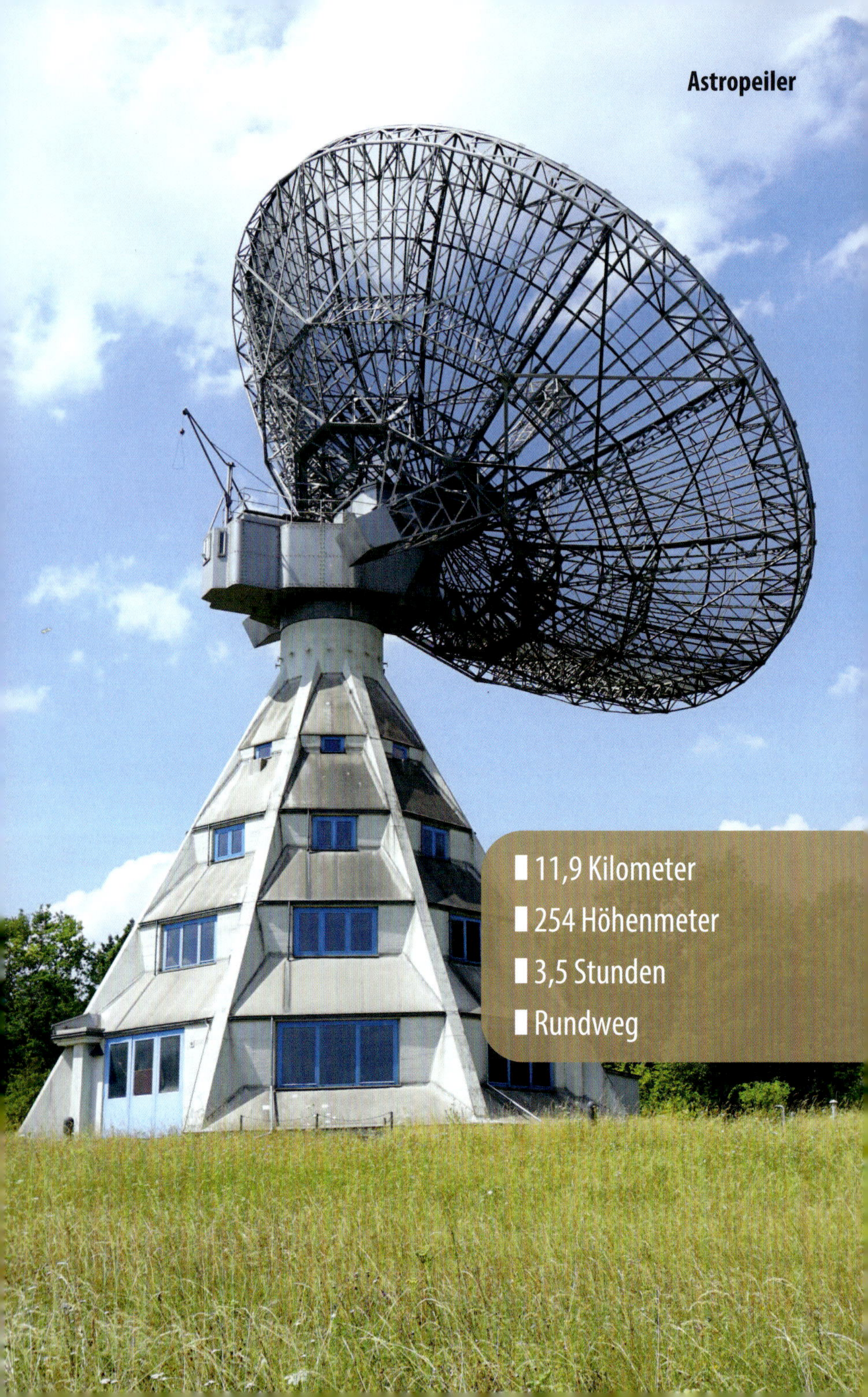

- 11,9 Kilometer
- 254 Höhenmeter
- 3,5 Stunden
- Rundweg

„Wandern gibt mehr Verstand als hinterm Ofen sitzen." Das wusste schon Paracelsus. Und so wollen wir uns heute auf den Weg machen, unseren Horizont zu erweitern.

Wir starten am unteren Ende des abschüssigen Parkplatzes und gehen auf einem Fußweg an einem hübsch angelegten Teich entlang zum Clubhaus des Golfplatzes. Dahinter erreichen wir über dessen Zufahrt den schmalen Moselweg, dem wir nach links zur **Holzheimer Straße** (K 45) folgen. Ein kleines Stück gehen wir links an der Kreisstraße entlang und wandern an einem Bildstock vorbei, um nur wenige Schritte danach rechts auf einen Feldweg abzubiegen.

„Manchem glückt es, überall ein Idyll zu finden: und wenn er's nicht findet, so schafft er's sich."
Theodor Fontane

Die offene Landschaft der Eifel liegt vor uns. Sie erscheint lieblich, weil sie immer wieder durch den Wechsel von Wald, Wiese und Feld sehr abwechslungsreich ist.

An einem bewaldeten Hausgrundstück treffen wir auf die asphaltierte **Turmgasse,** die uns in einem Bogen links zum Talgrund führt. Für fast einen Kilometer begleitet uns nun die Wegmarkierung der EifelSchleife „Von Sternen und Römern". An einer **roten Bank** wechseln wir nach rechts auf den weiter oben verlaufenden Grasnabenweg, der um den Wachendorfer Berg herumführt. Wir wandern durch einen wunderschönen, nach Harz duftenden Kiefernwald, vorbei an interessanten Gesteinsaufschlüssen, sanft bergauf. An der nächsten Gabelung halten wir uns geradeaus,

Himmelsblicke

Bruder-Klaus-Kapelle & Stockert

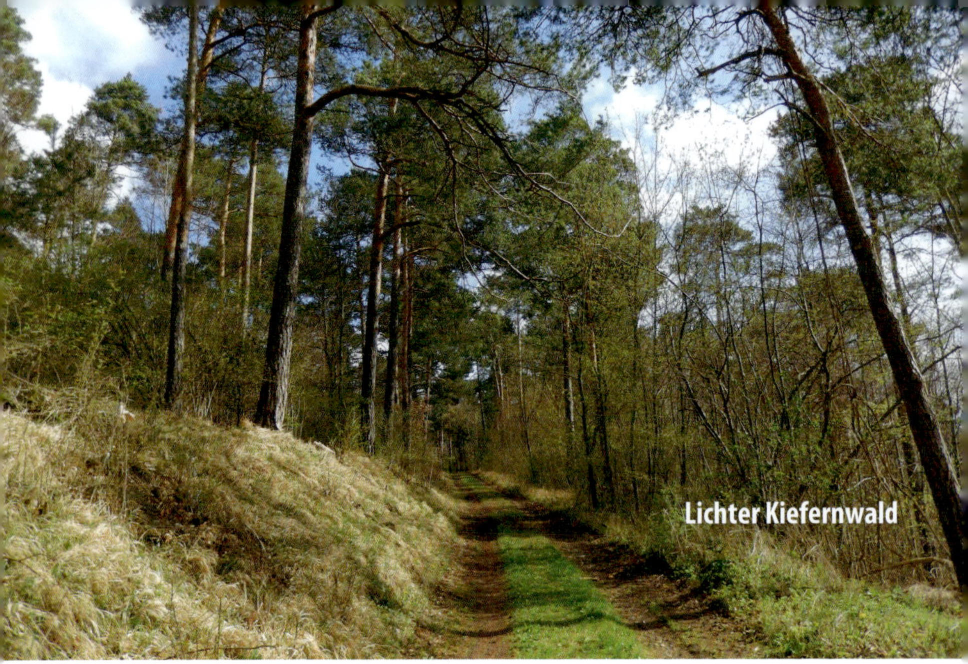

Lichter Kiefernwald

bis wir wieder aus dem Wald heraustreten und eine **Schutzhütte** erreichen.

Ein lang gezogenes Feld erstreckt sich zwischen zwei Waldabschnitten. Wir umrunden das Feld, indem wir uns nach der Hütte geradeaus auf einem Wiesenweg halten und dann am Waldrand die Eifel-Schleife wieder verlassend der Linkskurve folgen. Unser Blick schweift über den hübschen Talgrund mit seinem vereinzelten Buschwerk. Der Weg steigt leicht an und bald können wir auch den Astropeiler auf dem Stockert sehen. Wenn wir zurückblicken, erkennen wir mit etwas Glück am Horizont das Siebengebirge mit der markanten Pyramide des Großen Ölbergs.

Bei nächster Gelegenheit biegen wir auf einen etwas zugewachsenen, schmalen Singletrail rechts in den Wald ein. Der kleine Pfad schlängelt sich in leichtem Auf und Ab durch den Kiefernwald und trifft an einem Hochstand auf einen breiteren Waldweg, dem wir links folgen. Nach einer Windbruchfläche wechselt das Gesicht des Waldes: Die hellgrauen Stämme der Buchen kommen hinzu.

Der Weg beschreibt eine deutliche Rechts- und Linkskurve, in der jeweils hinzukommende Wege

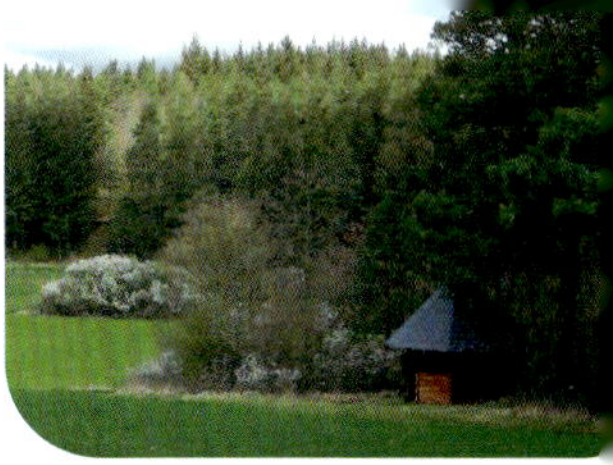

ignoriert werden, bis wir am Waldrand eine Kreuzung mit einer **gelben Bank** ① erreichen. Von dort haben wir einen schönen **Ausblick** auf den aus dem Wald hervorschauenden Astropeiler, das Radioteleskop auf dem Stockert. Hier lässt es sich für einen Moment verweilen.

Der Weg, der hinter der Bank in den Wald hineinführt, trägt die Markierung EifelSchleife „Stockertblick und Herkelstein". Schauen wir von dem Weg, den wir gekommen sind in Richtung Bank, nehmen wir also den ersten Weg nach rechts. Auf den nächsten rund 1,5 Kilometern lässt es sich locker und beschwingt laufen, da der – nicht mit Namen ausgewiesene – **Almweg** ganz sanft nach Wachendorf abfällt. Nach einer lang gezogenen Wiese mündet der Weg schließlich am Waldrand, wo sich uns ein herrliches Panorama nach Nordosten offenbart.

Am Waldrand verlassen wir mit der EifelSchleife den breiten Waldweg und wenden uns vor einem Zaun nach links in einen schmalen Weg, der uns, von Hecken gesäumt, zu den ersten Häusern von Wachendorf führt. An den Häusern verlassen wir die Markierung und wenden uns scharf links auf einen asphaltierten Wirtschaftsweg, der bald in einen Feldweg übergeht und unterhalb eines Hangs verläuft. Nun heißt es zählen, denn mehrere Wiesenpfade führen in regelmäßigen Abständen rechter Hand den Hang hinauf. Wir nehmen den vierten, es ist ein Grasweg, der geschwungen an einer Hecke sanft bergauf führt.

Für die Seele

Die moderne Bruder-Klaus-Kapelle mit offenem Blick zum Himmel strahlt unendliche Ruhe aus. Die Weite des Weltalls ahnen wir am Astropeiler auf dem Stockert.

Oben angekommen, lassen wir den Anblick der **Bruder-Klaus-Feldkapelle** ❷ erst einmal auf uns wirken lassen. Dann wenden wir uns direkt nach links auf den asphaltierten Rißdorfer Weg und begeben uns nach rechts über einen Pfad auf den Weg zur Kapelle. Es ist ein Ort der Ruhe, manche sagen, ein Kraftort. Viele Besucher konnte das noch junge Bauwerk des renommierten Schweizer Architekten Peter Zumthor schon willkommen heißen. Es sieht von außen vielleicht schlicht aus, doch ist sein Inneres wie ein Kokon gestaltet, der mit seiner tropfenförmigen Öffnung nach oben unweigerlich die Blicke und Gedanken zum Himmel wandern lässt.

Die Feldkapelle ist „Bruder Klaus", dem heiligen Nikolaus von Flüe, gewidmet. Der Bau wurde auf eine Privatinitiative der Landwirtseheleute Scheidtweiler hin in den Jahren 2006/07 mit Freunden, vielen ehrenamtlichen Helfern und Sponsoren verwirklicht.

Zurück auf dem Rißdorfer Weg wenden wir uns nach rechts und wandern eine kleine Anhöhe hinauf. An einer markanten Baumgruppe am Wegesrand lohnt sich der Blick zurück. Auf der Höhe folgen wir an der nächsten Kreuzung dem Feldweg links. Der Feldweg führt auf den Wald zu, durch den wir für 1,2 Kilometer in einem Rechtsbogen leicht bergauf wandern. Die höchste Kuppe überschreitend, erreichen wir nun wieder die Kreuzung mit der gelben **Bank** ❶, die wir bereits vom Hinweg kennen.

Hier folgen wir dem Weg geradeaus (EifelSchleife „Stockertblick und Herkelstein"). An der nächsten

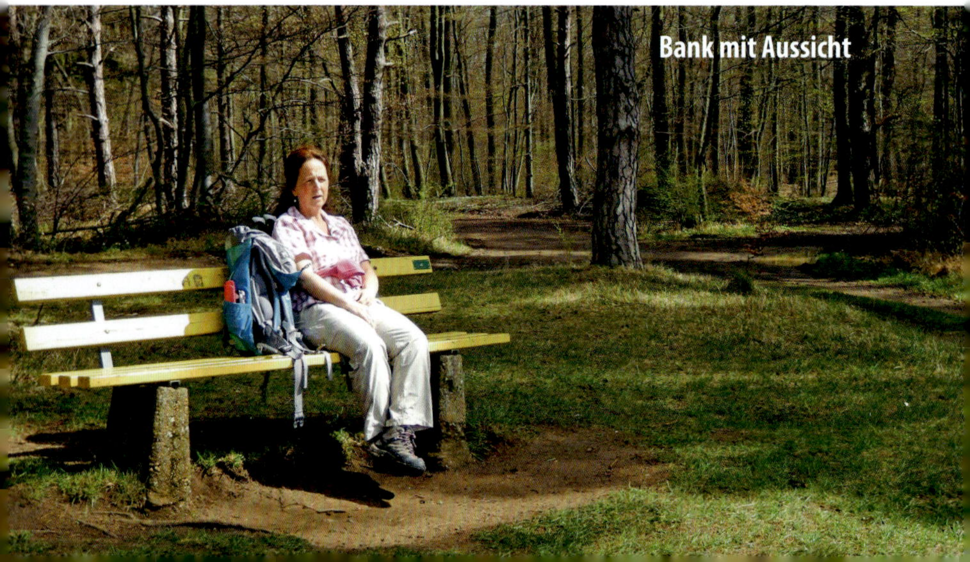

Bank mit Aussicht

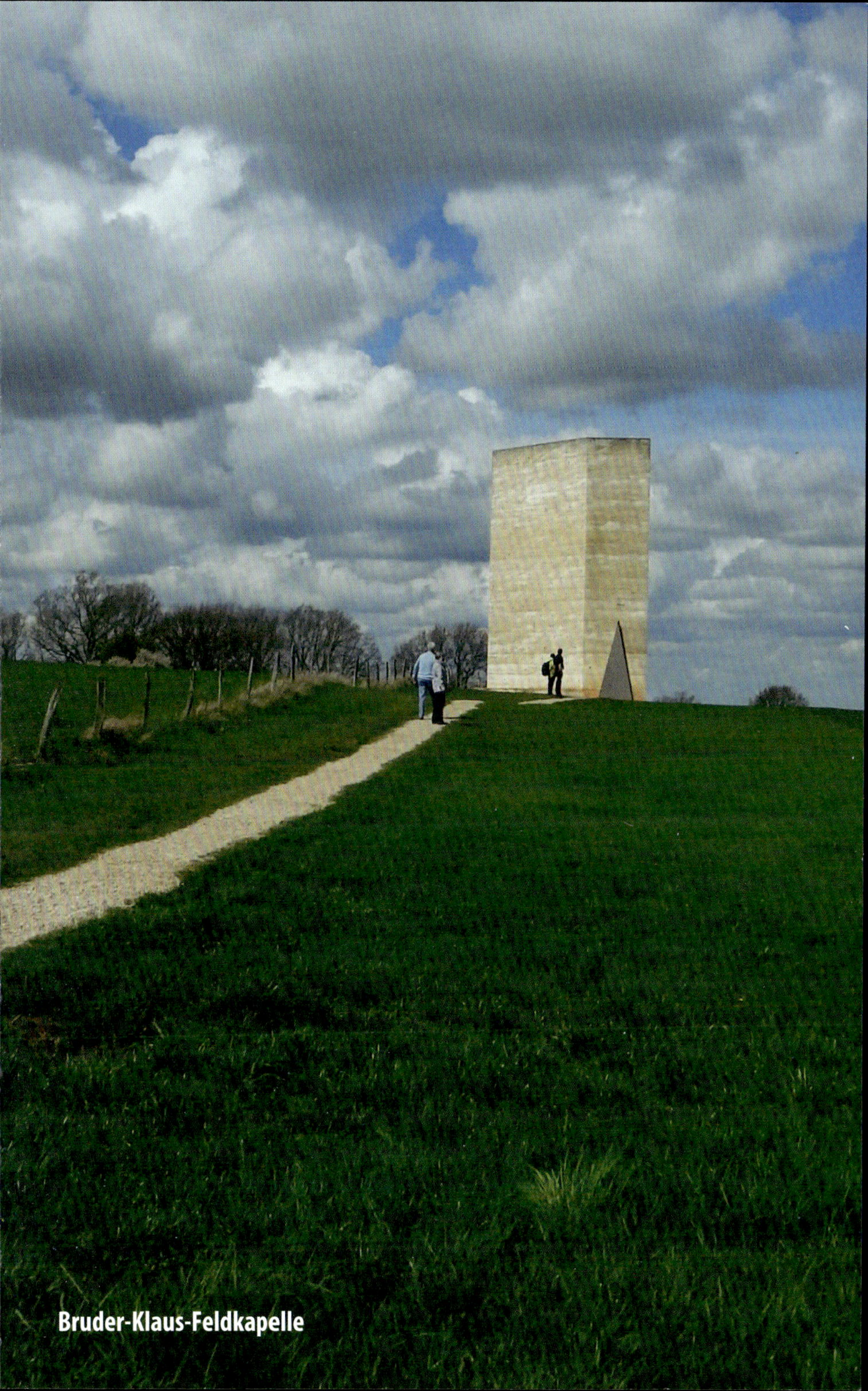

Bruder-Klaus-Feldkapelle

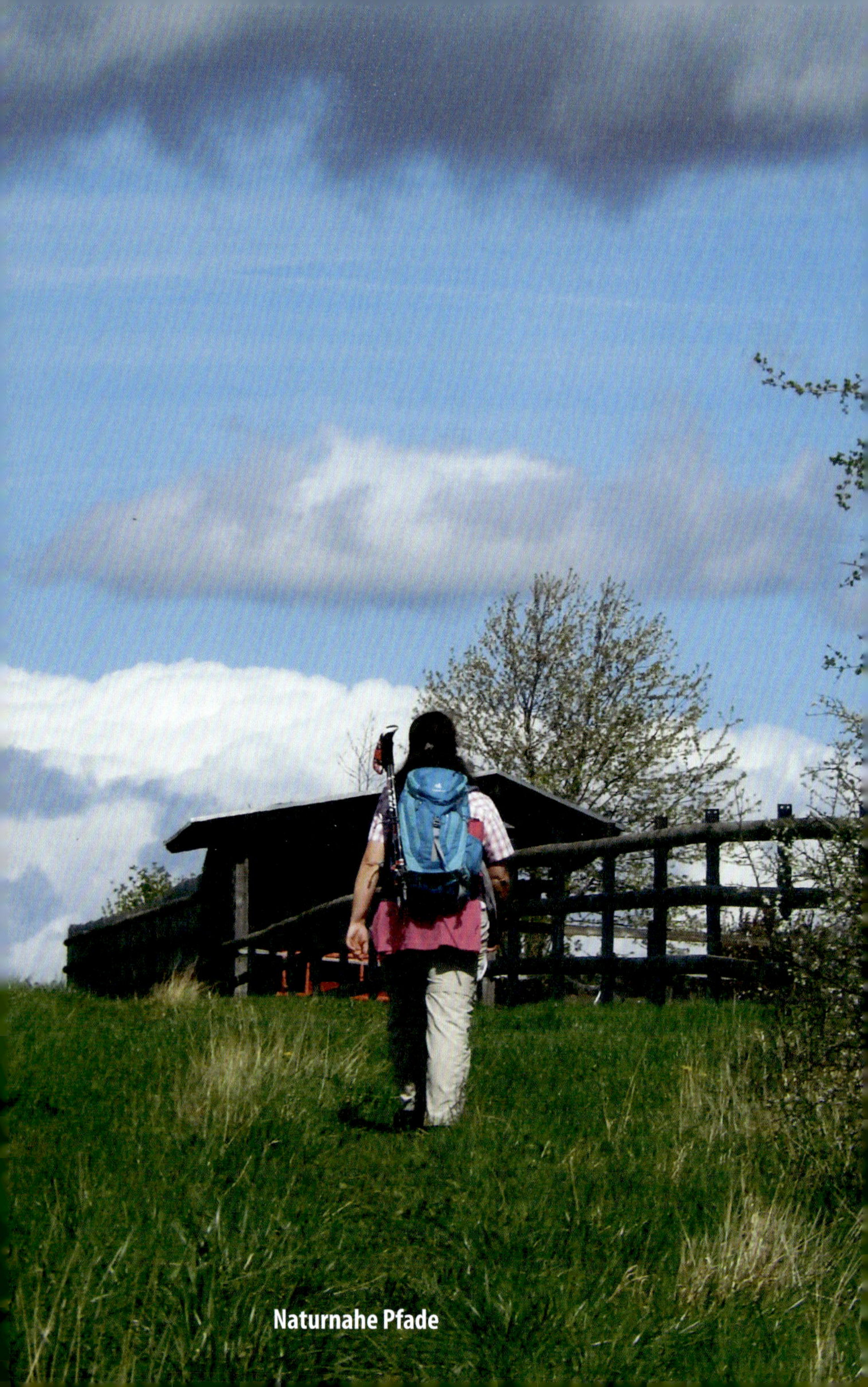

Naturnahe Pfade

Kreuzung erreichen wir den Rand des **Naturschutzgebiets Kuttenberg,** in dem sich, zusammen mit dem Wachendorfer Berg, die größten Halbtrockenrasen der Voreifel befinden. Für viele wärmeliebende Pflanzenarten, wie Orchideen, stellen die Halbtrockenrasen auf den natürlichen Kalkfelsen einen geschützten Lebensraum dar. Ob wir Glück haben und die seltenen Orchideen vom Weg aus entdecken können?

Wir wenden uns mit der Markierung nach rechts, überqueren wenig später die Kreisstraße K 45 schräg rechts und setzen unseren Weg nach links zwischen Waldrand und Golfplatz fort. Es fühlt sich wunderbar an, auf dem weichen Wiesengrund zu laufen und den Blick über die offene Landschaft schweifen zu lassen. Große Kiefern breiten ihre mächtigen Kronen über uns aus.

Am Ende des Weges geht es an einer Weide nach links und wir verlassen die EifelSchleife wieder. Wir passieren eine etwas erhöht stehende rote Bank, die uns zu einer kleinen Rast verleiten darf. Im weiteren Verlauf flanieren wir an einem Hochstand an einem von Pappeln gesäumten Abschnitt vorbei.

Wir erreichen das Gelände des Golfplatzes, können aber getrost auf diesem Weg bleiben, denn Golfbälle sollten hier nicht umherfliegen. Für den Abste-

„Die Natur hat tausend Freuden für den, der sie sucht und mit warmem Herzen in ihren Tempel tritt." Rahel Varnhagen

Der Astropeiler mit seinem 25 Meter großen Spiegel war für einige Zeit das größte Radioteleskop seiner Art weltweit. Er diente 1956 bis 1995 der astronomischen Forschung. 2005 hat die NRW-Stiftung die heute unter Denkmalschutz stehende Anlage restauriert.

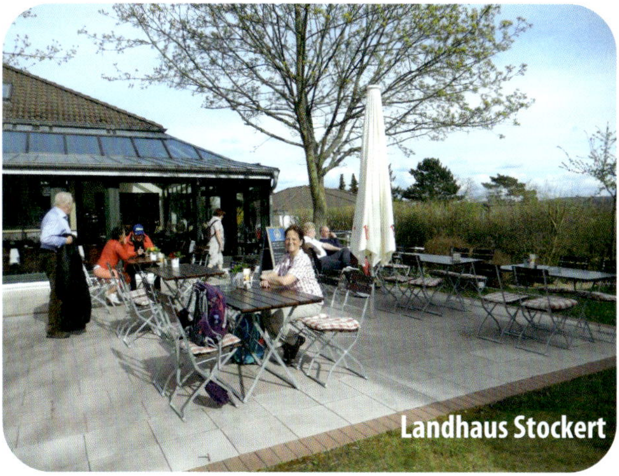

Landhaus Stockert

cher zum Astropeiler steigen wir beim ersten Abzweig auf einem Weg für Golfcars am Rand des Greens hinauf zur Straße **Stockert,** der wir rechts zum Gelände der **NRW-Stiftung** folgen. Das Privatgelände dürfen wir betreten, der **Astropeiler auf dem Stockert** ③ selbst kann jedoch nur während einer Führung besichtigt werden.

Anschließend kehren wir zu unserem Weg zurück und genießen auf unserer weiteren Wanderung die Aussicht auf den Kuttenberg und das Siebengebirge. Später gelangen wir auf die Asphaltstraße **Stockert,** der wir nach links durch das Areal des Golfplatzes hindurch bis zum Parkplatz folgen. Die schöne Wanderung beschließen wir bei einer Erfrischung auf der sonnigen Terrasse am hübschen Gartenteich im **Landhaus Stockert** ④, dem Clubhaus des Golfclubs.

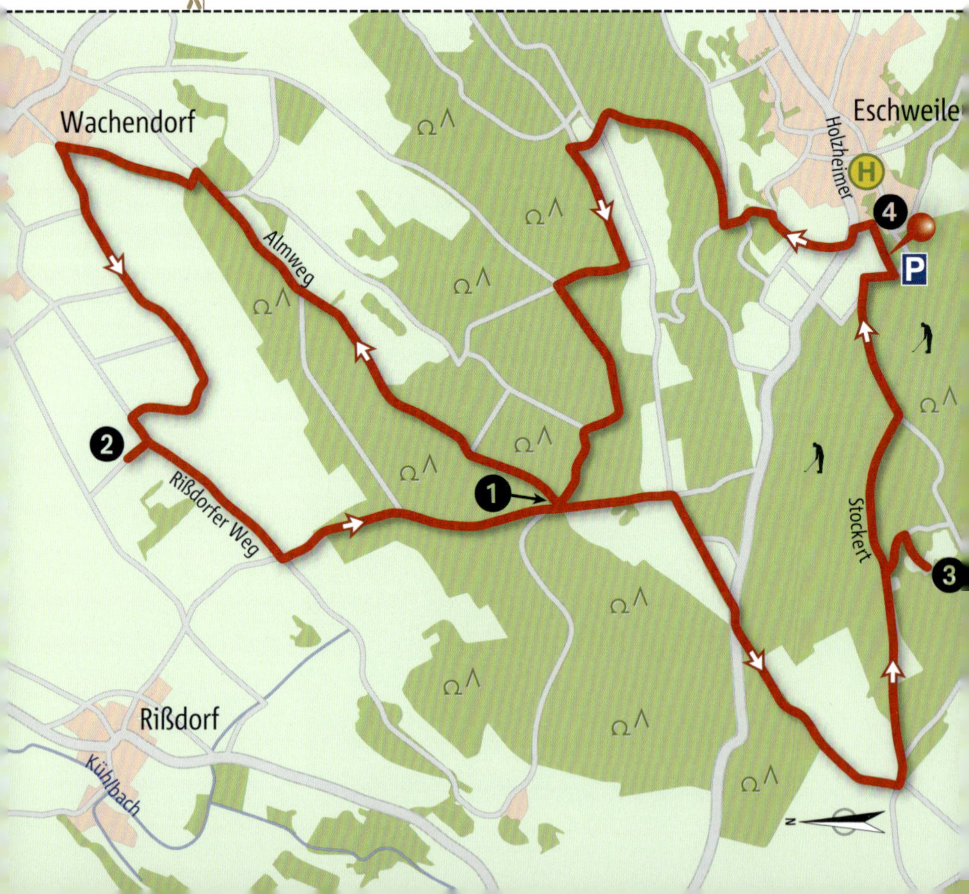

Alles auf einen Blick

WIE & WANN:
Pfade und Waldwege, wenige asphaltierte Wege; beste Zeit März bis Oktober

HIN & WEG:
Auto: Parkplatz am Golfplatz, 53902 Bad Münstereifel-Eschweiler (Zufahrt von der Holzheimer Straße Richtung Stockert) (GPS: 50.570860, 6.735505)
ÖPNV: S 23 bis Euskirchen, dann Schienenersatzverkehr (SEV) bis Bad Münstereifel-Iversheim, von Iversheim-Mitte aus zuschlagpflichtiger TaxiBus 887 bis Bad Münstereifel-Eschweiler Denkmal, Tel. (0 24 41) 99 45 45 45, www.vrs.de; oder 3,1 km Fußweg vom Bahnhof Iversheim zum Start

ESSEN & ENTSPANNEN:
Landhaus Stockert ❹ Restaurant am Golfclub, Moselweg 4, 53902 Bad Münstereifel-Eschweiler, Tel. (0 22 53) 9 32 23 55, www.landhaus-stockert.de (Mi.–So. 11–21 Uhr)

ENTDECKEN & ERLEBEN:
Bank mit Ausblick ❶
Bruder-Klaus-Feldkapelle ❷ Iversheimer Straße, 53894 Mechernich-Wachendorf, www.feldkapelle.de (Di.–So. 10–16 Uhr, während der Sommerzeit bis 17 Uhr; Fotografieren und Hunde sind in der Kapelle nicht erlaubt, Besuchergruppen mit mehr als 10 Personen müssen sich anmelden)

Entspannung ✱✱✱✱✱
Genuss ✱✱✱✱
Romantik ✱✱✱

Astropeiler auf dem Stockert ❸ Stockert 2–4, 53902 Bad Münstereifel, www.astropeiler.de (Führungen Mai bis Okt. jeweils So. 14 Uhr, Führungsgebühr 5,– €; Gruppenführungen nach Vereinbarung)

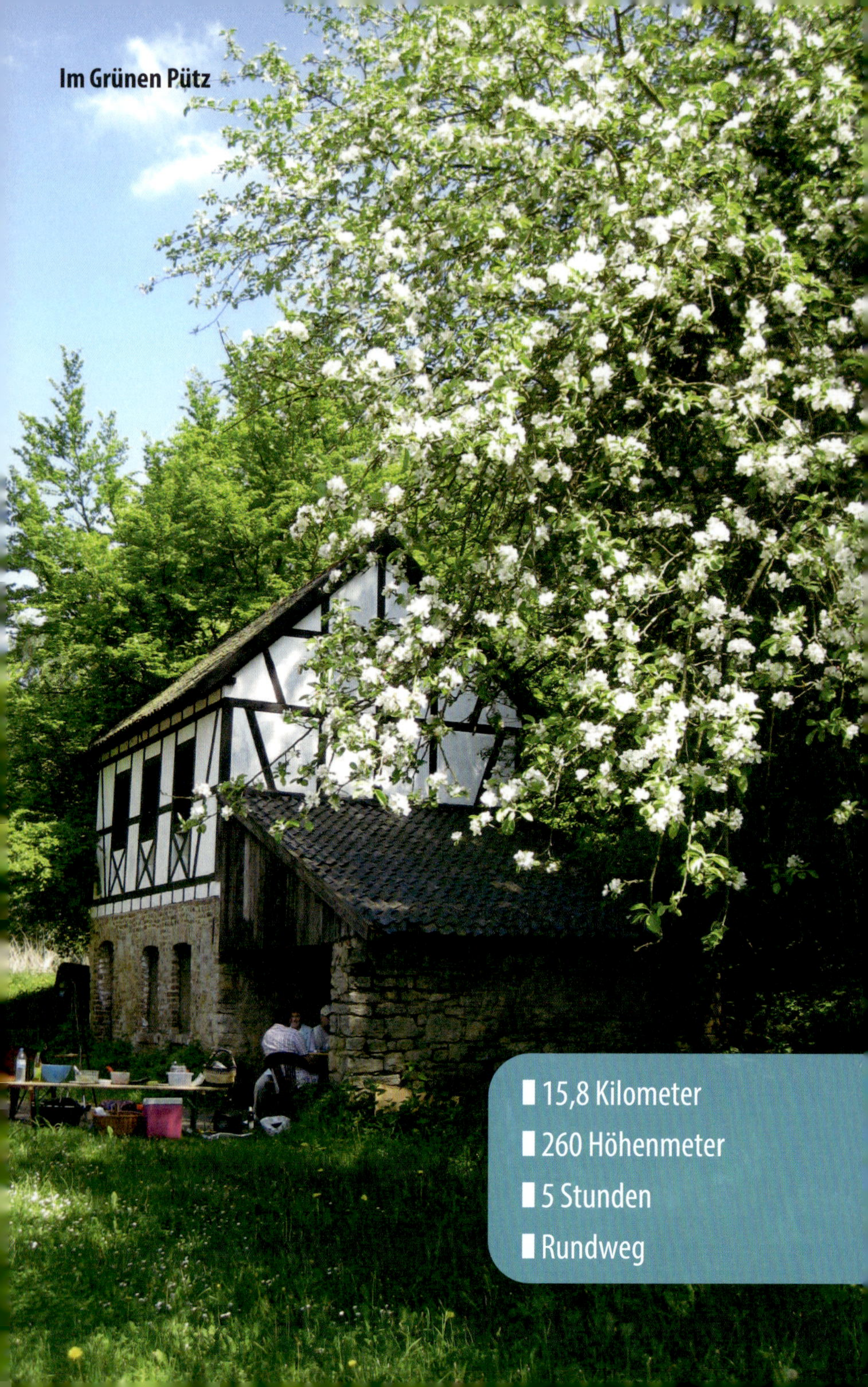

Im Grünen Pütz

- 15,8 Kilometer
- 260 Höhenmeter
- 5 Stunden
- Rundweg

Wir starten am Bahnhof Nettersheim und laufen über den **Zutendaal-Platz** bergauf. Unterhalb der Kirche wandern wir links die **Klosterstraße** hinab und überqueren den Genfbach. Unser Weg führt links in die **Rosenthalstraße**. Gleich auf der Ecke füllen wir in der **Bäckerei Zur Römerquelle** ① unseren Rucksack mit Wanderproviant und merken uns die Adresse für eine Einkehr am Ende unserer Wanderung vor – bei Kaffee, knackigen Backwaren und deliziösen Torten oder aber herzhaften Eifelspezialitäten.

Wir folgen hinter der Bäckerei dem Schotterweg, er wird zu einem schmalen Pfad und endet in einem Schotterweg. Diesem folgen wir nach links zur T-Kreuzung, biegen rechts ab und tauchen unter der Brücke der L 205 hindurch. An den Wandermarkierungen ist zu erkennen, dass auf unserer Strecke der Eifeler Quellenpfad, der Eifelsteig und der Römerkanal-Wanderweg verlaufen. Links von uns breitet sich der Waldkindergarten aus. Etwa auf Höhe von dessen Hauptgebäude sind rechts am Hang die **Mannenberghöhlen** ② zu erkennen.

Wir setzen den Weg nach links fort, nehmen die Brücke über die Bahnlinie und gehen an der Kreuzung dahinter rechts auf einem Schotterweg durch die Auen Richtung **Röm. Brunnenstube.** An einer Gabelung, an der ein Feldkreuz steht, halten wir uns links und folgen wiederum einem Schotterweg durch den Wald bis zu einem **Parkplatz.** Dort liegt rechts der **Grüne Pütz** ③, das Quellgebiet, aus dem einst der Römerkanal gespeist wurde.

Die vier Mannenberghöhlen – Karsthöhlen im Steilhang nördlich der Urft – entstanden durch Auswaschungen im Dolomitgestein. Sie beherbergen Fledermäuse. Nach der Sage sollten hier außerdem Juffern leben, weibliche Wassergeister mit freundlichem Wesen.

Wasser für Köln

Durch die Täler bei Nettersheim

Erfrischungstour 16

Als Köln noch Colonia Claudia Ara Agrippinensium hieß, um das Jahr 80, bauten die Römer eine Wasserleitung aus dem Grünen Pütz dorthin. Das qualitativ hochwertige Trinkwasser floss in dieser reinen Gefälleleitung über Flusstäler und den Villerücken hinweg.

Wir wandern durch das Quellgebiet mit seinen zahlreichen Römerkanal-Resten und einigen Rastgelegenheiten. An einer T-Kreuzung stoßen wir wieder auf unseren ursprünglichen Weg (er verläuft oberhalb des Grünen Pützes am Parkplatz vorbei). Ab dieser T-Kreuzung – wir halten uns rechts – führt der Weg leicht bergauf, bald wieder bergab und an einer Gabelung links erneut wieder bergauf.

An einer **Lichtung** halten wir uns links und wandern weiter leicht bergauf. Unser Wirtschaftsweg mündet in einen Asphaltweg, dem wir nach rechts folgen. Auf diesem Weg bleiben wir bis zur K59. Hier bietet ein moderner Rastplatz des Projekts VIA Schutz und Schatten – und Informationen zur römischen Agrippastraße. Diese Straße überqueren wir vorsichtig und gehen geradeaus auf einem Wirtschaftsweg durch die Felder. Hinter einer kleinen **Stromleitung** (eine weitere, größere Stromleitung sehen wir noch vor uns) laufen wir nach links auf einen Antennenmast zu. Linker Hand sind die ersten Häuser von Nettersheim zu sehen. Wir wandern leicht

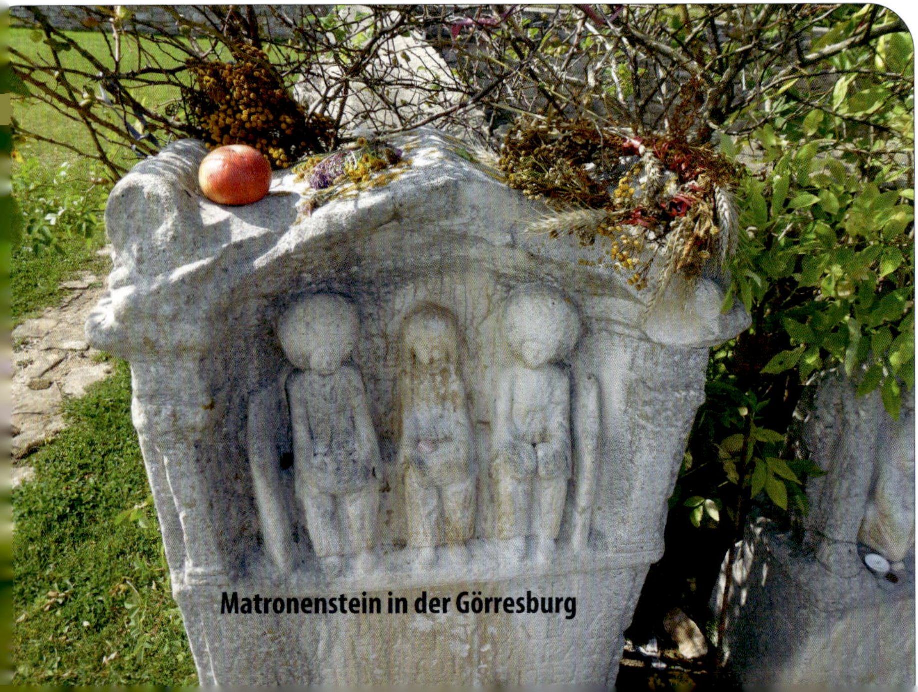

Matronenstein in der Görresburg

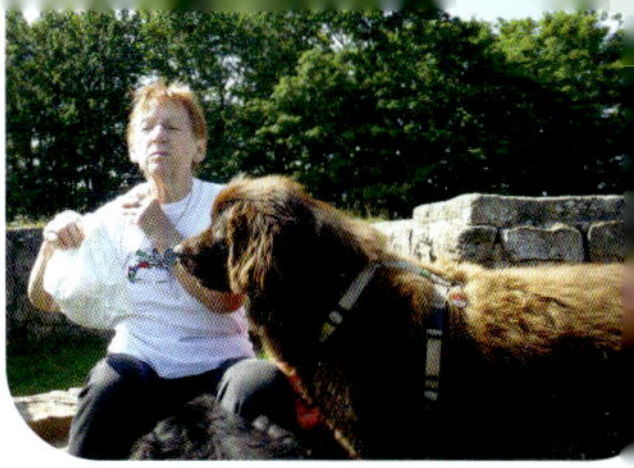

bergab, queren die L 205 und folgen der K 59 am Straßenrand bis zum **Ortseingangsschild von Nettersheim.** Rechts von dem Schild gehen wir auf dem Wirtschaftsweg weiter.

Eine Baumreihe spendet uns im Sommer angenehmen Schatten. Im Herbst staunen wir über die zahlreichen Blüten der zartlila Herbstzeitlosen in den Weiden und Wiesen. Der zunächst asphaltierte Weg führt in einem Rechtsbogen ins **Schleifbachtal.** Wo der Asphalt endet, machen wir einen Linksbogen zu einer Bank und einer Treppe, die wir hinaufsteigen. Dahinter führt ein schmaler Pfad zwischen Ginster und anderem Buschwerk weiter aufwärts zum **Matronenheiligtum Görresburg.** 4

Uns fallen Blumen, hübsche Steine, Muscheln, Äpfel und andere Geschenke auf, die auf dem Schoß der Matronen und zu deren Füßen liegen. Noch heute werden Matronen als Schutzgottheiten, Fruchtbarkeitsgöttinnen und Lebensspenderinnen geschätzt. Anschließend folgen wir dem Schotterweg zum Ausblick auf den Standort des einstigen Römerorts Marcomagus. Die Grundmauern von drei Streifenhäusern und Andeutungen weiterer Gebäude säumen unseren Weg über die abfallende Wiese ins Tal zur Bahnlinie. Hier verlief zu Römerzeiten die Straße geradeaus weiter, wir müssen zu unserer eigenen Sicherheit einen Umweg gehen, indem wir kurz vor der Bahnlinie links auf einen Asphaltweg abbiegen und ihm bis zu einer Kreuzung folgen, an der wir auf einer Brücke die Bahnlinie sicher überqueren können.

In dem quadratischen Tempel der Görresburg verehrten die Römer ihre Muttergottheiten. Auf den sogenannten Matronensteinen, wie sie auch im Tempel zu sehen sind, werden sie meist als sitzende Dreiergruppen dargestellt: als jugendliche Frau, Mutter und alte Frau.

Für die Seele

Auf den Spuren der alten Römer wandern wir durch idyllische Täler und erkunden, woher sie einst frisches Trink- und Badewasser bekamen.

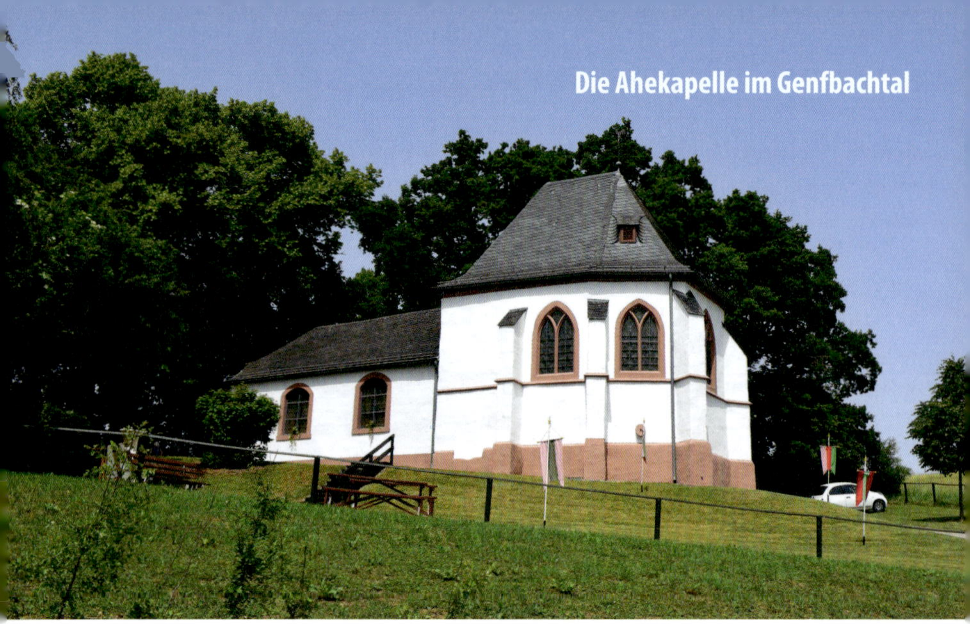

Die Ahekapelle im Genfbachtal

Das rekonstruierte Kastell und die Brücke stammen wohl aus der Zeit um 316. Die noch erhaltenen Mauern des Kastells wurden 2013 gesichert und zur Veranschaulichung der Ausmaße ergänzt. Ursprünglich war die Anlage von einer Mauer und einem Wehrgraben umgeben.

Der Asphaltweg bringt uns nach rechts bis ungefähr auf Höhe der Stelle, an der wir die Trasse der Römerstraße verlassen mussten. Hier wurde als Teil des **Archäologischen Landschaftsparks** eine **römische Holzbrücke** rekonstruiert, die uns zu einem **römischen Kastell** ⑤ bringt. Im Juli 2021 wurde sie fortgespült, soll aber bald wieder aufgebaut werden.

Wir folgen den **Holzpflöcken,** die in diesem Bereich den Verlauf der Römerstraße kennzeichnen. Wo sie an einem Schotterweg enden, biegen wir scharf links ab. Eine Infotafel gibt Auskunft zur Eisenverhüttung in der Römerzeit.

Hier ist eine **Abkürzung zum Ausgangspunkt** in Nettersheim möglich (verkürzt die Wanderstrecke auf 11,5 Kilometer): Wer dem Weg geradeaus folgt, passiert auf dem Rundweg des Archäologischen Landschaftsparks den römischen Steinbruch Steinrütsch, einen Spielplatz, einen Römerweiher, die Werkhäuser und die römische Kalkbrennerei, überquert die Bahngleise nach links und erreicht das Naturschutzzentrum mit Touristeninformation und Shop. Entlang der Urft führt ein Fußweg zurück zum Startpunkt am Bahnhof.

Unsere **Hauptroute** soll uns aber noch zur Ahekapelle ins Genfbachtal führen. Dazu biegen wir nach 80 Metern an dem Wegweiser **Genfbachtal 2,5 km** rechts ab.

In den Auenwiesen lassen wir uns von den Farbtupfern der blühenden Wiesenblumen und Kräuter verzaubern. An heißen Tagen belauschen wir die Grillen beim Zirpen. Zwischen Bachaue und Nadelwald wandern wir zu einer Lichtung mit zahlreichen Wegen, einer Schutzhütte mit Dendrophon und einem Picknicktisch. Wir halten uns geradeaus an den breiten, leicht bergauf führenden Forstweg. Nach knapp 1 Kilometer ist eine Wegkreuzung erreicht, wir wandern weiter geradeaus Richtung **Genfbachtal.** Der Weg führt nun leicht bergab. Wir passieren einen Angelteich. Auf dem bisherigen Forstweg geht es an einer Scheune vorbei bergab.

Im Tal gehen wir an einer Bank noch geradeaus, der Weg ist nun asphaltiert und als **Erftradweg** und EifelSchleife „Ahekapelle" markiert. An der nächsten Gabelung mit Sitzbank kommt der Jakobsweg (**gelbe Muschel** auf blauem Grund) hinzu, wir folgen hier dem Verlauf unseres Weges durch eine Linkskurve. An der Mündung des Mühlenbachs wird der Genfbach überquert und wir erreichen die **Ahekapelle.** 6 Ihren Namen hat sie von der alten Bezeichnung des Genfbachs, der früher Ahe hieß, und ist dem heiligen Servatius geweiht, einem der „Eisheiligen“, dessen Gedenktag am 13. Mai gefeiert wird.

Nach ausgiebiger Besichtigung und gemütlicher Rast gehen wir 50 Meter zurück Richtung Genfbach und biegen an zwei Sitzbänken mit netten Sprüchen rechts Richtung **Naturzentrum Eifel** ab. Im Frühsommer scheint ein fröhlich-bunter Farbteppich über den blühenden Auenwiesen zu liegen. Bei genauerem Hinsehen entdecken wir seltene Enziane und Orchideen.

Der breite Weg neben dem Genfbach ist noch weitere 1,5 Kilometer geschottert und führt danach auf Asphaltbelag weiter. Wir wandern nach links über die Bachbrücke und dahinter rechts weiter. So erreichen wir Nettersheim und gehen geradeaus auf der **Martinusstraße** weiter, die im weiteren Verlauf ansteigt. An der zweiten Kreuzung geht es links auf der Straße **Am Kirchberg** zum Vorplatz der **Kirche St. Martinus** 7 aus dem Jahr 1784, wo eine Jesusfigur ihre Hände schützend über den Ort Nettersheim hält. Wir passieren die Lourdes-Grotte und erreichen den Kircheneingang. Von dort gehen wir rechts bergab zur **Bahnhofstraße** und auf dieser links zurück zum Startpunkt am Bahnhof. Für einen genussreichen Abschluss der Tour bietet sich das Restaurant **Freistaat Eifel** 8 an, das wir über die Bahnhofstraße und dann rechts die Steinfelder Straße erreichen. Hier huldigt man der „Neuen Eifeler Landküche", die kreativ, köstlich und konsequent regional ist.

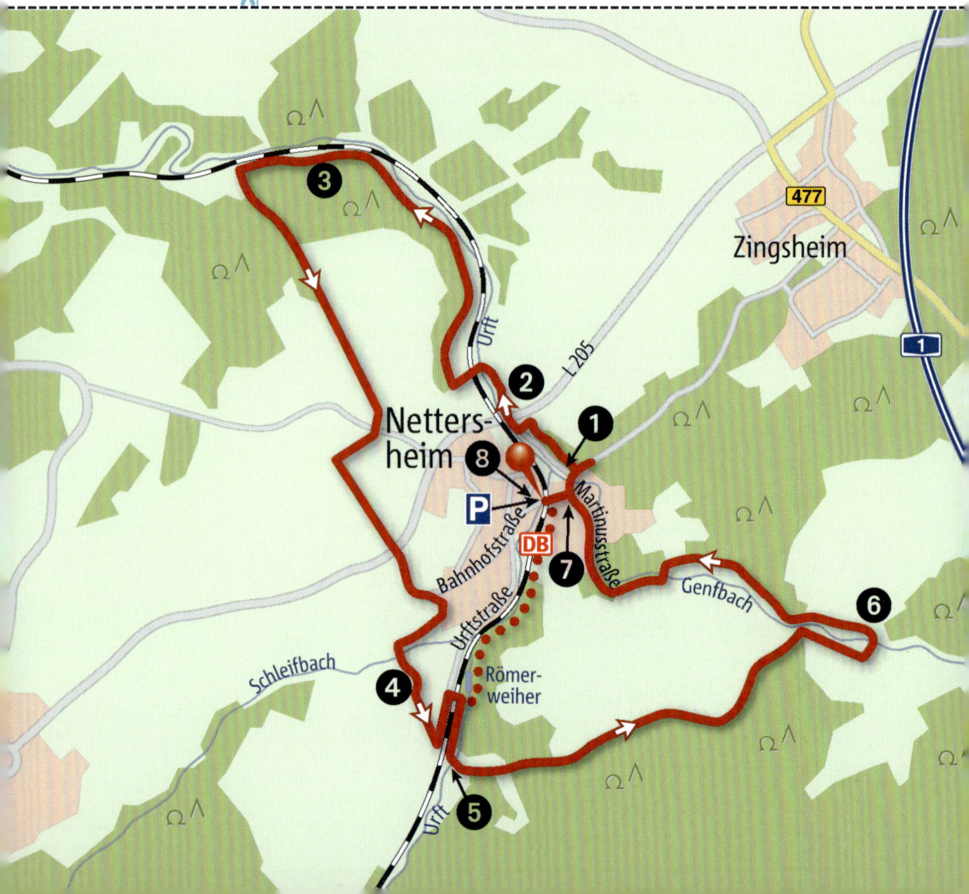

Alles auf einen Blick

WIE & WANN:

Wiesen-, Wald- und Wirtschaftswege, in Nettersheim Straßen und Bürgersteige; beste Zeit April bis Oktober, besonders schön im Juni, wenn der Holunder und alle Wildkräuter blühen

HIN & WEG:

Auto: Parkplatz am Bahnhof Nettersheim (GPS: 50.492730, 6.630410)
ÖPNV: Ab Köln oder Trier RE 22 bis Nettersheim

ESSEN & ENTSPANNEN:

Bäckerei-Café Zur Römerquelle ❶ Rosenthalstraße 1, 53947 Nettersheim, Tel. (0 24 86) 13 94, www.cafe-zur-roemerquelle.de (Mo.–Sa. 7–18, So. 8–18 Uhr)
Freistaat Eifel ❽ Steinfelder Straße 9, 53947 Nettersheim, Tel. (0 24 86) 8 02 75 63, freistaat-eifel.de (Fr.–So. 17.30-21, So. auch 12–14.30, Hofladen zusätzlich Mi.–So. 13–18 Uhr)

ENTDECKEN & ERLEBEN:

Mannenberghöhlen ❷
Grüner Pütz ❸
Matronenheiligtum Görresburg ❹
Römisches Kleinkastell ❺
Ahekapelle ❻
Kirche St. Martinus ❼

Entspannung ✱✱✱✱✱
Genuss ✱✱✱✱✱
Romantik ✱✱✱✱✱

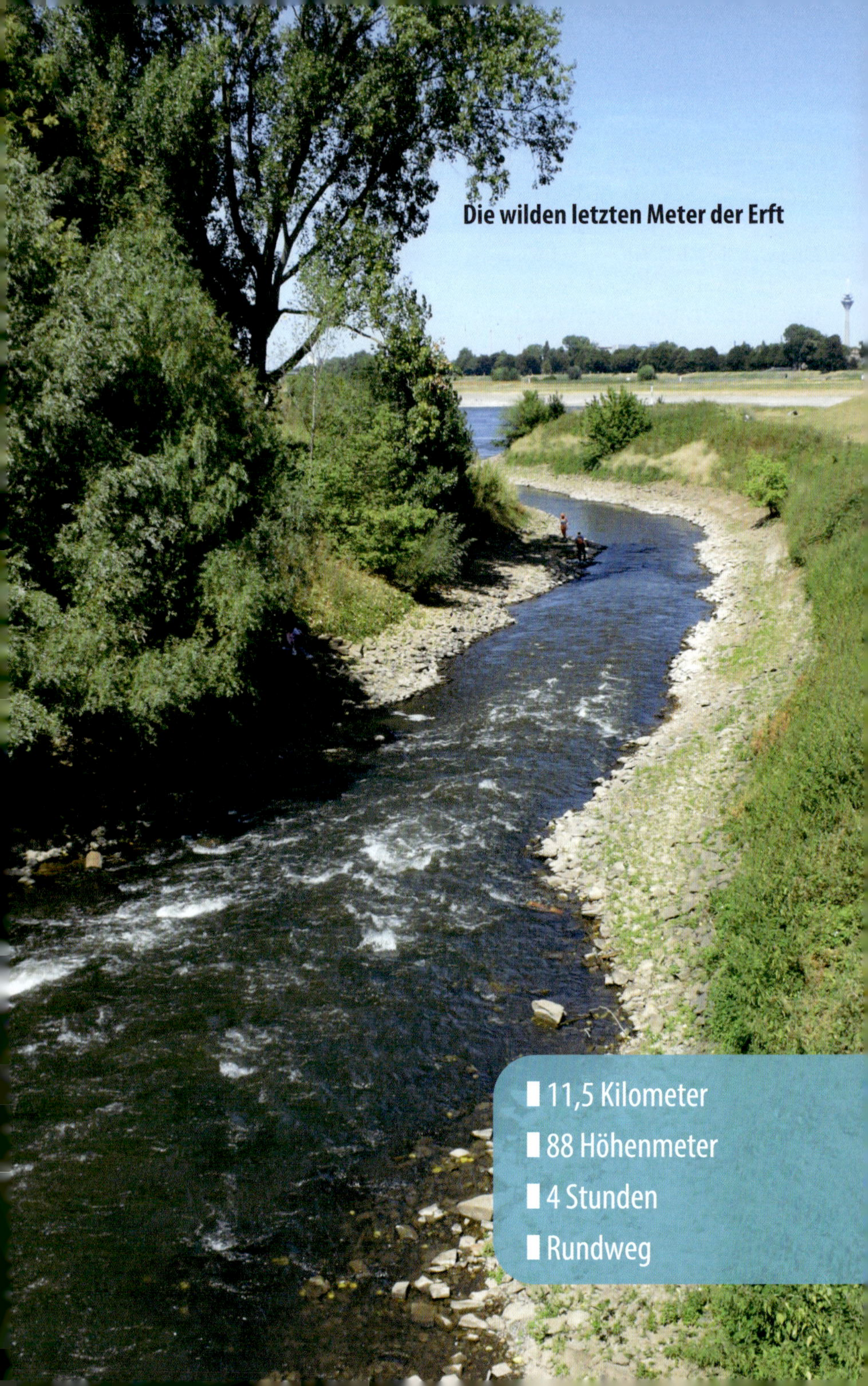

Die wilden letzten Meter der Erft

- 11,5 Kilometer
- 88 Höhenmeter
- 4 Stunden
- Rundweg

Wir folgen über das Ende des Parkplatzes hinaus dem **Nixhütter Weg** nach Westen bis zur **Obererft,** hier geht es nach rechts mit der Markierung **A9** auf einem Uferweg durch lichten Hochwald. Nach etwa 750 Metern führt unser Weg unter der Autobahn hindurch und hinter einem Schutzdach an einer Gabelung rechts, denn wir wollen die **Bahnlinie** auf der Fußgängerbrücke überqueren. Dahinter gehen wir geradeaus weiter. Alte Kastanienbäume werfen ihre Schatten auf den Weg – und im Herbst auch ihre Früchte!

Die Obererft ist ein gut 8,5 Kilometer langer, im 15. Jahrhundert künstlich angelegter Mündungsarm der Erft, der einige Neusser Mühlen mit Wasser versorgte. Das Wehr an der Erftschlinge besteht aus aufblasbaren Neoprenschläuchen und einer Fischtreppe.

Der Weg führt an der **Corneliusbrücke** ① vorbei immer geradeaus und parallel zur Obererft, bis wir auf die **Nordkanalallee** stoßen. Hier wollte Napoléon Bonaparte 1806 den Grand Canal du Nord bauen lassen, der den Seehafen Antwerpen mit der Maas und dem Rhein verbinden sollte, aber nie fertig gestellt wurde. Dieser folgen wir nach rechts zu einer Ampelkreuzung auf dem **Alexianerplatz.** Diagonal gegenüber führt ein Rad- und Gehweg in einen Park und in einem Rechtsbogen auf den **Scheibendamm** ②.

Etwas erhöht laufen wir auf diesem Hochwasserschutzdamm durch angenehm kühle Waldlandschaft. Nach 1,4 Kilometern endet der Scheibendamm am **Sporthafen.** ③ Hier am Radfahrerknotenpunkt 30 biegen wir rechts ab, dann geht es links auf einem Weg namens **Grimlinghauserbrücke** an der Hafenzufahrt vorbei zum Rhein. Wir genießen den Blick auf den Strom und lassen uns Zeit zum Träumen, während wir den Rheinschiffen hinterherschauen. Hunger und Durst

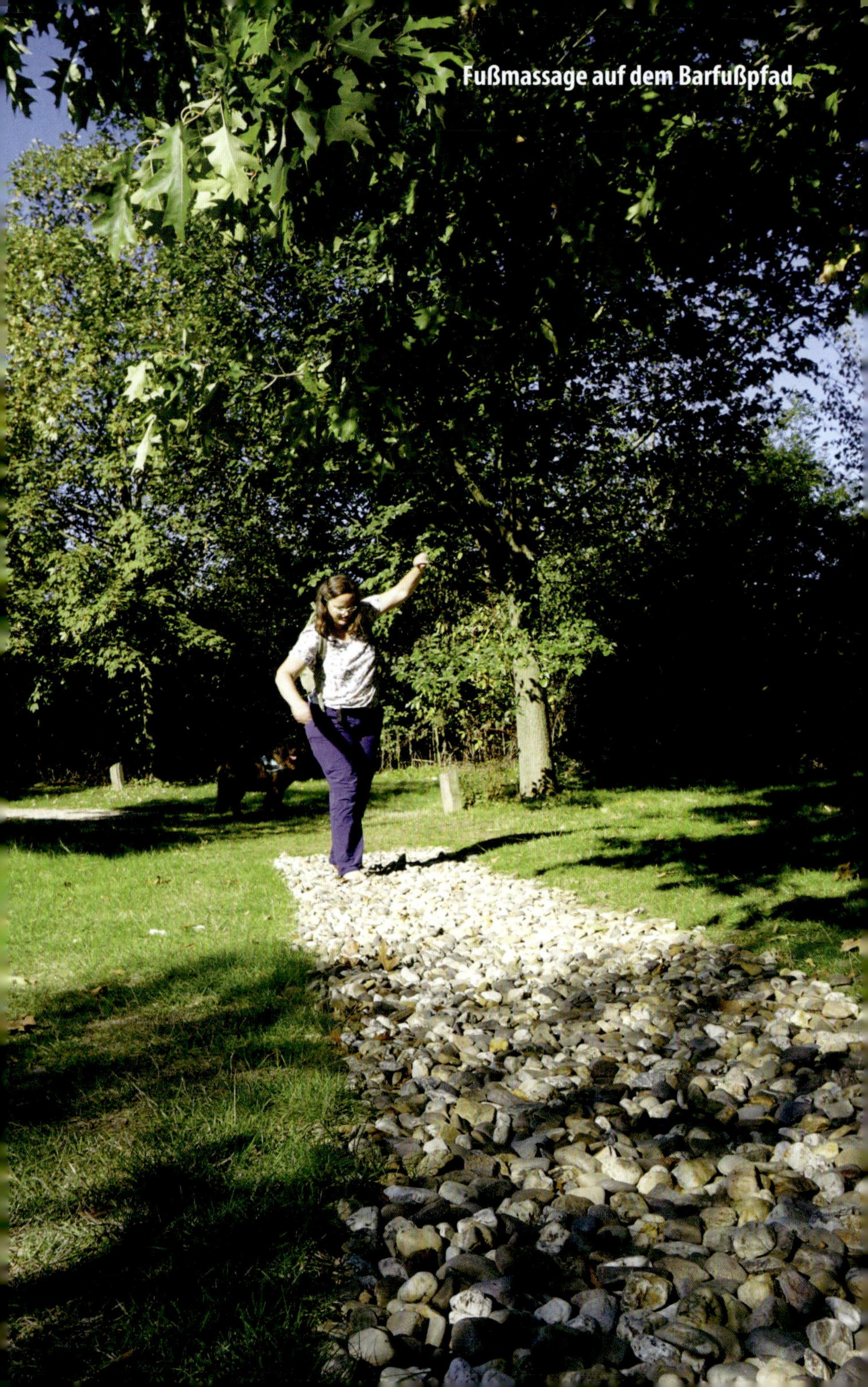
Fußmassage auf dem Barfußpfad

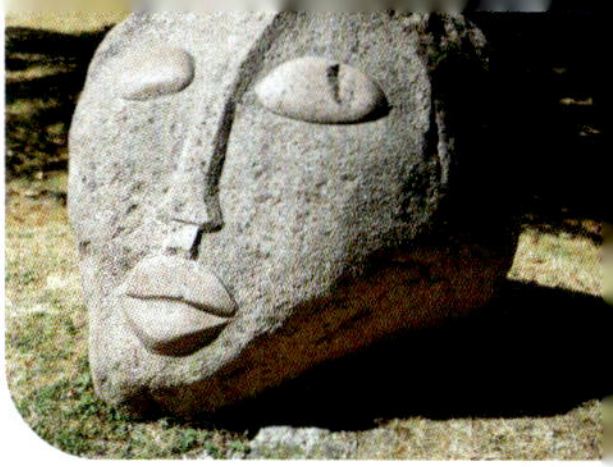

können wir im **Restaurant am Rhein** ④ stillen, bevor wir die wenigen Schritte weiter zur **Erftmündung** ⑤ gehen. Hier wird auf einer Infotafel neben einer Sitzbank die Freundschaft von Neuss und Nettersheim erläutert, in deren Stadtgebieten Mündung und Quelle der Erft liegen.

Wir verlassen den Rhein und wandern der Erft entgegen. Am **Medusenstein** ⑥ geht es links über die Erftbrücke, dahinter rechts hinauf zum Dammweg, dem wir geradeaus folgen.

Nachdem wir eine Straße gequert haben, genießen wir die weiten Blicke über die Auenlandschaft. Auf einer Holzbrücke überqueren wir einen Bach. Kurz darauf kreuzen wir die L 380 und kommen zum **Hochzeitshain** mit dem **Barfußpfad.** ⑦

Die Füße freuen sich über die unerwartete Befreiung aus den Schuhen. Die unterschiedlichen Materialien in den 17 verschiedenen Feldern massieren die Fußsohlen und beleben den ganzen Körper für den restlichen Weg. Selbst bei Regen und Kälte ist es ein Erlebnis, den Unterschied von Kieseln, Sand, Holz, Muscheln und mehr zu erspüren. Am intensivsten ist es, wenn wir die Augen geschlossen halten und uns von unserem Wanderpartner führen lassen. Nun die Füße mit dem Handtuch trocken rubbeln und wieder zurück in die Schuhe, denn es gibt noch mehr zu erleben.

Am Zuweg zum Hochzeitshain gehen wir links (in ursprünglicher Laufrichtung rechts) über den Parkplatz zum Erftuferweg und dort links zur **Kanu-**

Die griechische Mythologie erzählt von den drei Schwestern Medusa, Stheno und Euryale. Sie waren Kinder des Meeresgottes Phorkys. Die Göttin Pallas Athene verzauberte sie aus Eifersucht in hässliche Ungeheuer. Wer sie ansah, erstarrte zu Stein.

Für die Seele

Etwas Fernweh ist erlaubt, wenn wir dem Wasser der Erft an der Mündung in den Rhein sehnsüchtig stromabwärts hinterherschauen.

Bis ins 12. Jahrhundert zurück reicht die Geschichtsschreibung über Schloss Reuschenberg (Privatbesitz, keine Besichtigung) und die Corneliuskapelle. Sie ist ein wichtiges Ziel für Jakobspilger, die auf einem Pilgerpfad am Ufer der Obererft hierhin kommen.

strecke ⑧, die sich bis zur Gnadentaler Mühle erstreckt. Am Erftufer entlang laufen wir gut 1 Kilometer bis zur **Weckhovener Straße.** (Rechts über die Brücke geht es hier zum **Schloss Reuschenberg** und zur **Corneliuskapelle,** das ist eine **Abkürzung** von 1,7 Kilometern.)

Unser Rundweg führt hier noch geradeaus auf einem schmalen Naturpfad am Ufer entlang. Wenn wir uns das Ufer gegenüber anschauen, entdecken wir zunächst den Zufluss einer Erftschleife und etwa 200 Meter später die Stelle, an der die **Obererft** sich von der Erft trennt. Vielleicht eine Stelle, an der auch wir uns leichten Herzens von trüben Gedanken trennen können!

Nach dem Zusammentreffen mit einem anderen Weg wird unser Pfad breiter, nun gehen wir rechts

Die Erft bei Schloss Reuschenberg

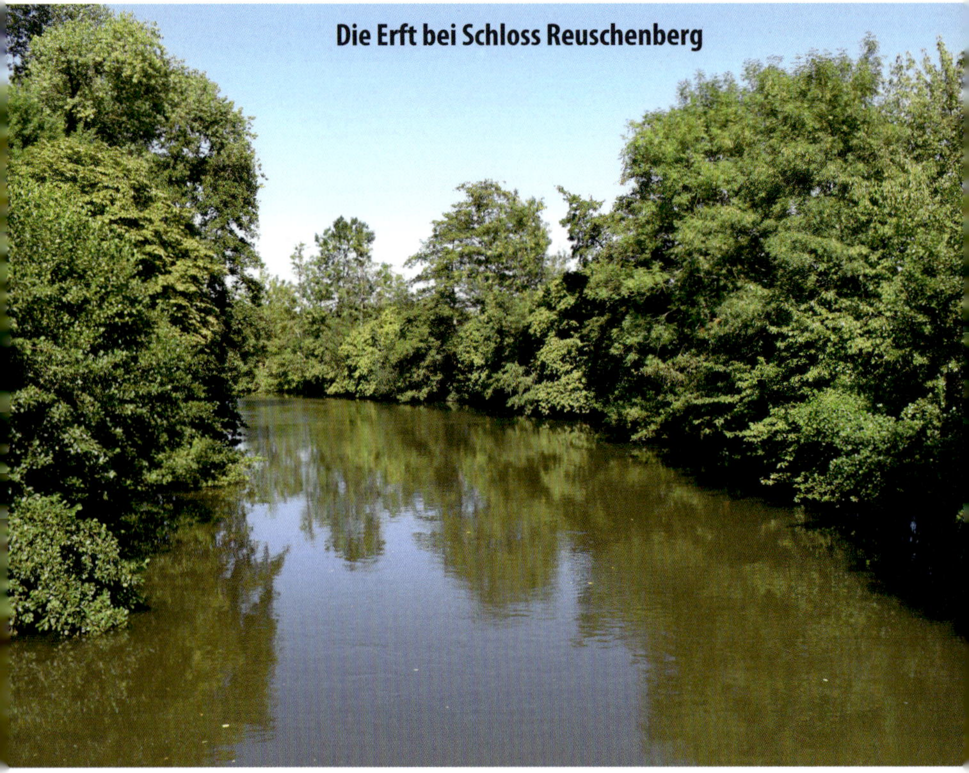

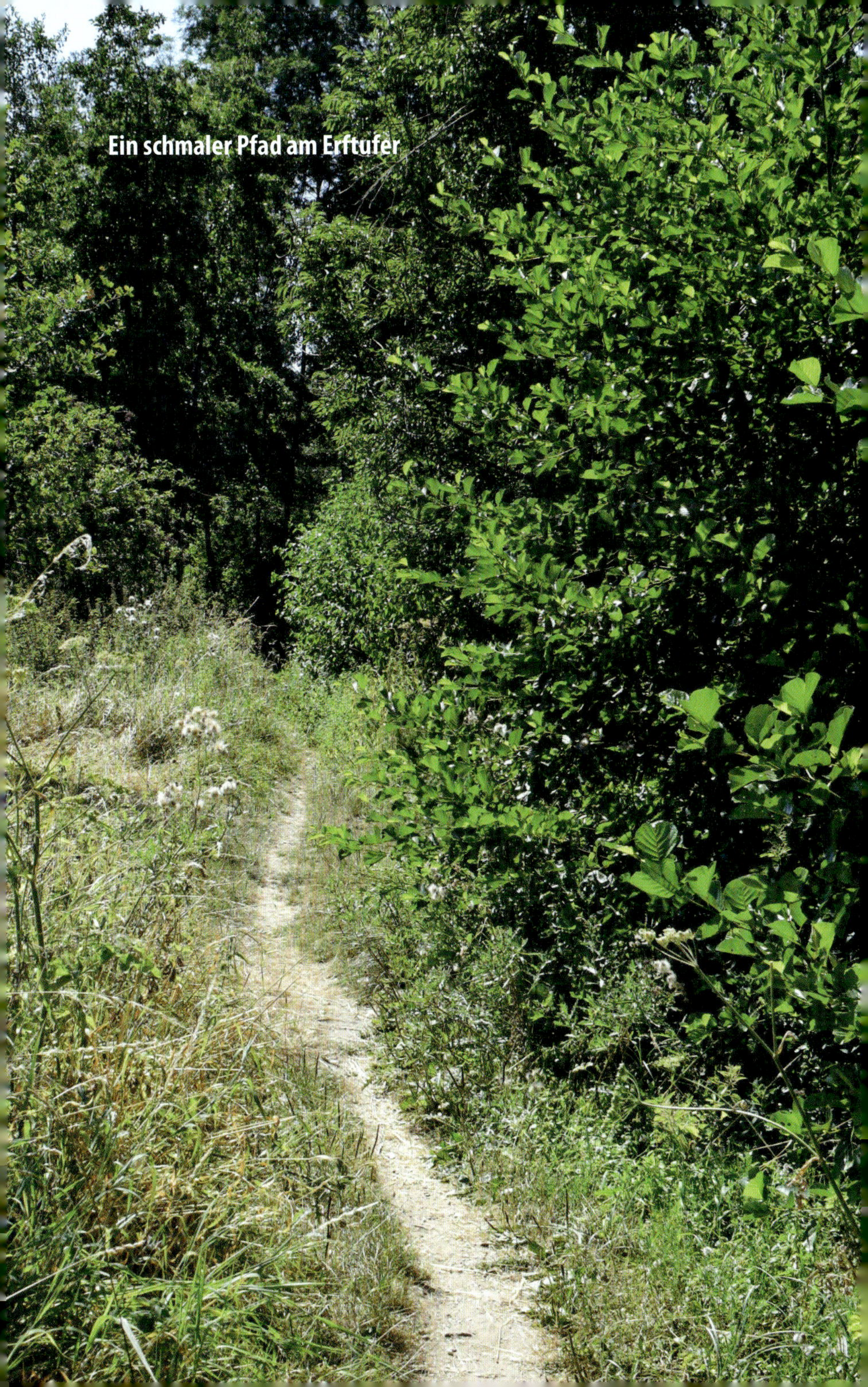

Ein schmaler Pfad am Erftufer

über eine Brücke und – erneut rechts – am anderen Ufer flussabwärts. An einer Lichtung halten wir uns rechts weiter an das Ufer. An der nächsten Wegkreuzung geht es links zum **Damwildgehege** ⑨ und dort rechts. Am Ende des Geheges wandern wir geradeaus über eine Brücke. Der Weg macht gemeinsam mit der Obererft einen Rechtsbogen zu einer Steinbrücke. Dahinter biegen wir rechts ab und gehen durch das Gelände des **Kinderbauernhofs** ⑩ zurück zum Startpunkt. Sind die Tore schon verschlossen, bleiben wir bis zum Nixhütter Weg am Ufer der Obererft, verpassen aber einige herzerfrischende Begegnungen mit neugierigen Ziegen, frechen Hauseseln, tiefenentspannten Schafen und den beiden Wollschweinen Eberhard und Mampfred.

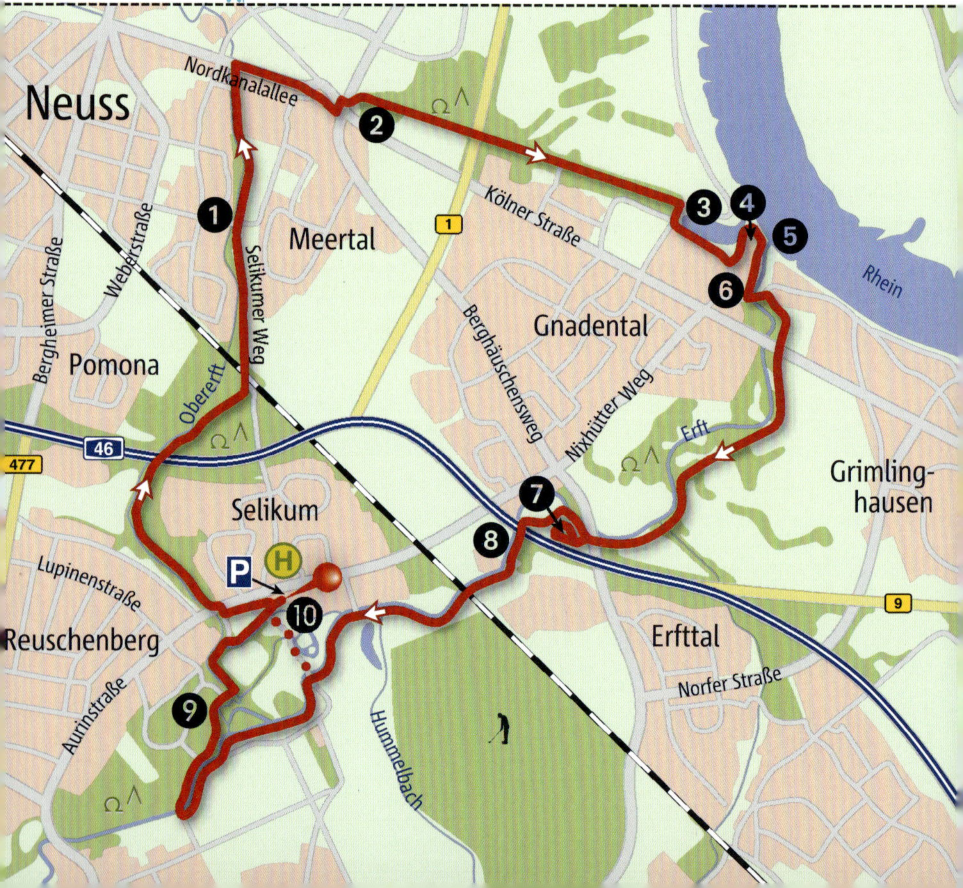

Alles auf einen Blick

WIE & WANN:
Wanderwege, in den Ortschaften Straßen; Barfußpfad (bitte Handtuch mitnehmen!); beste Zeit April bis Oktober

HIN & WEG:
Auto: Parkplatz am Kinderbauernhof, Nixhütter Weg 141, 41466 Neuss-Selikum (GPS: 51.171053, 6.702505)
ÖPNV: Ab Neuss Hbf. Bus 854 bis Kinderbauernhof

ESSEN & ENTSPANNEN:
Restaurant am Rhein ❹ Grimlinghauserbrücke 54, 41468 Neuss-Grimlinghausen, Tel. (0 21 31) 15 06 20, www.restaurant-am-rhein-neuss.de (Di.–Fr. 16–22, Sa./So.12–22 Uhr)

ENTDECKEN & ERLEBEN:
Corneliusbrücke ❶
Scheibendamm ❷
Sporthafen ❸
Erftmündung ❺
Medusenstein ❻
Hochzeitshain mit Barfußpfad ❼
Kanustrecke ❽
Damwildgehege ❾
Kinderbauernhof ❿ Nixhütter Weg 141, 41466 Neuss-Selikum, Tel. (0 21 31) 90 33 21, www.kinderbauernhof-neuss.de (täglich 9–18 Uhr)

Entspannung ✱✱✱✱✱
Genuss ✱✱✱✱✱
Romantik ✱✱✱✱✱

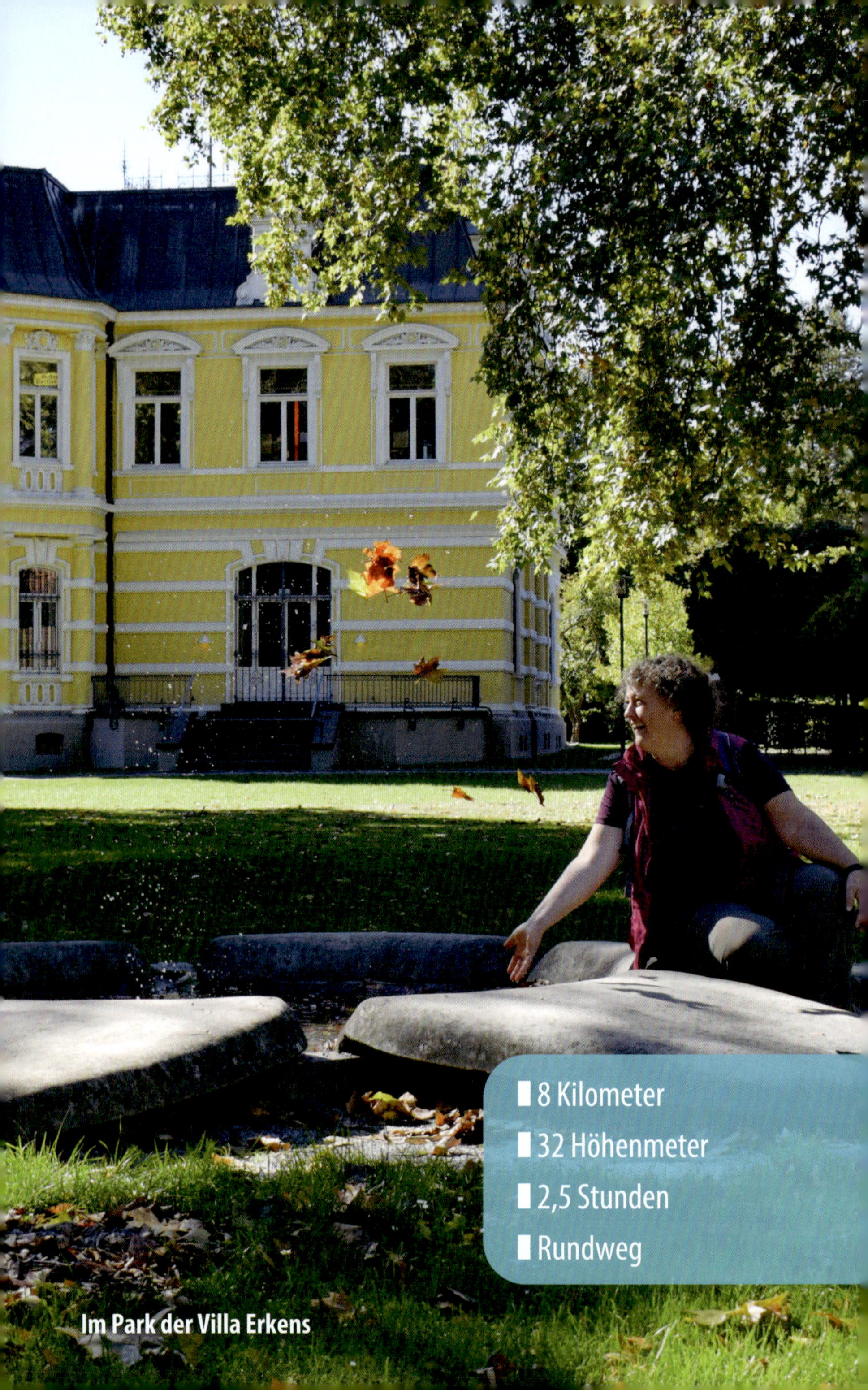

- 8 Kilometer
- 32 Höhenmeter
- 2,5 Stunden
- Rundweg

Im Park der Villa Erkens

Wir starten auf dem Grevenbroicher **Bahnhofsvorplatz** schon gleich mit guter Laune, denn die Skulptur eines abgehetzten Pendlers erinnert uns daran, dass wir heute nicht ins Büro müssen. Wir überqueren den Platz diagonal. An der nächsten Kreuzung folgen wir links der **Bahnstraße,** halten uns am **Platz der Deutschen Einheit** links und gehen etwa 200 Meter geradeaus, bis wir die **Brücke** über den Erftflutgraben sehen. Wir überqueren sie aber nicht, sondern nehmen davor den Pfad parallel zum Erftflutgraben. Nach etwa 200 Metern trifft er mit der Erft zusammen. Wir bleiben auf Geradeauskurs, ebenso an der folgenden Holzbrücke (sie ist eine **Abkürzung** zur Apfelwiese). Geradeaus wandern wir dort weiter auf dem **Hans-Gottfried-Bernrath-Weg,** hier verläuft auch ein Jakobsweg.

Offiziell heißt die Schutzhütte, die wir nun erreichen, **Waldesruh.** (1) Wir amüsieren uns über den perfekt zur Dekoration der Hüttenwände passenden früheren Kosenamen „Biertempel", der jetzt in „Waldtempel" abgemildert wurde, gehen noch etwa 70 Meter auf dem Jakobsweg und nehmen hinter einer Bachbrücke rechts den Weg auf der **Holzbrücke** über die Erft. Direkt hinter der Erft folgen wir links einem urigen Weglein am Erftufer entlang und gehen an der nächsten Gabelung links auf einem krautig zugewachsenen Pfad weiter.

Wer im Sommer Shorts trägt, kann den krautig zugewachsenen Pfad am Erftufer meiden, indem er an der erwähnten Gabelung rechts geht. Oder er betrachtet es als Heilspaziergang – Brennnessel hilft bei schlecht durchbluteter Haut und rheumatischen Beschwerden.

Mehrere idyllische Buchten und winzige Lichtungen lassen uns immer wieder innehalten. Das langsam und gleichmäßig fließende Wasser der Erft beruhigt uns. Wo die Mönchsgrasmücke ihr fröhliches Lied singt, finden wir vielleicht unseren ganz privaten Kraftort.

Der Naturpfad endet nach einem winzigen Aufstieg an einem Asphaltweg, dem wir nach rechts durch offene Landschaft folgen. Wo wir eine Wohnsiedlung erreichen, biegen wir rechts in die **Montanusstraße** ein und folgen an deren Ende dem geradeaus weiterführenden Schotterweg. Am Ende eines kleinen Waldstücks entdecken wir rechts das **Ettlrad 2**, links von uns liegt die **Apfelwiese 3**, beides Relikte der Landesgartenschau von 1995. Die Schau stand unter dem Motto „Die Erde heilen", das von Georg Ettl aufgestellte Schaufelrad mit menschlichen Silhouetten macht uns das Spannungsverhältnis zwischen Industrie und Natur bewusst.

Die 1888 in neoklassizistischem Stil erbaute Villa der Industriellenfamilie Erckens beherbergt das „Museum der niederrheinischen Seele". Es verschafft dem Besucher einen Überblick über den Kulturraum Niederrhein und die Mentalität seiner Bewohner.

Wir umrunden die Apfelwiese in einem Linksbogen und gehen an dem Summstein halbrechts zu einer Metallbrücke, die uns einen schönen Blick auf ein Erftwehr gestattet, die wir aber nicht überqueren. Denn wir halten uns links vom Museum **Villa Erckens 4**.

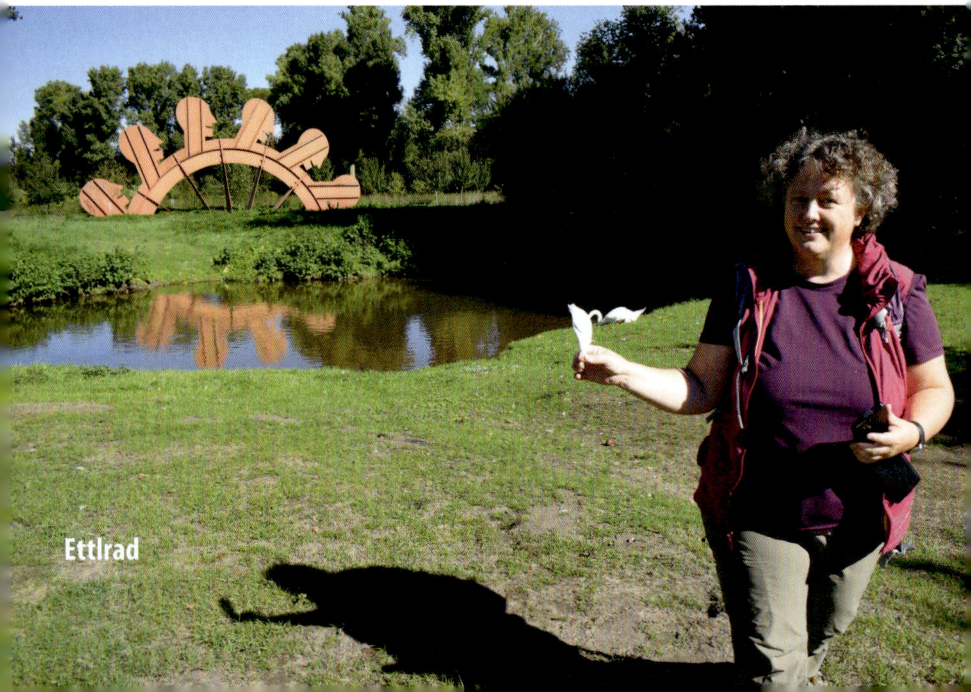

Ettlrad

Grevenbroich, bezaubernd grün

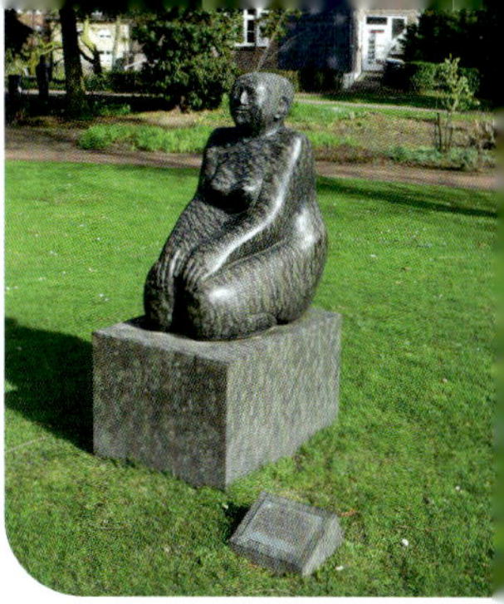

Wir laufen unter der Straße Ostwall hindurch auf einem Parkweg in die Grevenbroicher Innenstadt. Hier können wir unsere Vorräte auffüllen oder im Schatten von Linden im **Eiscafé Orli** (5) ein fruchtiges Eis, eine wärmende Trinkschokolade oder einen köstlichen Cocktail genießen. Die Einheimischen sagen, sie gehen „bei Mimmo", das ist die in Mittelitalien übliche Koseform von Domenico. Die Bedienung konnte mir nicht sagen, ob der Inhaber so heißt oder ob er aus der Toskana stammt, wo Mimmo „kleiner Junge" bedeutet. In jedem Fall kann er ganz köstliches Eis machen.

Wir überqueren die Bahnstraße (nach rechts geht es zurück zum Startpunkt) und flanieren geradeaus auf der **Karl-Oberbach-Straße** am Erftufer entlang bis zum **Denkmal für die Bundeskanzler Adenauer und Brandt.** Hier gehen wir rechts über die **Eulenturmbrücke** und dahinter – noch vor der Christuskirche – links. Auf dem Uferweg umrunden wir die **Mühleninsel** (6) zur Hälfte, das heißt, wir nehmen an zwei Gabelungen jeweils den linken Weg.

Hinter einem langen Holzgeländer gehen wir links weiter zu einem Gewässer, das wie ein Mühlteich aussieht. Das ist die Erft, sie fließt hier breit und sanft am **Alten Schloss** (7) und der **Mühle Kamper** (8) entlang. Wir bleiben in Ufernähe auf einem Schotterweg und gehen hinauf zum Schlossplatz, dort schwenken wir nach links und schreiten durch das Schlosstor. Vor der Erftbrücke nehmen wir den nach rechts führenden Weg und passieren die **Villa Krüppel,** in der sich das Standesamt befindet.

„Die wirkliche Entdeckertat besteht nicht darin, neue Länder zu finden, sondern mit neuen Augen zu sehen."
Marcel Proust

Für die Seele

Unsere Seele jubelt bei so viel Grün in einer rheinischen Innenstadt. Entlang der Erft genießen wir Natur und Kultur gleichermaßen.

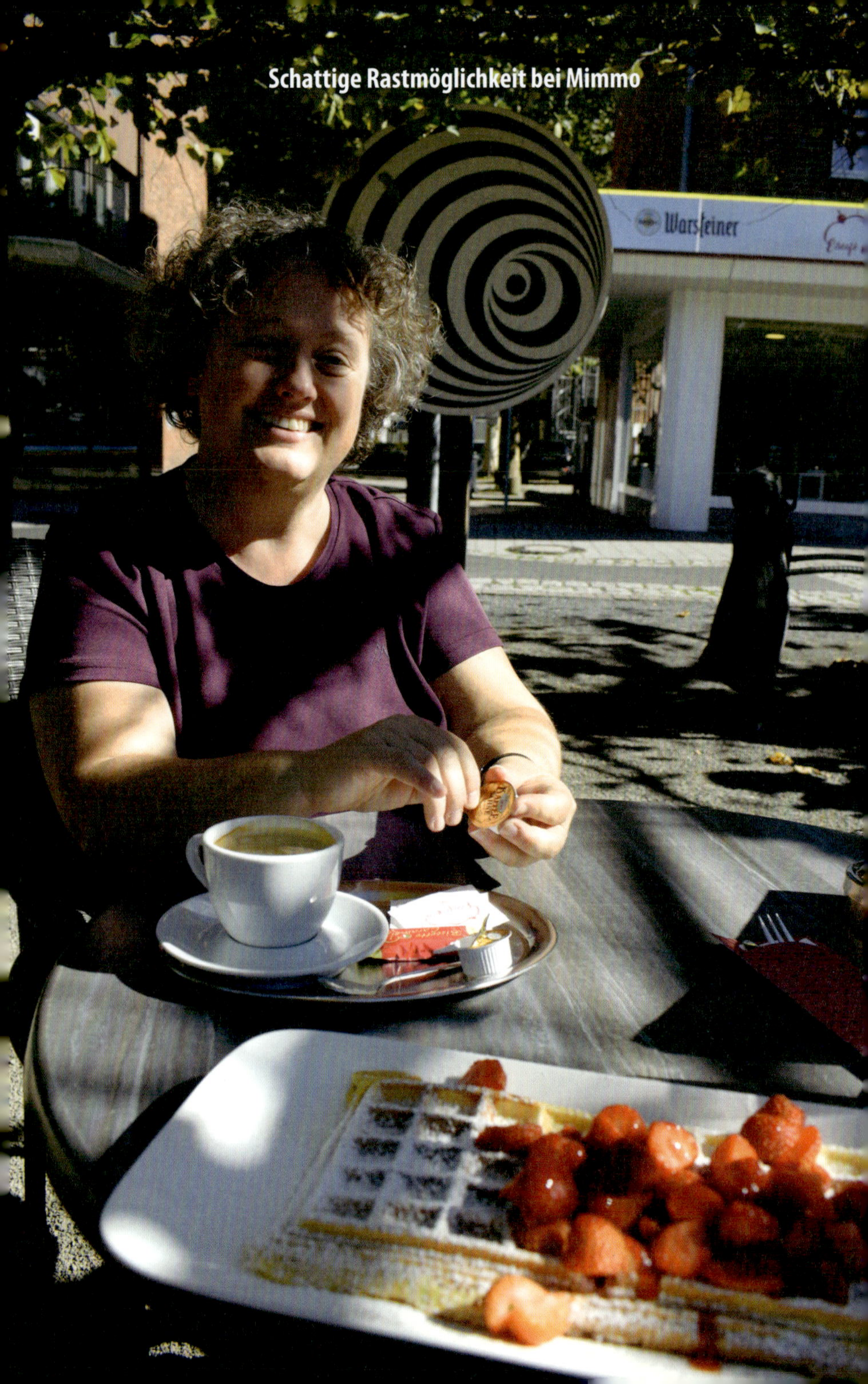

Schattige Rastmöglichkeit bei Mimmo

Der Weg macht einen Rechtsbogen zum Schlossbad. Dort geht es nach links über die Erft und dahinter rechts durch die Straße **Im Bend** weiter. An der nächsten Gabelung wählen wir die linke Möglichkeit (rechts über die Erft lässt sich der Weg um 1,8 Kilometer abkürzen) und laufen auf Höhe des Wehrs an der Wegkreuzung geradeaus durch rauschenden Pappelwald und unter einer **Bahnbrücke** hindurch.

Etwa 400 Meter hinter dem Wehr folgen wir an einer Sitzbank rechts der Wegmarkierung **X,** sodass wir weiter am Ufer der Erft bleiben. An der nächsten Gabelung gehen wir rechts Richtung **Wildfreigehege** und überqueren rechts auf einer Metallbrücke die Erft. Direkt hinter der Brücke gehen wir wieder rechts und erreichen das **Wildfreigehege im Grevenbroicher Bend (9).**

Nun folgen wir dem Schotterweg auf der rechten Seite einer Schutzhütte. Er führt uns neben der Erft an allen Flussbiegungen entlang zurück zur Bahnbrücke. Dahinter trennen sich der Flutgraben und nicht weit davon der Wildwasser-Übungskanal links von der

Das Wildfreigehege im Bend zeigt uns Wild- und Haustiere in ihren (fast) natürlichen Lebensräumen. Wir sehen Heidschnucken beim Grasen zu und staunen über die Kraft der Dexterrinder. Wasservögel ziehen ihre Bahnen, Wildschweine schubbern sich an Bäumen.

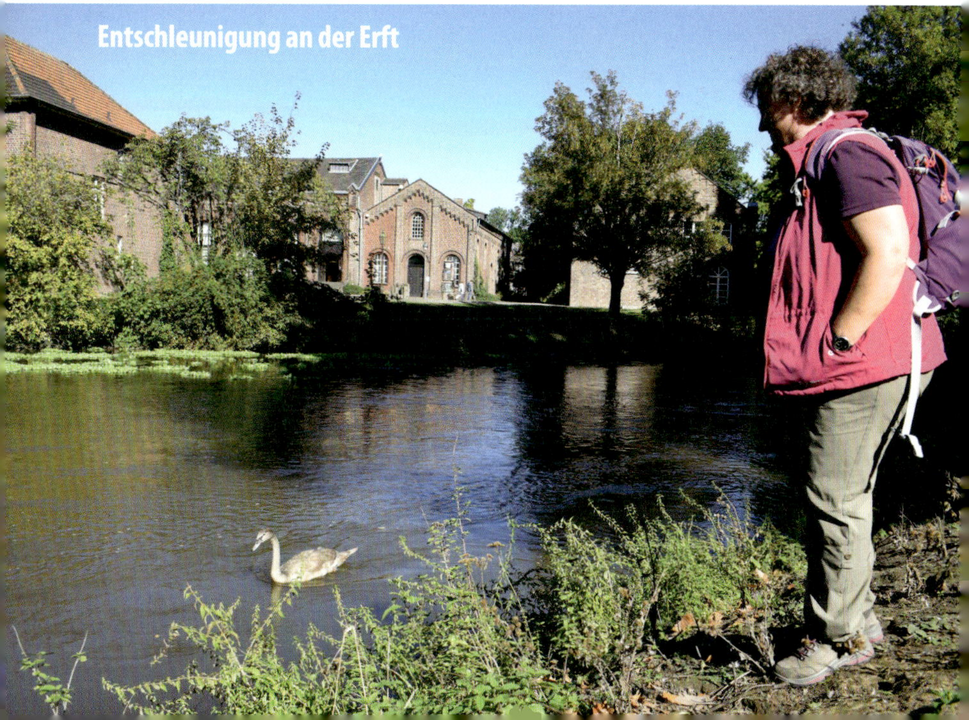

Entschleunigung an der Erft

Erft. Wir halten uns nah am Ufer des Flutgrabens, er passiert auf Höhe der Kanu-Slalomstrecke die Strandbar **Evita Beach.** ⑩ Der feine Sand der Lounge lässt an einem sonnigen Tag wohlig-warme Urlaubsgefühle aufkommen. Adieu, Alltag!

Direkt dahinter entdecken wir eine riesige **Kletterspinne.** Rechts geht es nun über eine **Brücke,** dann links auf der **Schloßstraße** und hinter der nächsten Kreuzung geradeaus auf dem Schotterweg am Kanalufer weiter. Er endet an der **Montzstraße,** hier überqueren wir links die Kanalbrücke, orientieren uns an der Ampel danach rechts und kommen zum Kreisverkehr am **Platz der Deutschen Einheit.** An dessen entferntem Ende bringt uns die **Bahnstraße** halb links zurück zum Startpunkt.

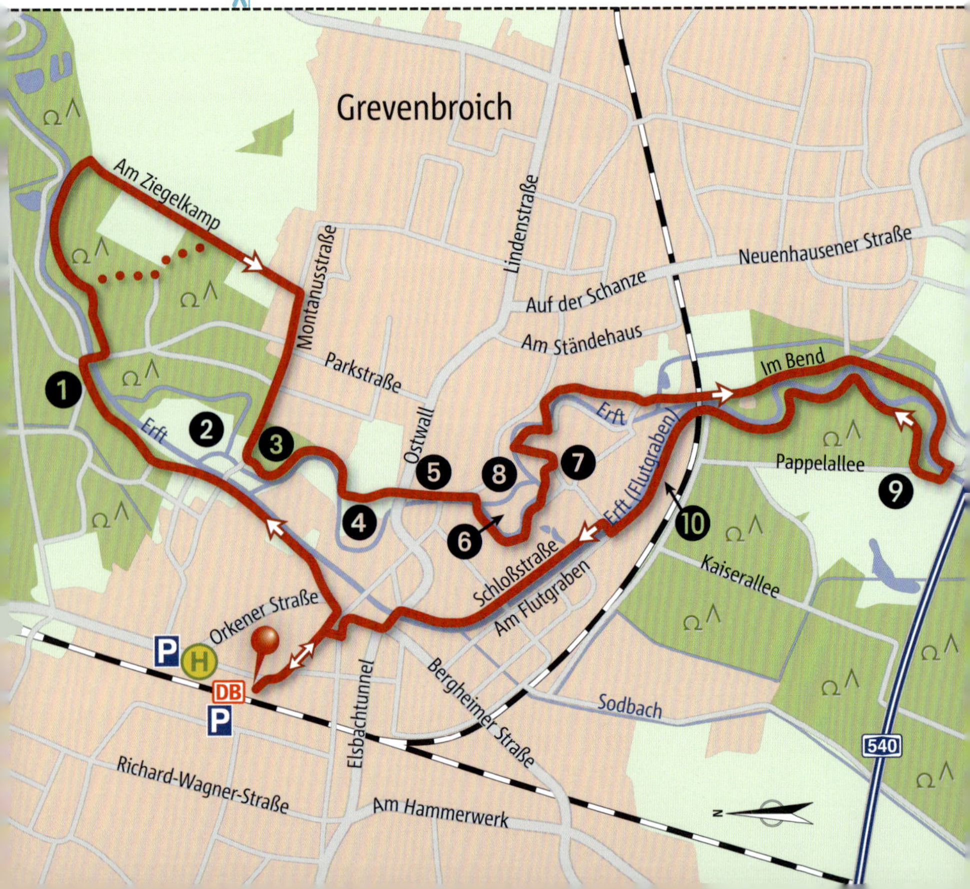

Alles auf einen Blick

WIE & WANN:
Wanderwege durch Parklandschaft, im Ort Gehwege; ganzjährig möglich und empfehlenswert

HIN & WEG:
Auto: Parkplatz am Bahnhof Grevenbroich, Von-Goldammer-Straße, 41515 Grevenbroich (GPS: 51.09432, 6.581175)
ÖPNV: Diverse RE-/RB-Linien bis Grevenbroich

ESSEN & ENTSPANNEN:
Eiscafé Orli „Bei Mimmo" ❺ Karl-Oberbach-Straße 5, 41515 Grevenbroich, Tel. (0 21 81) 7 28 99 19, www.eiscafeorli.de (Di.–So. 9–21 Uhr)
Evita Beach ❿ Am Flutgraben, 41515 Grevenbroich, www.evita-beach.de (April bis Ende August Do. 17.30–22, Fr. 17.30–24, Sa. 14–24, So. 14–20 Uhr)

ENTDECKEN & ERLEBEN:
Schutzhütte Waldesruh ❶
Ettlrad ❷
Apfelwiese ❸
Villa Erckens ❹ Am Stadtpark, 41515 Grevenbroich, Tel. (0 21 81) 6 08-6 56, www.museum-villa-erckens.de (Mi., Do., Sa., So. 13–17, Fr. 9–13 Uhr)
Mühleninsel ❻
Altes Schloss ❼
Mühle Kamper ❽
Wildfreigehege im Grevenbroicher Bend ❾

Entspannung ✱✱✱✱✱
Genuss ✱✱✱✱✱
Romantik ✱✱✱✱✱

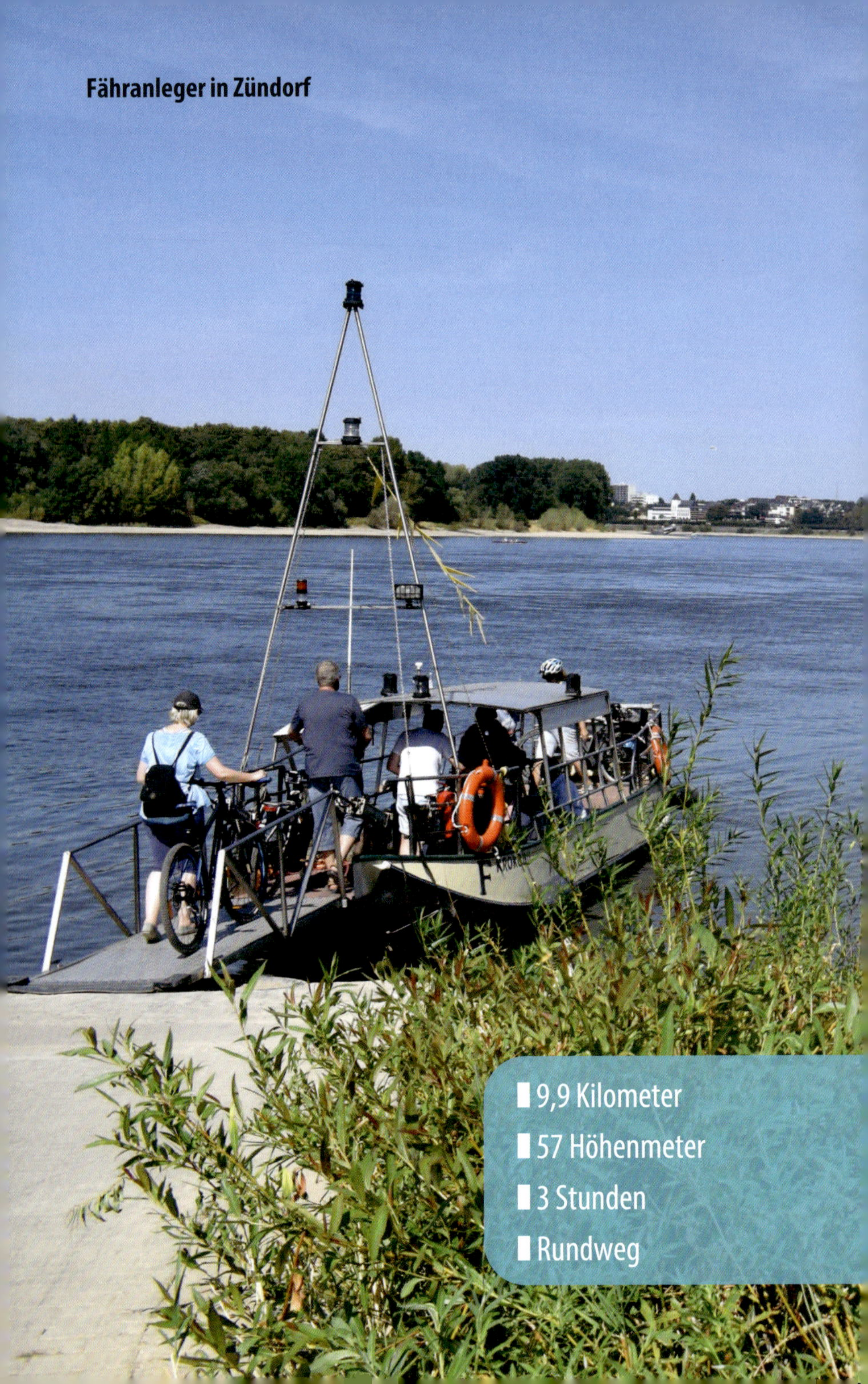

Fähranleger in Zündorf

- 9,9 Kilometer
- 57 Höhenmeter
- 3 Stunden
- Rundweg

Los geht es auf der **Uferstraße,** der wir in der Richtung, in der wir mit dem Auto gekommen sind, bis zu ihrem Ende folgen. Dort im Wendehammer gehen wir am Parkplatz vor dem Minigolfplatz links und nach zehn Metern rechts auf einem Asphaltweg in den schattigen Wald. Hinter dem letzten Bootshaus nehmen wir den Weg nach links zum Rheinufer und folgen dort rechts den Markierungen des **Kölnpfades** (weißer Kreis auf schwarzem Grund). Wir passieren das **Stemmelerkreuz** 1 und folgen dem breiten Weg für 2,7 Kilometer geradeaus.

Würzig duftender Laubwald spendet im Hochsommer angenehmen Schatten. Immer wieder öffnet sich ein schöner Blick über den Rhein hinweg nach **Porz.** 2 Dieser Stadtbezirk war bis zur Kommunalreform 1975 eine eigenständige Stadt und die Eingemeindung nach Köln geschah nicht so ganz freiwillig. Auch mehr als vierzig Jahre später sehen sich viele Porzer noch nicht als Kölner und betonen selbstironisch, dass ihnen ja immerhin ihre eigene Telefon-Vorwahl geblieben ist.

Schließlich laufen wir durch offene Weidelandschaft und können uns in dieser ländlich wirkenden Umgebung kaum vorstellen, im Stadtgebiet der viertgrößten Stadt Deutschlands unterwegs zu sein. An einem Parkplatz biegt der Kölnpfad rechts ab, hier laufen wir noch etwa 150 Meter geradeaus auf dem **Weißer Leinpfad** bis zum Fähranleger der **Personenfähre Weiß–Zündorf.** 3 Die kleine Personenfähre namens

Diese Tour lässt sich gut als Familienausflug planen. Denn die Sonnenanbeter unserer Familie wissen wir während dieser Wanderung am Strand der Kölschen Riviera – unweit vom Startpunkt – gut aufgehoben.

Der Weißer Rheinbogen, bis in die 1960er-Jahre landwirtschaftlich genutzt, wurde danach durch großflächige Aufforstungen zum Auenwald. Als Naherholungsgebiet, Trinkwasserreservoir und Hochwasserschutz geplant, ist er Lebensraum für zahlreiche Pflanzen und Tiere.

Kölsche Au(g)enblicke

Weißer Rheinbogen & Groov

Krokodil oder ihr großer Bruder Krokolino bringen uns auf die andere Stromseite. 340 Meter liegen die beiden Anlegestellen voneinander entfernt. Wenn bei schönem Wetter besonders viel los ist, pendeln die beiden Fähren gemeinsam zwischen den Fähranlegern in Köln-Weiß und an der Zündorfer Groov. Nach der Überfahrt steigen wir den Fährweg hinauf und folgen dem Weg nach links zwischen Rhein und der **Unteren Groov.** 4

Groov kommt von dem keltischen Wort grave für Kies- oder Sandbank. Hinter dieser Sandbank floss einst ein Seitenarm des Rheins, der später verlandete. Man baute im 19. Jahrhundert zwei Dämme zur Insel. So entstanden zwei Seen, die Obere und die Untere Groov.

Am **Yachthafen** biegen wir rechts ab. Auf der Bank an der rechten Seite des Weges genießen wir einen weiten Blick über die Untere Groov, an deren Ufer wir zum **Wehrturm** 5 schlendern. Er stammt aus dem 14. Jahrhundert und wurde nach der Eingemeindung eine Dependance des Kölnischen Stadtmuseums. Unter dem Titel „Kunst im Turm" finden hier regelmäßig Ausstellungen statt.

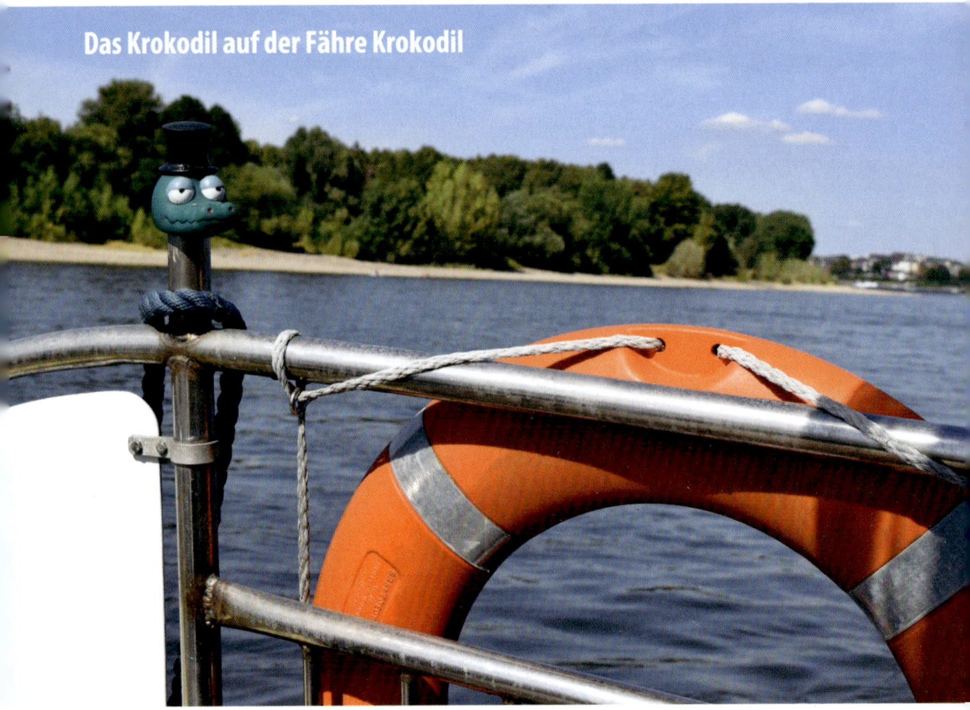

Das Krokodil auf der Fähre Krokodil

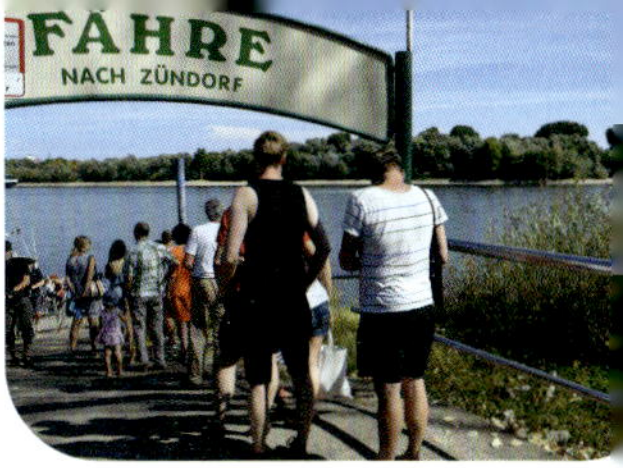

Weißer Rheinbogen & Groov

Nur wenige Schritte weiter plätschert an schönen Tagen eine lustige Fontäne in der **Unteren Groov.**

Unsere Neugier lockt uns in die nach links führende Gasse: Sind es wirklich genau 71 Schritte bis zu **Daisys Tearoom & Garden** (6), wie das Werbeschild an der Groov-Promenade behauptet?

Für unsere gewissenhafte Zählleistung werden wir belohnt mit einem Idyll, das aus einem Rosamunde-Pilcher-Roman entsprungen sein könnte. *Very british* sind hier nicht nur die Inneneinrichtung und die Tee-Terrasse, sondern auch das *full cooked English breakfast* (bitte vorbestellen!). Dies und eine herrlich große Auswahl anderer Frühstücksvarianten gibt es bis ein Uhr mittags. Nachmittags dürfen wir zwischen *cream tea* und *traditional afternoon tea* entscheiden. Aber auch die Waffeln, Pfannkuchen und Stullen sind unvergleichlich lecker. Allein beim Studieren der riesigen Auswahl an Tees weitet sich das Herz. Dort lesen wir zum Beispiel „Seelenwärmer" (ein ayurvedischer Kräutertee), „Glücksmomente" (ein japanischer Grüntee) oder „Frauentraum" (ein Früchtetee mit wohltuenden Kräutern).

Nach diesem Abstecher trifft unser Weg auf den **Zündorfer Marktplatz** mit einigen weiteren guten Einkehrmöglichkeiten. Wir halten kurz inne und betrachten die kleinen Fachwerkhäuser, an denen wilder Wein rankt. Das fühlt sich nicht nach einer Millionenstadt an, sondern eher wie ein Weindorf an der Mosel oder ein mediterraner Urlaubsort.

Vom Marktplatz machen wir uns auf den Weg

Für die Seele

Ganz im Süden Kölns wandern wir durch den kühlen Schatten des Auenwalds und lassen uns bei der Rheinüberquerung mit der Fähre den Fahrtwind um die Nase wehen.

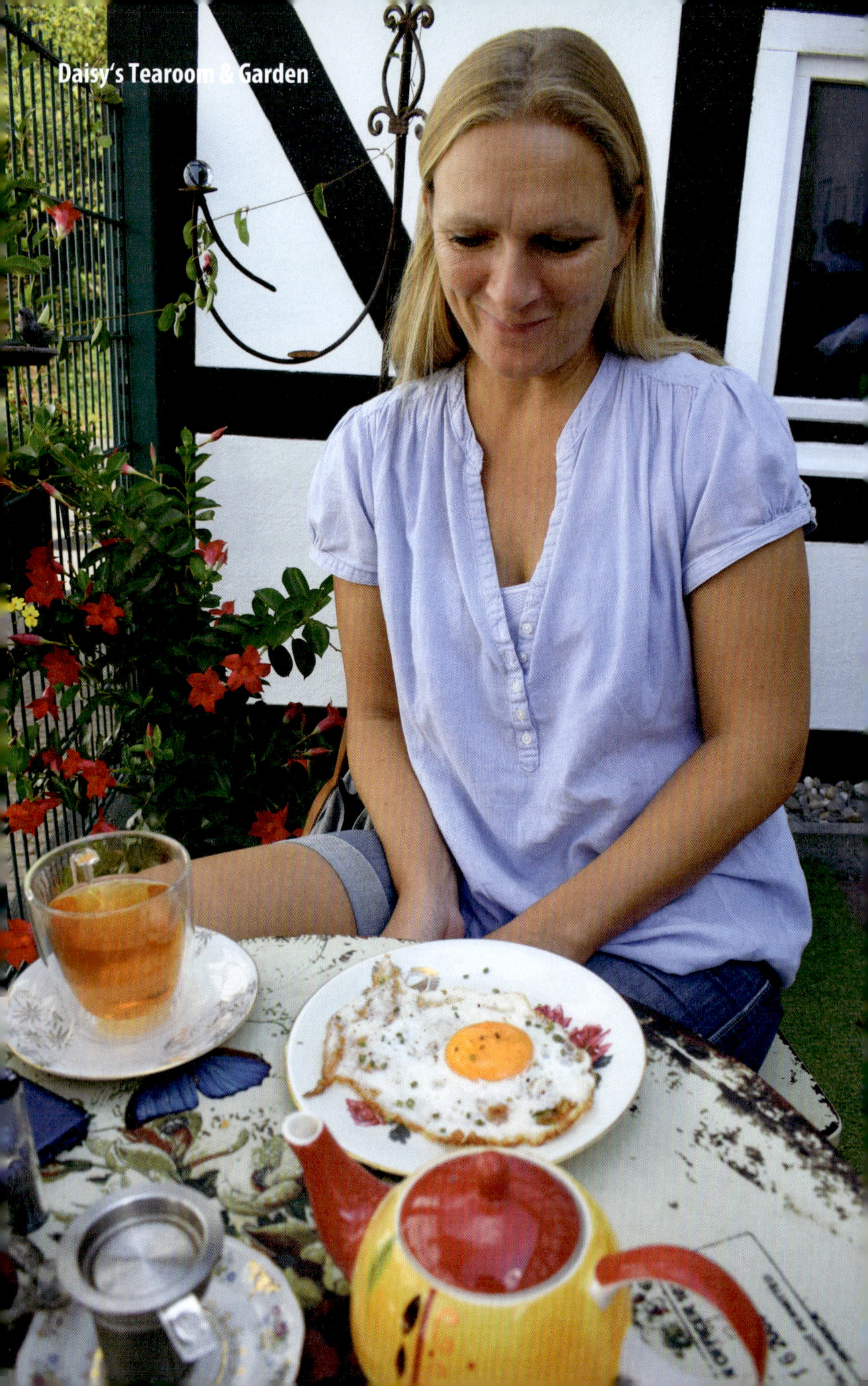

Daisy's Tearoom & Garden

rund um die **Obere Groov** 7, auf dem wir Minigolf spielen, Tretboot fahren, das Zündorfbad und/oder einen Erwachsenen-Spielplatz besuchen können: Auf dem **Bewegungsparcours** haben wir beim Balancieren oder bei Kraftübungen die Wahl zwischen leichten, mittleren und schweren Übungen. Ob das Antwort auf die Frage „Wer bin ich, wenn ich niemand sein muss?“ gibt, sei dahingestellt. In jedem Fall macht es Spaß und wird in unsere ganz private Sammlung unerwarteter Glücksmomente aufgenommen. Nachdem wir unsere Kraft und unser Gleichgewicht ausführlich unter Beweis gestellt haben, führt uns der Weg zurück an den Rhein.

Direkt neben dem Fähranleger locken uns ein kleiner Sandstrand und bezaubernde Aussichten auf den Rhein zu einer Pause. Mit der Überfahrt haben wir es nicht so eilig, wir wissen ja, dass wir es mit einer Pendelfähre zu tun haben, und müssen nur darauf achten, die allerletzte Fahrt nicht zu verpassen.

Dann machen wir uns bereit für die Rückfahrt

!

Eine etwa 1 Kilometer kürzere Wegalternative führt auf dem Zündorfer Marktplatz an der Nepomuk-Statue rechts zum Damm zwischen den beiden Groov-Seen hindurch. Morgens können wir hier den Vögeln beim Schwätzchen zuhören, abends gibt es Froschkonzert.

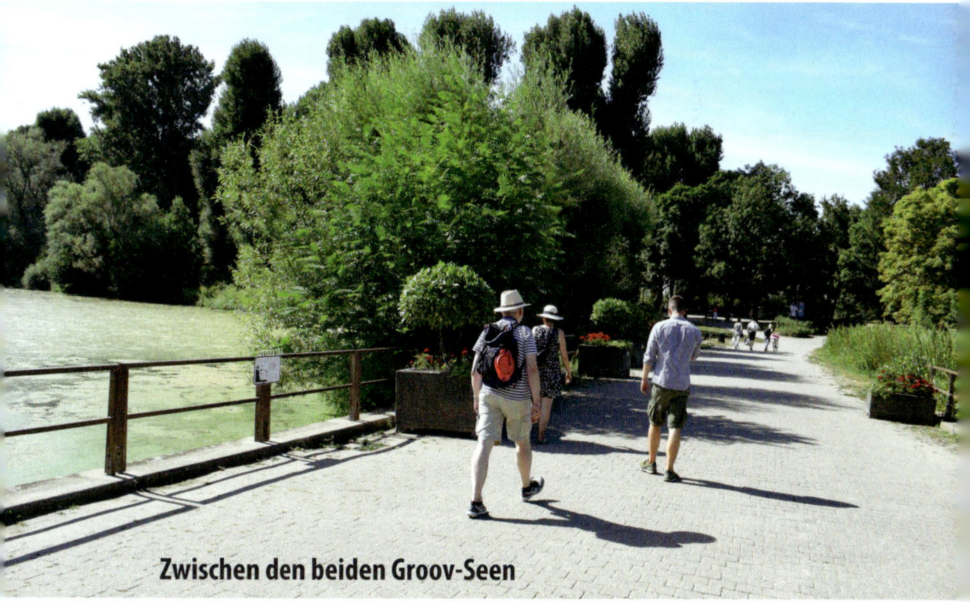

Zwischen den beiden Groov-Seen

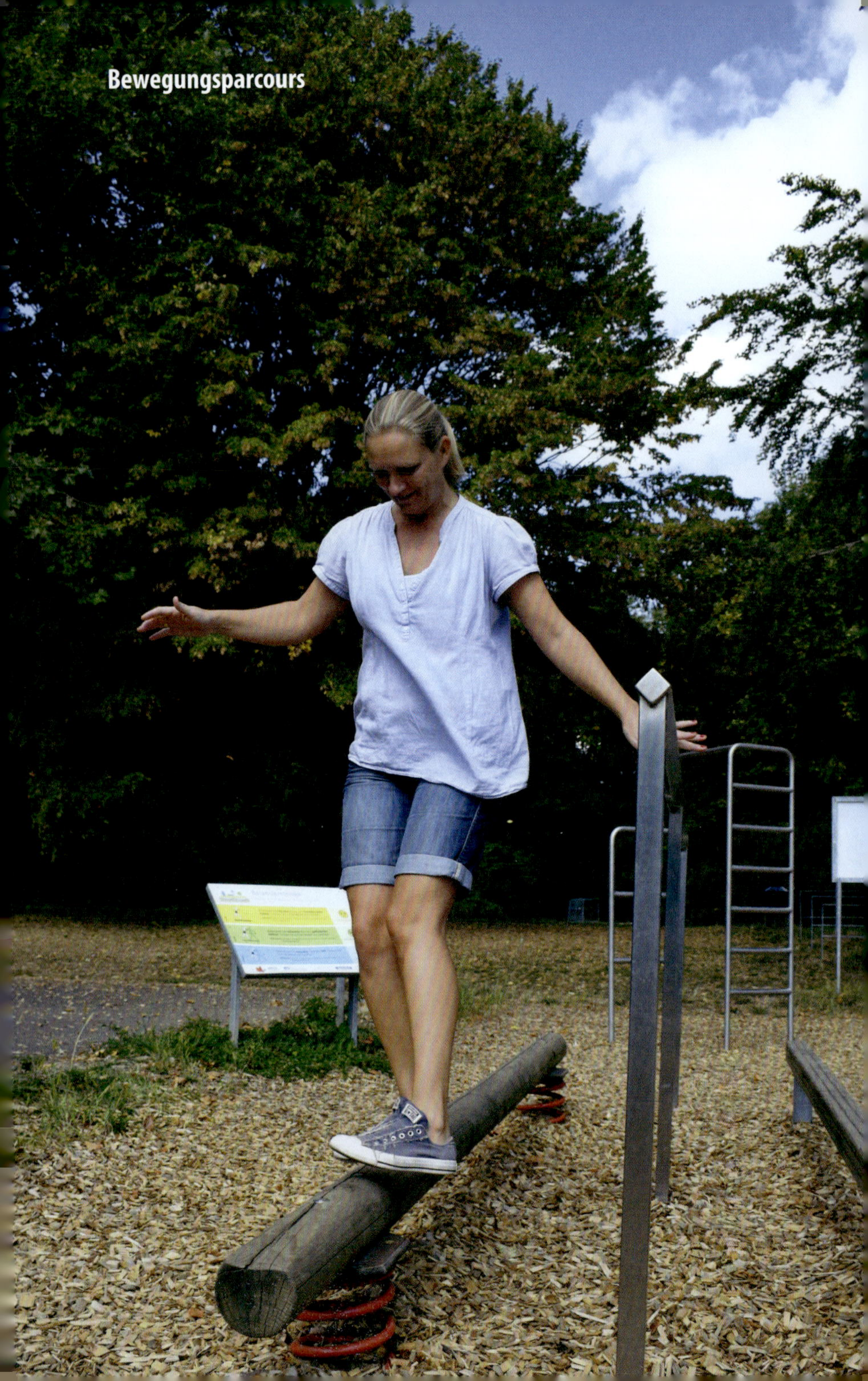

mit der **Personenfähre.** ③ „Hol über!" ist der korrekte Zuruf an den Fährmann, mit dem der Rufer vom jenseitigen Ufer aus darum bittet, übergesetzt zu werden. Würden wir das am Rhein machen, könnte der Fährmann uns gar nicht hören. Deshalb hat er einen **„Hol über"-Sitz** gebaut: Wenn sich einer von uns dort hinsetzt, dreht sich ein Klappschild. Das kann der Fährmann am anderen Ufer sehen und weiß, dass dort jemand wartet. So hat der Wartende unmissverständlich klargemacht, dass er abgeholt werden möchte, und muss in der Wartezeit nicht stehen.

Nach dem Verlassen der Fähre gehen wir rechts und nach etwa 150 Metern links zu dem Parkplatz, den wir schon auf dem Hinweg gesehen hatten. Ein verbeultes Schild an einem Pfahl trägt die Aufschrift **Lück-Desch.** Wir verstehen genug Kölsch, um zu übersetzen: *Lück* heißt Leute und *Desch* ist ein Tisch. Aha, ein Tisch für Leute. Bestimmte Leute? Alle Leute? Wer mag das Schild wohl in Auftrag gegeben haben? Unsere Fantasie verleiht uns Flügel für die restliche Wanderstrecke und der Songtext des Bläck-Fööss-Songs *Lück wie isch un du* schleicht sich aus den Tiefen unserer Erinnerung ins Bewusstsein. Und wir müssen ja nicht so genau hinschauen, um entzaubert zu erkennen, dass es ursprünglich ein *Lüch-Desch*

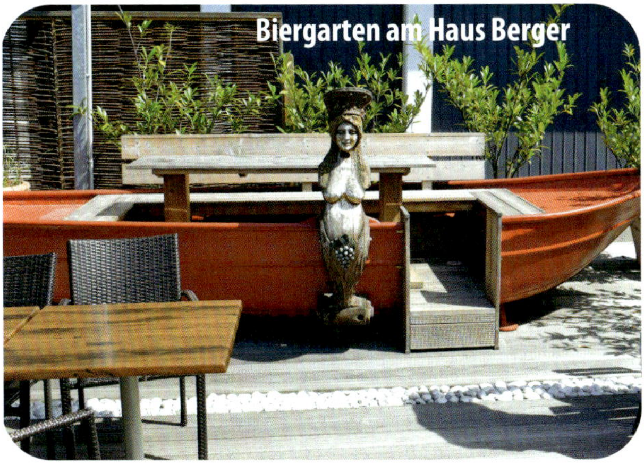
Biergarten am Haus Berger

war, also ein Lügentisch. Dahinter, etwa auf Höhe einer kleinen **Kapelle,** folgen wir rechts dem **Triftweg.** Er führt an Pferdekoppeln und Weiden entlang wieder in den Auenwald herein. Wir laufen immer geradeaus. Der Triftweg heißt nun **Auenweg** und wir halten uns an der nächsten Gabelung rechts. Knapp zwei Kilometer hinter der Kapelle kommen wir an ein Feld. Hier sehen wir auf der anderen Seite des Feldes schon die Sonnenschirme des Minigolfplatzes und folgen dem Rainpfad nach rechts zurück zum Startpunkt. Dort können wir im **Haus Berger** 8 sehr gepflegt im Restaurant speisen. Oder uns ganz rustikal im Biergarten stärken, wo es Fritten aus der Papiertüte gibt und Currywurst im Weckglas, dazu ein frisches Kölsch.

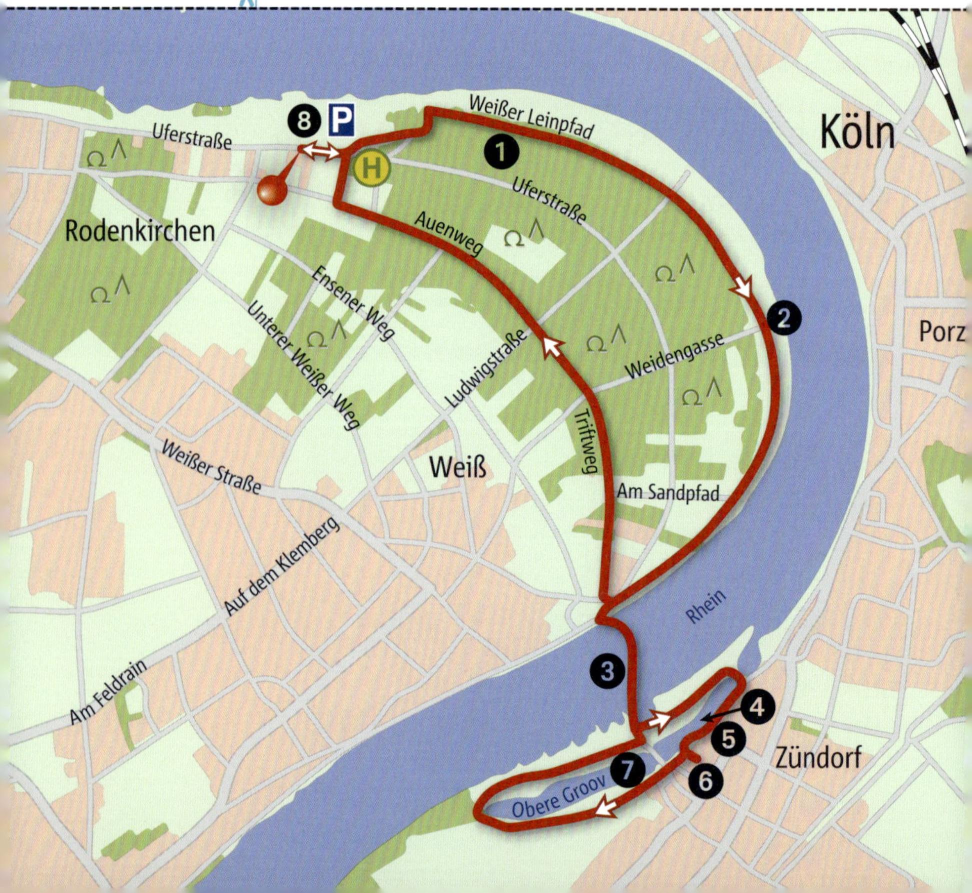

Alles auf einen Blick

WIE & WANN:
Befestigte Wege durch Wald, Feld und Parkanlagen, in den Ortschaften Straßen; beste Zeit April bis September (November bis Februar verkehrt die Fähre nicht, im März und Oktober nur an Wochenenden und Feiertagen)

HIN & WEG:
Auto: Parkplätze am Campingplatz Berger und in der Uferstraße, 50996 Köln-Rodenkirchen (GPS: 50.890839, 7.022704)
ÖPNV: Ab Köln Hbf. Bus 135 bis Uferstraße

ESSEN & ENTSPANNEN:
Daisy's Tearoom & Garden ❻ Gütergasse 21, 51143 Köln-Zündorf, Tel. (0 22 03) 8 06 78 34, www.daisys-cafe.de (Di.–Fr. 9–18, Sa./So. 9.30–18 Uhr)
Haus Berger ❽ Uferstraße 71–73, 50996 Köln-Rodenkirchen, Tel. (02 21) 3 40 88 82, www.rheinkilometer681.de ((Di.–Sa. 14–22, So. 12–20 Uhr,Biergarten im Sommer auch Mo.)

ENTDECKEN & ERLEBEN:
Stemmelerkreuz ❶
Blick nach Porz ❷
Personenfähre Weiß–Zündorf ❸ Tel. (0 22 36) 6 83 34, www.faehre-koelnkrokodil.de
Untere Groov ❹
Wehrturm ❺ www.zuendorfer-wehrturm.de
Obere Groov ❼

Entspannung ★★★★☆
Genuss ★★★★☆
Romantik ★★★★☆

Donatussee

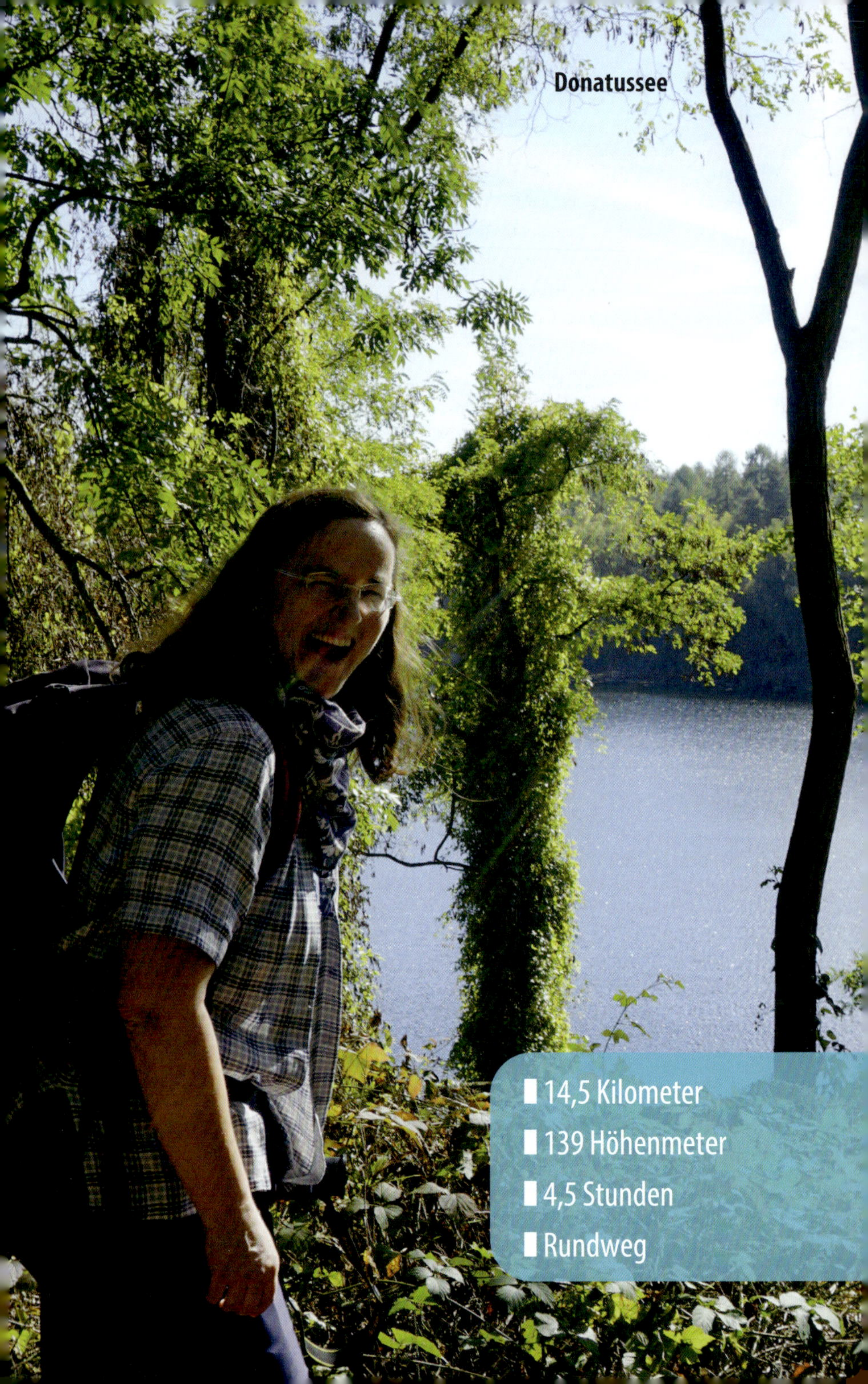

- 14,5 Kilometer
- 139 Höhenmeter
- 4,5 Stunden
- Rundweg

Ein letzter Blick in den Rucksack: Reicht der Proviant für die gesamte Wanderung? Oder ergänzen wir die Vorräte noch kurz am Kiosk **Gleis 4?**

Wir beginnen unsere Wanderung mit dem Bahnhof im Rücken und gehen links am Parkplatz entlang zu einem Kreisverkehr, wo uns ein Schotterweg nach links zur Bahnstrecke bringt. Eine Wegmarkierung mit einem großen **S** zeigt uns, dass wir auf der Seenrunde unterwegs sind. Am Ende des Weges gehen wir links durch eine Unterführung zum Parkplatz Donatussee, hier nehmen wir die Wege **A7** und **S** nach links und 150 Meter dahinter nach rechts. An vier Einmündungen laufen wir geradeaus weiter, dabei geht es zwischen der dritten und vierten Einmündung etwas bergauf.

Der **Donatussee** ① liegt zunächst rechts tief unterhalb unseres Weges, doch bald erreichen wir bergab das Seeufer. Es handelt sich um einen Restsee der Grube Donatus und den mit 15 Metern tiefsten Villesee. Nur wenige Stellen sind für Menschen erreichbar, die steilen Uferbänke und der dichte Schilfgürtel sind die perfekten Laichzonen für Lurche.

An einer kleinen **Bucht** bieten sich Baumstämme als Sitzgelegenheit an. Wir nehmen uns einen Moment der Besinnung und schauen den Stichlingen zu, wie sie munter durch das Wasser flitzen.

Etwa 50 Meter hinter der Bucht folgen wir den Markierungen des örtlichen Wanderweges **A7** nach rechts und entdecken am Ostufer weitere Zugänge

Zur Ruhe kommen, das geht am besten, wenn man in Bewegung ist. Wir bewegen uns von See zu See, lauschen dem Wind in den Baumkronen, gönnen uns eine Pause am Ufer.Jeder der elf Seen ist einzigartig in Form und Farbe, in Größe und Tiefe.

Die Ville, ein Höhenzug westlich von Köln, gehörte zum rheinischen Revier, wo Braunkohlentagebau stattfand. Inzwischen wurden fast 75 Quadratkilometer rekultiviert. In den Restlöchern entstanden die Seen und Weiher der Villeseenplatte, ein artenreiches Biotop.

In der rheinischen Mundart bedeutet schnack gerade. Wenn jemand erklärt, er gehe „schnurschnacks von A nach B", verläuft seine Route schnurgerade zum Ziel. Der Schnacke Jagdweg der in Brühl residierenden Kölner Kurfürsten führt fast 4 Kilometer gerade durch den Wald.

zum See, während wir alle Einmündungen ignorieren. An einer Gabelung nehmen wir den linken Weg und gehen an dessen Ende erneut links, um schon nach 30 Metern rechts (A7) abzubiegen. Wir gehen auf dem Schlunkweg **(A6)** bergauf und können auf Höhe der **Zwillingsseehütte** zwischen den Bäumen einen Blick auf den **Zwillingssee** ② erhaschen. Näher kommen wir an ihn nicht heran, weil er in einem Naturschutzgebiet liegt.

Etwa 400 Meter hinter der Hütte erreichen wir eine Kreuzung, an der von unserem Weg der **Schnacke**

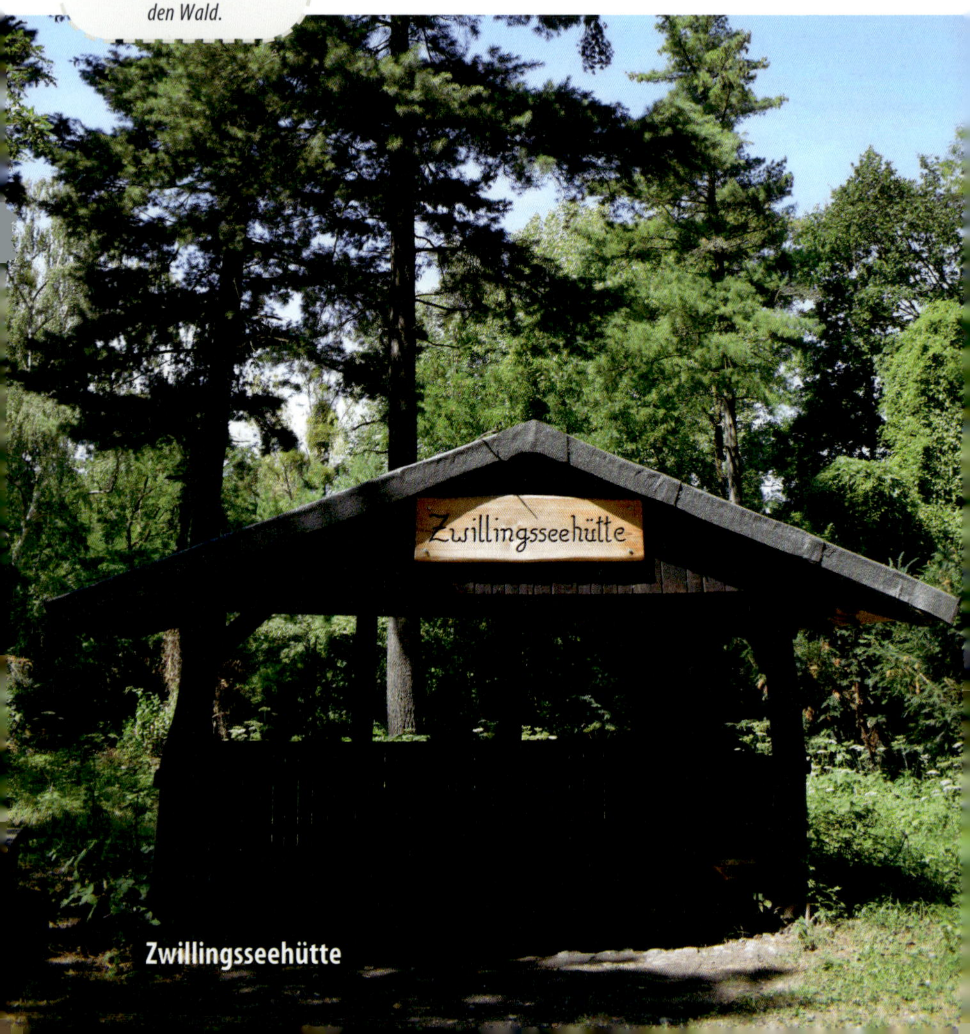

Zwillingsseehütte

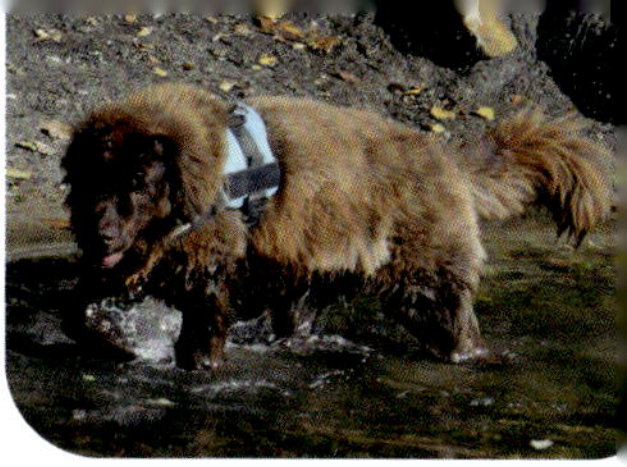

Jagdweg abgeht. Der Findling an dieser Kreuzung sieht mit etwas Fantasie wie ein Herz aus. Welch freundliche Einladung zu einer kleinen Rast!

Wir bleiben auf dem Schlunkweg (A6), der links bergab zum Villenhofer Maar ③ führt. Ein Findling markiert den Zugang zu diesem idyllischen Waldsee. Am anderen Ufer entdecken wir Seerosen zwischen den beiden Anglerstegen. Auch wenn der Name Maar auf einen vulkanischen Ursprung hinzudeuten scheint, haben wir, wie bei den anderen Villeseen, einen Tagebaurestsee vor uns.

Wir wandern geradeaus, bis hinter dem Maar der Wanderweg A6 und der Römerkanal-Wanderweg (markiert mit einem stilisierten Kanalquerschnitt) abzweigen, diesem Weg folgen wir links für etwa 600 Meter. Wir entdecken einen Findling mit der Aufschrift Rennweg und folgen dem gleichnamigen Weg nach links. Er führt am Entenweiher ④ mit seinem auffällig braunen Wasser entlang und endet am Huttanusplatz. Hier biegen wir an der Schutzhütte rechts ab (geradeaus ginge es zum Untersee, das wäre eine Abkürzung von etwa 7 Kilometern).

Dem Weg mit der Markierung S folgen wir etwa 1 Kilometer, dann orientieren wir uns an dem nach links zeigenden Wegweiser zum Pingsdorfer See. ⑤ Rechts des Weges entdecken wir einen Zugang zum See mit Sitzbank und Bilderbuchblick. Libellen zeigen uns Flugkunststückchen und die filigranen Wasserläufer flitzen auf der glatten Seeoberfläche hin und her. An diesem See verstehen wir, was naturnahe Re-

Für die Seele

Jeder einzelne der elf Seen hat seinen eigenen Charme, alle zusammen garantieren selbst an heißen Sommertagen eine erfrischende Wandertour.

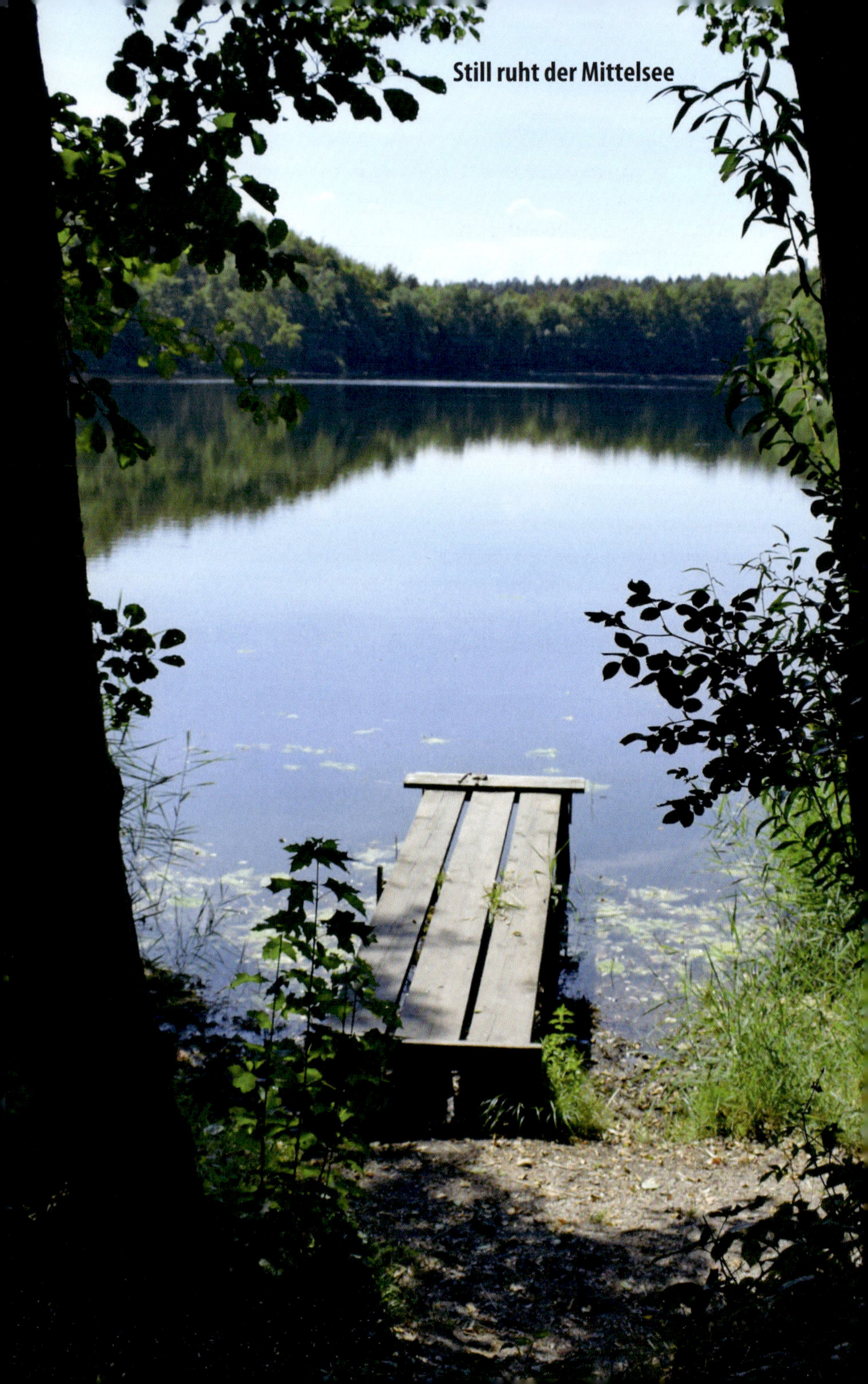
Still ruht der Mittelsee

kultivierung bedeutet: Die Natur wird nicht aufgeräumt. Fällt ein Baum in den See, darf er darin liegen bleiben und vermodern.

Wir setzen unseren Weg auf dem Seeradweg fort und folgen ihm durch eine Spitzkehre nach links und an der nächsten Wegkreuzung geradeaus. Der Weg verliert sich an der Maiglerwiese.

Hier folgen wir dem Wegweiser nach links Richtung **Untersee,** gehen an der nächsten Kreuzung halb links und an der dritten Kreuzung Richtung **Heider Bergsee.** Wir atmen tief durch und genießen den würzig-harzigen Duft des Nadelwaldes. An einer weiteren Kreuzung wählen wir den halb links wegführenden Weg **(75)** hinab zum Damm zwischen dem wunderschön mit Seerosen bewachsenen **Schluchtsee** **6** auf der linken und dem Heider Bergsee auf der rechten Seite. Wir gehen rechts bergab und am Ufer des **Heider Bergsees** **7** entlang um eine Halbinsel herum.

An der folgenden T-Kreuzung steigen wir den steilen Weg hinauf und wenden uns oben nach rechts Richtung **Liblar.** Hinter der Sitzbank an der ersten Gabelung geht es rechts, an der zweiten Gabelung links. Der Weg wird oberhalb des **Franziskussees** **8** geführt. Nur an wenigen Stellen blitzt die Wasserfläche zwischen den Baumstämmen hindurch, an zwei Stellen können wir den See auf Stichwegen erreichen.

An dem Wegweiser der Wasserburgenroute biegen wir links ab und treffen nach etwa 500 Metern auf eine T-Einmündung. Hier wandern wir rechts hinab zum **Untersee** **9** mit seinem erstaunlich klaren Wasser. Auf dem Uferweg erreichen wir das Ende des Sees. Hier geht es links auf dem Damm zwischen Untersee und Mittelsee weiter, dann rechts am Ufer des **Mittelsees** **10** entlang und auf dem nächsten Damm nach rechts. Hier, mitten im Grünen, an einem Picknicktisch zwischen Mittelsee und **Obersee** **11**, bietet sich noch einmal eine gute Gelegenheit zum Innehalten. Spätestens hier am elften und letzten See un-

Erfrischungstour 20

Der Waldbiergarten ist durch keinen Brauereivertrag gebunden und bietet bis zu 150 Bier-sorten wie Kölsch, Pils, Weizen, Dunkel und Bock an. Wer Schorschbock bestellt, sollte gut überlegen, ob er nach dem stärksten Bier der Welt (57 Prozent) den Bahnhof noch findet.

serer Rundtour fällt uns auf, wie entspannend und erfrischend Wasser auf unsere Seele wirkt.

Am Ende des Damms biegen wir rechts ab und bleiben am Ufer des Mittelsees, bis uns links ein Weg bergauf führt. Er trifft auf den Wanderweg **A2,** dem wir für etwa 600 Meter nach links folgen, bevor wir rechts durch die Bahnunterführung gehen. Schon gut 100 Meter später erreichen wir den **Waldbiergarten ⑫,** in dem wir nach den Anstrengungen der Wanderung ausspannen können. Das ist eine Lokalität, die Biertrinkern das Herz höher schlagen lässt. Und die Seele lacht beim Schildchen „Unkraut an Selbstpflücker kostenlos abzugeben." Vom Waldbiergarten geht es auf dem **Grubenweg** zum Startpunkt am Liblarer Bahnhof.

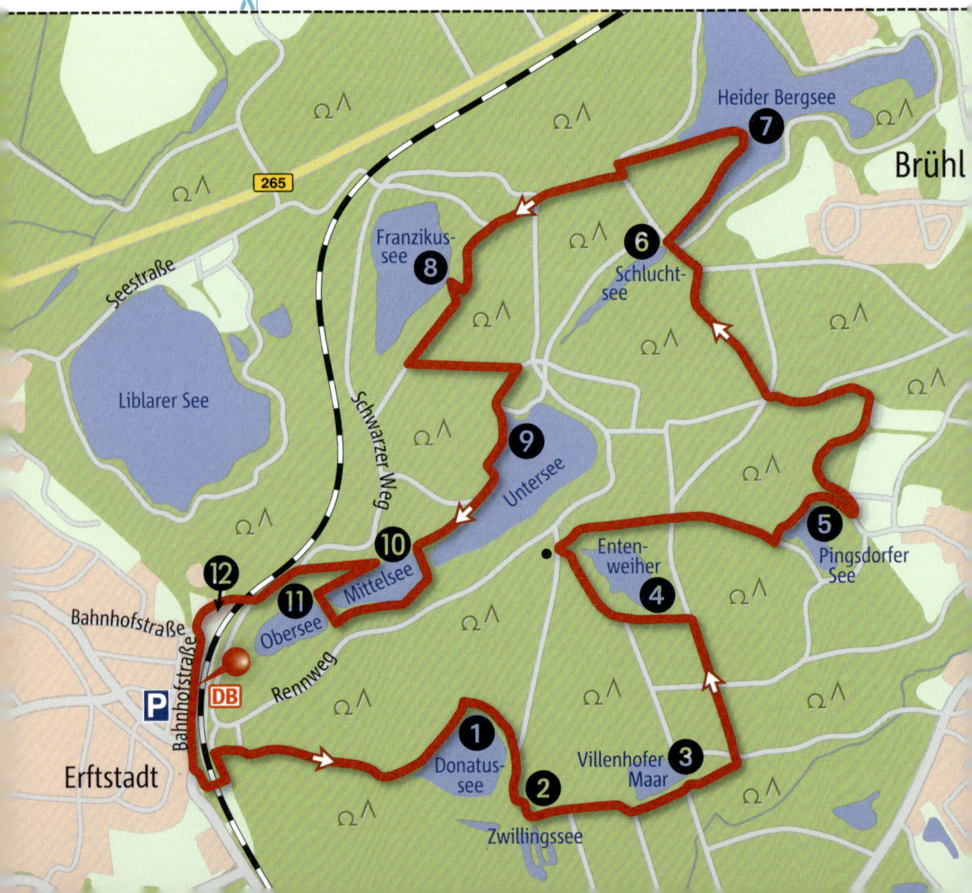

Alles auf einen Blick

WIE & WANN:
Waldwege; ganzjährig möglich und empfehlenswert

HIN & WEG:
Auto: Parkplätze am Bahnhof, Bahnhofstraße, 50374 Erftstadt-Liblar
(GPS: 50.807403, 6.832657)
ÖPNV: Diverse RE-/RB-Linien bis Erftstadt

ESSEN & ENTSPANNEN:
Waldbiergarten ⑫ Grubenweg 8, 50374 Erftstadt-Liblar, Tel. (01 72) 2 52 00 26, waldbiergarten.eu (im Sommerhalbjahr Mo., Mi., Do., Fr. ab 16, Sa. ab 14, So. ab 11 Uhr)

ENTDECKEN & ERLEBEN:
Donatussee ❶
Zwillingssee ❷
Villenhofer Maar ❸
Entenweiher ❹
Pingsdorfer See ❺
Schluchtsee ❻
Heider Bergsee ❼
Franziskussee ❽
Untersee ❾
Mittelsee ❿
Obersee ⓫

Entspannung ✱✱✱✱✱
Genuss ✱✱✱
Romantik ✱✱✱✱

Die GPS-Daten zu jeder Tour gibt es auf
www.droste-verlag.de

3. Auflage 2022
Konzeption/Satz: Droste Verlag, Düsseldorf
Einbandgestaltung: Britta Rungwerth, Düsseldorf, unter Verwendung von Bildern von © Mostovyi Sergii Igorevich/Shutterstock.com; © Fotolia.com: Andrey Kuzmin, undrey, daboost, niroworld
Fotos: Monika Hanses: S. 20; Myria Aurora Pribert: S. 1, 9, 11, 12, 16, 18, 19, 21, 24, 26, 27, 28/29, 30, 31, 42, 44, 45, 48, 49, 52, 54, 55, 56, 57, 58, 59, 60, 61, 64, 66, 68/69, 70, 71, 74, 76, 78, 79, 84, 85, 86, 87, 88, 89, 92, 94, 95, 96, 97, 98, 110, 112, 114, 115, 117, 126, 130, 132, 133, 135, 136, 137, 140, 142, 143, 144, 145, 146, 147, 160, 184; Ingrid Retterath: S. 4, 6, 8, 13, 34, 36, 37, 38, 39, 102, 104, 105, 107, 113, 120, 122, 123, 124, 125, 150, 152, 153, 154, 158, 161, 162, 163, 166, 168, 169, 170, 171, 174, 176, 177, 178, 179, 180, 181, 186, 187, 189; Jutta Schöneshöfer: S. 47, 67; Wolfgang Schomberg: S. 82
Karten: Thorsten David, Bochum
Druck und Bindung: LUC GmbH, Greven

Alle Angaben in diesem Buch wurden sorgfältig recherchiert und geprüft. Für die Richtigkeit der Angaben, für etwaige Unfälle und Schäden jeglicher Art kann keine Haftung übernommen werden; die Nutzung erfolgt auf eigenes Risiko. Abweichungen, die nach Redaktionsschluss erfolgten, konnten nicht mehr berücksichtigt werden. Hinweise und Änderungen nehmen wir gern entgegen.

MIX
Papier aus verantwortungsvollen Quellen
FSC® C011279
www.fsc.org

ISBN 978-3-7700-2485-8
www.droste-verlag.de